O CASO DOMINIQUE

O CASO DOMINIQUE
Françoise Dolto

Tradução: Álvaro Faleiros
Revisão da tradução: Claudia Berliner

SÃO PAULO 2019

Esta obra foi publicada originalmente em francês com o título
LE CAS DOMINIQUE
por Éditions du Seuil
Copyright © Éditions du Seuil, 1971
Copyright © 2010, Editora WMF Martins Fontes Ltda.,
São Paulo, para a presente edição.

 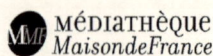

"Cet ouvrage, publié dans le cadre du Programme d'Aide à la Publication Carlos Drummond
de Andrade de la Médiathèque de la Maison de France, bénéficie du soutien du
Ministère français des Affaires Etrangères et Européennes."

"Este livro, publicado no âmbito do Programa de Ajuda à Publicação Carlos Drummond
de Andrade da Mediateca da Maison de France, contou com o apoio do
Ministério Francês das Relações Exteriores e Europeias."

1ª edição 2010
2ª tiragem 2019

Tradução
ÁLVARO FALEIROS

Revisão da tradução
Claudia Berliner
Acompanhamento editorial
Luzia Aparecida dos Santos
Revisões
Bárbara Borges
Helena Guimarães Bittencourt
Produção gráfica
Geraldo Alves
Paginação
Moacir Katsumi Matsusaki

**Dados Internacionais de Catalogação na Publicação (CIP)
(Câmara Brasileira do Livro, SP, Brasil)**

Dolto, Françoise, 1908-1988.
  O caso Dominique / Françoise Dolto ; tradução Álvaro
Faleiros ; revisão da tradução Claudia Berliner. – São Paulo :
Editora WMF Martins Fontes, 2010.

  Título original: Le Cas Dominique.
  ISBN 978-85-7827-305-7

  1. Bel, Dominique 2. Crianças – Psicanálise – Estudo de
casos I. Título. II. Série.

10-06011   CDD-150.195

Índices para catálogo sistemático:
1. Crianças : Terapia psicanalítica : Estudo de casos   150.195

Todos os direitos desta edição reservados à
Editora WMF Martins Fontes Ltda.
*Rua Prof. Laerte Ramos de Carvalho, 133 01325-030 São Paulo SP Brasil
Tel. (11) 3293.8150 e-mail: info@wmfmartinsfontes.com.br
http://www.wmfmartinsfontes.com.br*

Índice

I. A história clínica 7

Doze sessões de tratamento psicanalítico de um adolescente apragmático desde a infância. Registro clínico e reflexões teóricas 9

Primeira sessão: 15 de junho 13
Segunda sessão: 30 de junho 39
Terceira sessão: 18 de outubro 51
Quarta sessão: 16 de novembro 59
Quinta sessão: 4 de janeiro 83
Sexta sessão: 18 de janeiro 99
Sétima sessão: início de março 107
Oitava sessão: início de maio 111
Nona sessão: 25 de maio 117
Décima sessão: 7 de junho 123
Décima primeira sessão: final de junho 149
Décima segunda sessão: final de outubro 161

II. A relação dos dois irmãos e o possível papel pervertedor do Eu ideal 171

III. O encontro, a comunicação inter-humana e a transferência na psicanálise dos psicóticos 185

Apêndice: Esclarecimento sobre a teoria freudiana das instâncias da psique ao longo da evolução da sexualidade em relação a Édipo. Neurose e psicose 219

PRIMEIRA PARTE
A história clínica

DOZE SESSÕES DE TRATAMENTO PSICANALÍTICO DE UM ADOLESCENTE APRAGMÁTICO DESDE A INFÂNCIA. REGISTRO CLÍNICO E REFLEXÕES TEÓRICAS

Em terapia psicanalítica, são raros os escritos clínicos, entendidos como registros de sessões. Contudo, a documentação verbal e gráfica que Freud nos deixou de alguns de seus casos – sobre a psicanálise de crianças, penso em Hans, no Homem dos Lobos – é de grande ajuda para nós, ao lado das deduções teóricas que fez a partir deles. Abria com isso a porta para nossa reflexão pessoal e para nossas críticas formadoras.

Hoje em dia, leem-se muitos fragmentos pequenos ou minúsculos extraídos de um conjunto de várias centenas de sessões; são fragmentos de discursos, de sonhos ou de comportamentos, que geralmente servem para justificar uma pesquisa técnica ou uma discussão sobre a transferência e a contratransferência. A razão da escolha desses fragmentos deixa o clínico perplexo.

Além disso, sempre pensei que a assistência de outros psicanalistas no trabalho terapêutico poderia ser de grande interesse para este trabalho específico: esclarecer-nos quanto a nossa orientação, cujo sentido está na escuta mais precisa e no maior respeito a tudo aquilo que o analisando exprime de seu inconsciente. Possibilita-se, assim, uma crítica da receptividade inconscientemente disponível naquele que escuta, e assim se torna possível reconstituirmos o encontro analítico em sua autenticidade, que nossa contratransferência sempre nos vela.

Em minha prática clínica hospitalar, percebi que esse modo de trabalho (com testemunhas) só incomodava o sujeito em psicoterapia comigo quando a presença de assistentes me incomodava na espontaneidade de minha atenção e de minha receptividade.

Nessas sessões em presença de assistentes psicanalistas, um deles registra todas as palavras pronunciadas por ambas as partes, paciente e analista. Os desenhos das crianças são guardados, bem como os esboços dos sucessivos estados das modelagens delas que eu mesma faço durante a sessão, na frente da criança. O papel de *script-girl* pode parecer ingrato, mas, num segundo momento, é de grande interesse crítico. Quanto às mímicas do paciente e do terapeuta, gestos e atos inconscientes paralelos, estes são inteiramente observáveis por todos. Uma compreensão crítica mais precisa resulta do estudo posterior das sessões acompanhadas dessa forma.

Nessa técnica assim modificada do "encontro" analítico, as reações transferenciais devem contar com presença paralela que difrata, visivelmente às vezes, a transferência, ou melhor, seus componentes emocionais: presença e escuta das outras pessoas da assistência. As intervenções do psicanalista levam isso em conta, abertamente.

Todos aqueles e aquelas que assistiram a tratamentos em hospital sabem que ensinamentos se pode extrair disso e que desmistificações do analista e da análise, não isentas de reações contratransferenciais pessoais, uma tal assistência permite. Sabem da experiência pessoal que ali obtiveram no que diz respeito às modalidades do narcisismo residual do analista, sempre em questão no encontro analítico.

Infelizmente, essa técnica não pode ser generalizada, tanto por razões de resistência quanto por respeito ao sigilo profissional. Somos frequentemente forçados a narrativas resumidas e editadas, tanto por nossa escolha deliberada quanto por razões narcisistas, que ora nos permitem, ora nos impedem de admitir nossa contratransferência. O problema é sempre o de conseguir transmitir com veracidade nossas experiências de trabalho.

Foi com o intuito de contribuir para a pesquisa em psicanálise que julguei interessante redigir um caso em sua íntegra. O documento, anotado de forma pormenorizada, em estilo mais ou menos telegráfico, foi simplesmente copiado. Os esboços das modelagens foram feitos por mim mesma durante a sessão; esboço os estados sucessivos das modelagens que acompanham o discurso do paciente. Essa maneira de proceder, à qual já estou acostumada, é quase automática e libera minha atenção "flutuante".

Não relato aqui um caso atendido em hospital público; a particularidade da transferência com várias presenças torna a problemática ainda maior e preferi publicar um caso visto em "colóquio a dois" na clínica de um centro médico-pedagógico. Se escolhi este caso foi porque o número reduzido de sessões não tornava a leitura fastidiosa demais e me permitia não suprimir nada, fornecendo aos leitores um documento autêntico.

A diferença entre este caso e aqueles acompanhados em consulta domiciliar é que o preço da sessão é pago à caixa da instituição e não ao próprio psicanalista. (Aliás, veremos como esse modo de pagamento se inscreveu, um dia, na transferência por meio da fantasia da passagem na estação. Uma quantia de dinheiro é passada através de um guichê a uma secretária, que fornece um recibo.) Os encontros e a frequência das sessões foram acertados entre o paciente, sua família e eu. As sessões a que o paciente faltou não foram pagas. Devo dizer que, neste caso, a ausência às sessões nunca foi motivada pelo paciente, mas causada ou pelo acompanhante ou por feriados que coincidiram com a data prevista para a sessão. Aconteceu uma única mudança de data por iniciativa minha, por razões pessoais.

Quanto à escolha do caso, o leitor talvez pense que houve uma conjunção muito particular de acontecimentos reais; engano seu. Cada um de nós, neurótico ou não, tem em sua história vários acontecimentos especiais. Não são esses acontecimentos que são importantes psicanaliticamente falando, ou seja, na dinâmica inconsciente que estrutura o desenvolvimento do sujeito, como veremos mais adiante; mas a maneira como o sujeito reagiu a eles devido à sua organização pulsional e personológica vigente. Os acontecimentos vivenciados no seio da família só receberam significação traumatizante quando o sujeito, por causa deles, escapou à castração humanizante, nos vários níveis de sua evolução libidinal[1]. No caso que iremos ler, as instâncias da personalidade em processo de elaboração não encontraram no meio familiar o apoio, ao menos verbal ou gestual, característico de uma simbolização humana, para fazer frente à impotência mutiladora que lhe provocava angústia. Foi ao contrário sua angústia que adquiriu valor de realidade primordial para o meio familiar e social, imagem-sofrimento para ele da angústia, mas imagem sem palavras nem gestos de outrem.

Se este trabalho puder ocasionar reflexões críticas e construtivas – estando a polêmica, na minha opinião, fora do campo da crítica psicanalítica –, não terei trabalhado em vão[2].

....

1. Espero que o contexto esclareça essas palavras. Quero dizer que, ao longo de seu desenvolvimento, todo ser humano encontra limitações penosas, mas necessárias, a seus desejos. A realidade dessas limitações acarreta sofrimentos reais e imaginários, sensações de mutilação física e angústia. Segue-se uma regressão patogênica ou uma progressão (sublimação cultural e social), em função, simultaneamente, do nível da imagem do corpo estruturada no sujeito, do nível de sua linguagem e das reações que ele encontra à sua volta: linguagem, comportamento, palavras e angústia concomitante.

Antes do estádio do espelho, esses processos são muito diferentes, pois a criança ainda não conhece a existência de seu rosto. A patologia dos psicóticos refere-se, me parece, a experiências pré-verbais e pré-escópicas do corpo próprio. É o caso de Dominique.

2. Fique claro que, por respeito ao sigilo profissional, foram necessárias algumas modificações de nomes de pessoas ou de lugares. Elas não alteram seu valor associativo significante para o sujeito.

PRIMEIRA SESSÃO: 15 DE JUNHO

Primeira parte
Entrevista com a mãe

Depois de receber Dominique com a mãe, mando-o preparar modelagens e desenhos na sala de espera. A senhora Bel fica comigo.

Dominique Bel é um rapaz de 14 anos que nos é trazido para o estabelecimento de um diagnóstico e subsequente encaminhamento escolar. É um menino púbere há um ano e que sempre levou uma vida escolar completamente aberrante. Há dois anos frequenta uma escola de pedagogia especializada onde não faz progressos e onde seu comportamento, embora estereotipado, dá a impressão de se deteriorar.

O médico de um dispensário médico-pedagógico que o acompanha há vários anos o considerava um débil simples; mas, desde sua puberdade, passou a temer uma evolução para a esquizofrenia. Essa é também a impressão das pessoas experientes da última escola que frequentou e minha primeira impressão.

Dominique repetiu três vezes a primeira série primária. Depois disso, entrou numa escola especializada onde, sem atrapalhar a classe, não evoluiu. Passa o tempo desenhando: segue um exemplo de seus *desenhos estereotipados*, os mesmos há vários anos, e sempre engenhos mecânicos: aviões, automóveis (nunca barcos). Devido a sua feitura, têm a aparência de monoblocos. São quase sempre desenhados em sentidos opostos sobre a mesma página. O alto da página de um desenho serve de pé de página para o outro. Dominique também faz *modelagens estereotipadas*, da qual temos aqui um exemplo. Para ele, são *"personagens"*. Ocupam uma superfície enorme, a menor mede 40 cm de comprimento; ele as desloca como se fossem macarrão cozido, com uma precaução afetada.

Desenhos trazidos pela mãe
(realizados antes da vinda da criança ao CEM)
1

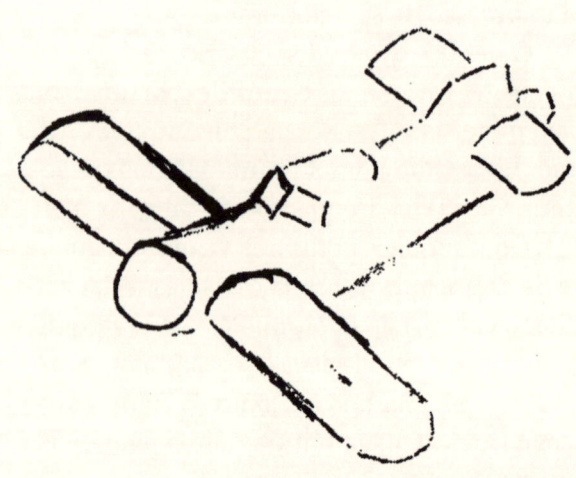

Desenhos estereotipados anteriores ao tratamento
2

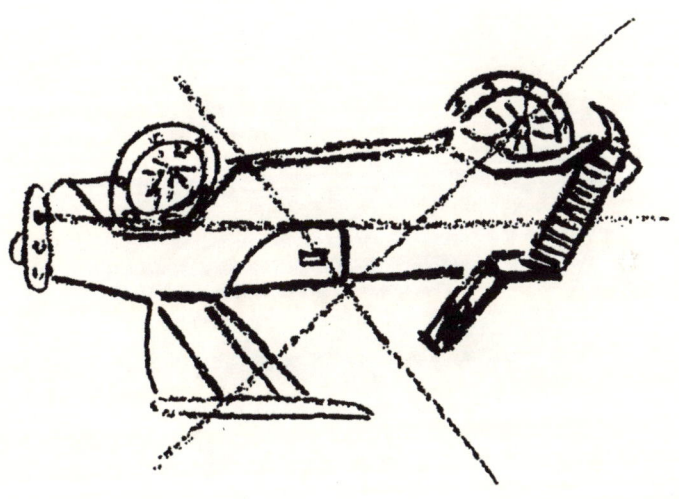

Trem fantasma no
parque de diversões*.

....

* No original: *Foire du Trône*, nome de um parque de diversões que instalam normalmente, no verão, em Paris. (N. da T.)

Tipo de modelagem estereotipada anterior ao tratamento
(sempre ocupando uma grande superfície)
altura: 40 cm

3

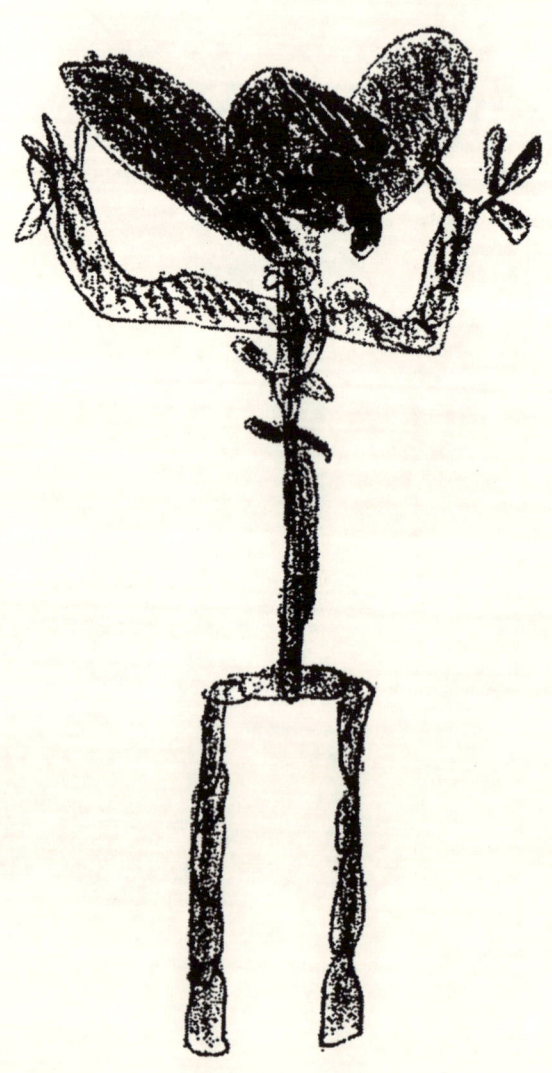

Massa de modelar de
cor dominante verde.

Dominique aparenta a idade que tem, é esguio sem ser magro, moreno, tem os cabelos espessos cortados rente, testa bem baixa e já aparece uma penugem em torno da boca. Não mantém o porte ereto, assemelha-se a um primata. Tem um sorriso estereotipado e uma voz "açucarada", muito aguda e bitonal, como se não estivesse em fase de mudança. Segue a mãe com os cotovelos dobrados e as mãos pendentes, como fazem com as patas dianteiras os cães treinados para andar sobre as patas traseiras. O rapaz está completamente desorientado no tempo e no espaço. "Ele é incapaz de viver sozinho e de circular na rua, mesmo para efetuar pequenas compras para a mãe. É tão distraído que poderia sair de pijama ou ficar em casa, no inverno, de sobretudo e luvas para almoçar, se ninguém chamar sua atenção." Um sorriso enigmático, com olhos semicerrados, vagueia em sua máscara rígida.

Embora frequente a mesma escola há dois anos, sempre levado pelo irmão mais velho, um dia este se distraiu (fato que aconteceu uma única vez!), Dominique se perdeu e pegou um trem diferente do de todos os dias; foi para não sei qual cidade do interior, de onde, no entanto, soube pedir auxílio para retornar sozinho, após um dia de muita preocupação familiar. Na saída da escola, se a professora não o impede, pode seguir qualquer pessoa. Nem ele mesmo parece saber o porquê. Aliás, como veremos, quando fala, não responde às perguntas. Aprendeu a ler, mais tarde saberemos como. Isso é mais ou menos tudo. Quanto à aritmética, apesar da melhor pedagogia possível para os discalcúlicos, não entende absolutamente nada, o que o deixa obcecado, repetindo inutilmente a tabuada de multiplicação com muita aplicação. A mãe relata que, às vezes, demonstra verdadeira ânsia de aprender e, outras, abandona tudo, desesperado, pois nada consegue reter.

Não tem amigos nem inimigos. Em casa brinca um pouco com carrinhos, mas não se ocupa com nada prático. Contudo, segundo a mãe, não seria muito desajeitado com os dedos (?); gosta sobretudo de desenhar muito. Quando modela, gosta de fazer rolos longos e finos que depois monta. Faz um ano que, segundo a mãe, estaria sendo "trabalhado pela puberdade", embora pareça não ter pudor algum e nenhuma curiosidade pelo seu sexo; mas isso é "uma impressão de mãe", acrescenta. Gosta de ler e, há algum tempo, relata histórias que inventa, sem dúvida para fazer crer que tem muita imaginação. Ouvem-no para agradá-lo, ou melhor, fingem que ouvem para que ele possa ter o prazer de falar, mas ninguém entende nada. Na realidade, delira mais que fabula.

Dominique é o segundo de uma família de três filhos. O primogênito é um rapaz, Paul-Marie, com dois anos e meio a mais do que ele, a terceira é uma menina, Sylvie, dois anos e nove meses mais nova que Dominique. As anotações que possuo, fornecidas pela escola que Dominique frequenta há dois anos, dizem que é uma criança doce, fácil, de boa vontade, desprovida de faculdades intelectuais; dizem que é simpático.

A mãe declara que Dominique tem excelente saúde física. Contraiu de modo muito brando as doenças infantis que seus irmãos tiveram com virulência. Tolera qualquer alimento e suporta bem todas as intempéries.

As anotações da escola também dizem que a criança não apresentava problemas psíquicos de caráter até o nascimento da irmãzinha; nessa ocasião, teria manifestado intensas reações de ciúmes, reações às quais são imputadas as desordens de sua conduta atual. Ingressou bem cedo num jardim de infância ao lado da casa dos pais e que utilizava o método ativo Montessori. Antes do nascimento da irmã, foi bem acolhido e gostava de estar ali. Porém, depois dos dois meses em que tinha ficado na casa dos avós paternos por ocasião do nascimento da irmã, a escola não o quis mais. A mãe tentou mais tarde outros jardins de infância, mas nenhum quis ficar com ele.

Seguem os fatos detalhados que pedi para a mãe descrever com precisão: Ao retornar da casa dos avós, Dominique encontra seu lugar, no berço em que dormia no quarto dos pais até sua partida, ocupado. Puseram-no numa cama de adulto no quarto de seu irmão mais velho. Nada comentou a respeito, mas teve uma intensa reação de angústia ao ver sua irmã mamar; arrancava o seio de sua boca não querendo vê-la "comer Mamãe". Recomeçou a fazer nas calças. A enurese ainda não havia cessado totalmente, mas a ela se somou uma encopresia noturna, e, durante o dia, a criança se molhava e defecava nas calças. Foi isso, aliás, que fez com que fosse expulso do jardim de infância, embora antes de sua partida estivesse muito bem integrado ao grupo. Quando voltou à escola, sujava tudo, era insuportável, instável e agressivo. Por causa disso, passou a ficar em casa com a família.

No verão seguinte, foi com a mãe, o irmão e a irmã para a casa dos avós (maternos desta vez). O verão foi abominável: crises contínuas de oposição, de cólera e de raiva. As crises preocupavam a mãe devido à importância que assumiam; era preciso protegê-lo o tempo todo de si próprio, e proteger a irmã. Período de mutismo e de insônia. As coisas melhoraram quando voltaram para a casa dos pais; ficou no seio da família e mostrou-se de trato fácil. Aos 6 anos, chegou a idade de mandá-lo obrigatoriamente para a escola primária. Lá se mostrou extremamente instável e sem contato com os outros, mas sem agressividade, sujando os cadernos e voltando a sujar as calças, embora a mãe tivesse conseguido fazer com que se mantivesse limpo. Foi por causa dessa falta de adaptação que a professora resolveu enviá-lo, pela primeira vez, a uma consulta com um neuropsiquiatra infantil num hospital parisiense.

A criança foi submetida a testes psicotécnicos, vários exames e a um eletroencefalograma que nada revelaram de patológico. O médico receitou medicamentos que o excitaram e tornaram-no difícil, quando, até então, ele se mostrava instável porém muito gentil. Foi então decidido que faria uma psicoterapia com uma psicanalista. Seguiu esse tratamento durante seis meses, duas vezes por semana. Descobriu-se então o antigo ciúme, que já não era clinicamente visível havia muito tempo. Por isso a mãe nos falou dele com tanta propriedade: naquela época foi levada a recordar tudo o que tinha ocorrido e os comportamentos do filho aos 2 anos e meio, 3 anos: tudo o que, à época, acreditou ser um cansaço momentâneo devido à mudança de ares e ao crescimento; pois a princípio não fez a relação direta entre o desajuste de caráter e o nascimento da irmã, tanto mais que o ciúme não se manifestara abertamente.

Graças à psicanalista, compreendeu e reconstituiu muito bem as etapas das agruras pelas quais seu filho havia passado, e ainda hoje falava disso com compaixão. Perguntava-se, porém, se era realmente "isso" (entenda-se, um tratamento psicanalítico) que deveria ter sido feito, uma vez que, no final das contas, não houvera melhora alguma. O rapaz era bem comportado antes do tratamento e bem comportado depois. Diziam que seu nível mental era bom. Era uma criança que se expressava bem. Simplesmente não era sociável. Não gostava da escola. Continuava enurético e não se ocupava com nada. Sonhador e passivo, recusava contatos, sem incomodar ninguém.

Após seis meses de psicoterapia sem apresentar melhora alguma, a psicanalista teria proposto o fim do tratamento. Disse que as coisas se ajeitariam aos poucos, que os pais garantissem que era tão amado quanto a irmã, que todos os filhos deveriam ser tratados da "mesma" maneira e que o levassem de volta à escola. O que foi feito.

Ficou então dois anos na escola primária, dos 6 aos 7 anos e dos 7 aos 8, sem conseguir aprender a ler e sem ter muitos contatos. Era comportado e medroso fora de casa; na escola ficava longe dos outros. Em casa, muito "gentil" com a irmãzinha, admirava de bom grado, como os outros membros da família, todos os progressos que ela fazia. A psicanalista também aconselhara enviá-lo, se necessário e depois de algum tempo, estando ele em boas condições, para o campo, uma vez que o menino gostava muito de animais. Diante do fracasso escolar, os pais lembraram do conselho e enviaram Dominique durante um ano para a casa dos avós paternos na região de Perpignan. Ali ficou com os filhos da tia por parte de pai. Estava muito contente e parecia muito feliz de estar lá. Quando voltou, aos 8 anos, sabia ler, mas encontrou em casa uma irmãzinha que agora já ia à escola e tinha evoluído em sua ausência: perdeu a recém-adquirida capacidade de ler. A mãe então realmente compreendeu, como ela mesma diz, que ele sofria de ciúmes a partir do momento em que não estava mais sozinho com ela. Cuidou dele o quanto pôde, lembrando-se dos conselhos recebidos, mimando-o o mais que podia para mostrar que sua irmã não era a preferida. No entanto, a escolaridade permaneceu infrutífera, apesar de a mãe ter encontrado uma professora compreensiva na escola primária. Com essa nova professora readquiriu aos poucos a capacidade de ler e se manteve durante quatro anos, dos 8 aos 12, com essa aquisição de leitura que lhe possibilitava mergulhar nos livros de História e de histórias, suas únicas leituras.

Desde os 8 anos seu caráter não se modificou. Continua sendo uma criança fácil, salvo que tudo deve ser feito para ele, que é distraído, sem nenhum cuidado consigo mesmo; poderia até esquecer de comer, de se vestir, de se lavar; não tem nenhuma memória e permanece enurético, fato bastante incômodo. Parece, não se tem certeza, que a enurese não teria sido um problema na casa da avó paterna aos 8 anos, "mas ele vivia no campo". Brinca sozinho contando histórias a si mesmo que ninguém ouve, mas que parecem diverti-lo muito. Gosta de assustar, fantasia-se "de fantasma" com lençóis, mas ninguém mais presta atenção e ele fica muito decepcionado por não mais causar o medo que, para agradá-lo, os outros simulavam às vezes. Não tem pesadelos, dorme bem. A alimentação não é um problema, parece que nunca foi, mesmo na época de sua intensa perturbação inicial que foi acompanhada de mutismo, insônia e total incontinência. Engole o que a mãe coloca no prato, não importa o que seja, distraidamente, asseadamente.

A mãe diz também que ele tem "aquilo que os doutores chamam de fobias", pânicos. Por exemplo, medo de bicicletas; por nada nesse mundo aproxima-se delas nem tenta subir nelas; também tem fobia de carrosséis. Quando está em pânico, agarra a mãe e já não ousa avançar nem recuar. Entretanto, numa festa local, ficou fascinado com o trem fantasma, em êxtase, sem nenhum pânico. A mãe também afirma que ele tem tiques, gestos sempre iguais, sem sentido (quais sentidos?), ou melhor, manias, comportamentos bizarros. Certas coisas não devem mudar de lugar e é preciso repor no armário a roupa de baixo suja sem lavá-la. Tem horror de que sua roupa e suas meias passem por água. Aceita de bom grado trocar de roupa, mas gostaria que sua roupa suja fosse guardada tal qual para ser novamente usada na semana seguinte. Tem pânico do banho, mas aceita sem medo que lhe lavem as mãos e o rosto, para o que ainda necessita da assistência da mãe.

Não somente Dominique não tem noção alguma de aritmética, como tampouco tem noção de proporções. Por exemplo, acredita que se possa colocar indiferentemente um objeto volumoso e grande numa caixa, seja ela pequena ou grande. Não percebe, pela forma ou dimensão, aquilo que poderia estar ou não no interior de um pacote. Não tem noção alguma do valor do dinheiro. Não possui estruturação lógica. A única coisa que faz bem é desenhar; seu traço é bom, reconhecemos os objetos representados (sempre os mesmos), e os pais esperam que no futuro possam lhe dar um ofício no "mundo do desenho".

Os médicos que o viram – foi submetido a vários eletroencefalogramas nas consultas –, que o acompanharam, e também na Previdência Social, onde foi examinado recentemente durante dois dias seguidos, todos disseram a mesma coisa à mãe: que é um caso incompreensível. Previram que "isso se ajeitaria" lá pelos 11 ou 12 anos, com a puberdade do menino; ora, a enurese foi a única coisa que cessou durante o verão entre os 12 e os 13 anos, ao mesmo tempo que chegava à puberdade. Fato que a mãe percebeu pela poluição nos lençóis, mas o menino nada disse. Nunca se masturbou. Todos os médicos fizeram essa pergunta à mãe, ela ignorava que isso existisse. Ela nunca viu Dominique fazê-lo. Não tem nenhum senso de pudor e a mãe, como veremos mais tarde, está muito satisfeita com isso.

Dominique está "fixado", diz a mãe, no pai. É, aliás, a primeira vez que se fala dele, porém nada mais acrescenta a respeito. Ele se pareceria com o avô materno, que é moreno como a mãe, e sofreria muito com isso, segundo ela; o pai, o irmão e a família do pai, os Bel, são todos muito louros.

Por outro lado, Dominique foge dos contatos físicos com ela e com qualquer um desde a pequena infância, e, pensando um pouco, ela acredita que isso já ocorria antes do nascimento da irmãzinha: salvo nas horas de pânico da bicicleta ou do carrossel, quando se agarra a ela ou, na sua ausência, a qualquer um que esteja por perto.

Nas escolas pelas quais passou a partir dos 6 anos, nunca houve motivos de queixa; porém em casa, sem que se possa dizer exatamente como, torna a vida impossível. Impossível quer dizer que ele desregula tudo. No entanto, não chora, não se queixa de nada; mas sua presença complica a vida e, mais uma vez, procurando bem, nada faz de especialmente desagradável. A mãe não sabe explicar muito bem como a vida se torna impossível. Sua mãe, a avó de Dominique, diz que tudo provém do fato de terem cedido a seus caprichos quando a irmã nasceu e que, naquela hora, teria sido necessário controlá-lo, não falar com ele se não quisesse falar, não lavá-lo se quisesse se sujar, não fazer caso se não quisesse dormir etc. De fato, a mãe de Dominique se sente muito culpabilizada pela própria mãe, talvez por não ter sido uma boa mãe para o filho. Também se sentiu bastante culpabilizada pela primeira psicoterapia, por não ter atinado para o doloroso ciúme do filho. Hoje hesita em aceitar a eventualidade de um novo tratamento, quando lhe falam dessa possibilidade. Teme, aliás, que o marido não aceite, pois este não acredita muito na "medicina". Optou por aceitar que seu filho permanecerá deficiente. Aliás, a razão pela qual ela veio ao centro psicopedagógico não foi para tratá-lo (algumas semanas atrás a Previdência Social fez uma avaliação médica e não aconselhou nenhum tratamento), mas para encontrar uma solução escolar para o ano que vem. "O que fazer?" O irmão mais velho vai, de fato, deixar a escola e não poderá mais levar Dominique à escola especializada. Dominique poderia continuar frequentando-a, não se opunham a isso, ele não incomoda os outros. O fato é que ele é incapaz de ir à escola sozinho, pois é preciso pegar o trem pela manhã e à tarde. A mãe não pode acompanhá-lo, pois "tem a filha que não pode largar". Ela procura um internato ou semi-internato adequado para seu caso. Foi esse o motivo de sua vinda ao centro médico-pedagógico; a primeira pessoa que os atendeu, mãe e filho, pediu minha opinião. Resumindo, a senhora Bel espera que eu lhe dê uma indicação de colocação escolar especializada, em regime de internato.

Solicito informações mais detalhadas à mãe, a respeito dela própria e do marido, ao que responde:

A mãe é filha única de um casal que viveu na África, onde o pai tinha uma boa situação. Seus pais vivem atualmente no leste, sua região de origem. Passou a infância na África Equatorial, onde seu pai era empresário, e no Congo, onde ficou num pensionato. Teve uma vida extremamente triste. Ela diz que o único período feliz foi no Congo, quando estava no pensionato de freiras, onde fez quase todos os seus estudos e concluiu a primeira parte do bacharelado. Quando voltaram, em consequência da guerra, quis dedicar-se ao ensino, tal como as freiras que a tinham educado, e conseguiu na França não ocupada um diploma de alemão, após ter passado a segunda parte do bacharelado numa cidade do leste. Aos 18 anos, estava tão entediada que desejava morrer e logo começou a ficar obesa. Pesava cerca de 98 quilos (tinha 1,65 m) e era muito infeliz. Não sabia pentear-se nem se vestir e era muito tímida. Já ganhava a vida como professora de alemão ao mesmo tempo que terminava sua licenciatura, quando conheceu o marido, ex-prisioneiro que tinha fugido. Ele estudava numa escola de engenharia, vivendo solitário, longe da família também. Acredita ter tido uma sorte extraordinária ao encontrar seu marido e que ambos eram "gêmeos nas misérias da juventude". Tinha a intenção de terminar a licenciatura, mas logo ficou grávida. Deu à luz Paul-Marie, que não causou nenhum problema, e depois Dominique, criança muito desejada, mesmo que tenham preferido uma menina, sem mais.

Quanto a Dominique, não há muito o que dizer a respeito de seus primeiros anos de infância. Era um belo bebê, no peso e na vitalidade; porém deve "confessar" que o achou muito feio, pois era peludo e moreno como o pai dela. Amamentou-o durante um ano, ele andou aos 12 meses e a dentição apareceu cedo, falou normalmente, até mesmo um pouco cedo, já falava bastante bem antes do desmame. Em contrapartida, teve dificuldades com a higiene excrementícia que o mais velho adquirira "imediatamente", não tendo quase nunca sujado as fraldas. Isso deve ser bastante relativo, pois ela diz que Dominique "voltou" a se sujar aos 2 anos e meio, quando a irmã nasceu; portanto, antes, era asseado.

Ela fala de um período transitório de "sujeira", que chama de "encopresia", por volta dos 20 meses. Ao refletir sobre o fato, este coincide com o início de sua gravidez da menina. Acrescenta que Dominique tornou a manter-se limpo quando ela o pôs na escola Montessori e continuou limpo na casa da avó paterna, para onde foi enviado no fim da gravidez e nascimento de Sylvie. Porém, assim que Dominique voltou para casa, lá encontrando a irmãzinha, não somente manifestou todas as regressões já relatadas, mas ela também relata que ele exigiu usar fraldas como a irmã, queria mamar como a irmã, exigências às quais, na época, ela consentia. Isso não ajudou em nada. E, ainda por cima, quase perdeu a fala. Recobrou a fala aos poucos, o mutismo durou um curto espaço de tempo, um mês no máximo. Esses fatos voltaram a sua memória quando do primeiro tratamento de Dominique, ao chamarem sua atenção para a época do nascimento de Sylvie.

A mãe acrescenta que as coisas pareceram mudar repentinamente, algum tempo depois do nascimento da irmã, na volta das férias de verão, quando se mudaram para um apartamento maior. Foi ao chegar à nova casa que Dominique teria recobrado a fala, o bom comportamento e a higiene, com exceção da enurese noturna.

Dominique tem um caráter constante, nunca ri, exceto quando está só. Nunca chora, às vezes fica agitado, furioso por causa de coisas que ele não quer que os outros façam, mas nada diz. Dá para ver. A mãe o conhece bem.

A respeito do marido, a senhora Bel diz que este passou a trabalhar em "exportação industrial" depois do nascimento de Dominique. Desde que o marido assumiu esse posto, ela ficou extremamente só; "ela é simultaneamente pai e mãe". Seu marido está presente de uma forma "muito variável", diz ela. Nunca se sabe se voltará à noite, às vezes fica quinze dias ou um mês fora sem avisar com antecedência. Ela não pode telefonar para seu escritório porque isso incomoda. "A princípio, isso me pareceu muito duro, mas felizmente tenho as crianças. Como nos entendemos perfeitamente bem, as crianças não veem diferença alguma, e, de fato, não lhes falta nada, mesmo com o pai ausente."

Não há problemas de dinheiro pois o marido tem uma excelente situação. Para me dar um exemplo do modo de vida deles, ela diz: "Ontem à noite, por exemplo, meu marido chegou à meia-noite, conversamos até as duas horas da manhã e ele foi embora com sua mala às seis. As crianças não o viram, e fazia quinze dias que não tinha aparecido em casa." Outro exemplo: "Ficou decidido que passaria o feriado de Pentecostes em casa com a família. As crianças estavam felizes com isso; pois bem, às sete da manhã o telefone tocou, ele teve de partir; sua malinha está sempre pronta." Ele é engenheiro, seu trabalho faz com que viaje frequentemente para a Alemanha, com urgência muitas vezes; basta um telefonema e ele sempre está pronto para partir, para qualquer lugar. São dois engenheiros associados, o outro é um homem valoroso de origem simples, engenheiro de uma grande escola que confere um título superior ao do marido. Ela acredita que este outro é infeliz no casamento; casou com uma mulher rica; os filhos estão em internato desde pequenos e ele só se interessa pelo trabalho. Ele e o marido, mais que sócios no trabalho, são realmente amigos. Podem contar um com o outro. "Entretanto, embora esteja sempre muito ocupado, quando é necessário meu marido sempre dá um jeito; sempre esteve presente aos partos. Posso contar com ele quando necessário. Fica com as crianças e cuida da casa – nessas horas ele é muito maternal com elas. No ano passado, conseguimos passar quinze dias de férias todos juntos. Tal como no ano anterior, em que foi a primeira vez que passamos as férias, eu e as crianças, com ele. Quando está em casa, meu marido faz várias coisas; gosta do jardim, de bricolagem e do barco. Meu marido gosta das crianças quando são bebês, porém não aprecia muito que as crianças o ajudem, porque gosta de fazer um trabalho preciso e que renda, e criança atrapalha um pouco. Como fica muito pouco tempo em casa, não pode cuidar delas, nem conversar muito com elas. É por meu intermédio que fica a par de tudo e tem plena confiança em mim."

Pergunto como convive com essas ausências. Ela diz: "Felizmente, tenho muitos afazeres, as três crianças, faço tudo eu mesma, gosto disso e minha filha me ocupa bastante. Acompanho seus estudos, ela precisa muito de mim. E tem a casa inteira. Claro que em casa não recebemos ninguém. Por isso, Dominique não vê outro homem senão o pai, pois na escola só teve professoras. Uma ou duas vezes por ano somos recebidos na casa do engenheiro que trabalha com meu marido, no domingo. Levamos o mais velho e Sylvie, porém não levamos Dominique, pois isso envergonharia meu marido perante a mulher de seu patrão. As três crianças admiram muito o pai, gostam de participar das atividades do barco nas férias, com exceção de Dominique, que, embora conheça os movimentos de natação, tem medo de água. Ele fica na praia brincando num clube para crianças, cuidado por monitores, enquanto saímos de barco com meu marido."

Os pais dela? O caráter deles?

Ela não diz nada da mãe. Diz que, quando era jovem, seu pai era extremamente severo; em compensação, desde que se casou faz de tudo para agradá-la. Observa, porém, "estou certa de que, se houvesse uma desavença entre mim e meu marido, seria ao meu marido que ele daria razão, pois meu pai e minha mãe acolheram meu marido melhor que um filho, que sempre lamentaram não ter tido. Meus pais não queriam uma filha!".

Os sogros?

Diz que moram nos Pireneus. O sogro é um oficial superior aposentado com quem não se deve discutir, pois sempre tem razão; mas parece ter bom coração. O marido e o pai não se entendem, cada um tem suas opiniões e preferem não se falar. O marido, Georges, é o mais velho, tem atualmente 42 anos. Teve uma infância difícil: filho de oficial, dezessete mudanças de endereço, estudos aparentemente não muito brilhantes, mas na época não se prestava muita atenção nisso e, mesmo com notas medíocres, passava-se de ano, tanto mais que ele mudava todo ano de escola. Nessa família ocorreram vários dramas: "O irmão que vinha depois do meu marido morreu num acidente quando tinha 1 ano e meio, meu marido tinha 5 anos. O bebê engoliu uma peça do trem com que meu marido estava brincando." O marido disse que lembrava muito bem e que o berço vazio o impressionou terrivelmente. (Observemos esse fato, porque é o famoso berço que ele não quis deixar vazio entre seus próprios filhos:

Paul-Marie só saiu do berço para deixá-lo a Dominique; esse berço vazio no quarto conjugal teria impressionado demais o pai. Se Dominique ocupou imediatamente o lugar de Paul-Marie, Sylvie do mesmo modo tomou o lugar de Dominique quando este estava com a avó paterna, sem que tivessem comprado uma cama para Dominique antes desse terceiro nascimento.) Os filhos também não puderam brincar de trem quando eram pequenos por causa das lembranças e dos eventuais perigos; "mas parece que agora a angústia de meu marido já passou, pois há alguns anos temos um trem elétrico em casa e meu marido não parece mais estar preocupado com acidentes."

Depois desse irmão morto num acidente, houve uma irmã, sete anos mais nova que Georges e cujo apelido é Monette, quase o mesmo sobrenome da senhora Bel. Ela é casada e mora perto dos pais. Tem cinco filhos; deveriam ser seis, mas aí também aconteceu um drama. Um menino nascido com a "doença azul" morreu com 6 meses, quando Dominique estava lá; a senhora Bel, ao contrário da mãe que acha que nada deve ser dito às crianças sobre a vida e a morte, tem por princípio sempre dizer a verdade aos filhos. A senhora Bel quis que Dominique visse seu priminho morto, explicou-lhe como seria enterrado e a transformação dos corpos na terra, isso quando tinha 8 anos.

Da família Bel, só restaram portanto seu marido e sua cunhada, dois filhos de quatro: pois o senhor Bel teve um irmão doze anos mais novo que ele, que desapareceu na montanha quando tinha 17 anos, no mesmo ano do nascimento de Dominique. Foi um drama terrível, que ela relata desta forma: "Tinham ido aos Pireneus, ele, a irmã e outro rapaz, e, quando estavam numa picada no flanco da montanha, seu amigo perdeu um belo punhal que deslizou pelo mato numa descida. Meu cunhado disse: 'Vou descer para ver se o encontro, continuem, eu os alcançarei por um atalho', e nunca mais o viram. Pensaram que por engano poderia ter sido confundido com um foragido espanhol ou que tinha sido tomado de amnésia; procuraram nas prisões de Franco; durante três anos seus pais mantiveram a esperança. Não pôde ser declarado morto, pois creio serem necessários três anos para que um desaparecido possa ser declarado morto. Foi terrível! Que tormento! Eu estava grávida de Dominique. Somente três anos depois, quando eu estava grávida de minha filha, é que puseram uma placa de mármore no cemitério em memória de Bernard, mas não fizeram a cerimônia na igreja, pois havia sempre a tênue esperança de que talvez um dia ele fosse encontrado. Meus sogros são católicos devotos, meus pais não são praticantes; eu sou católica praticante devido às freiras que me educaram."

Seus outros filhos?

Disse que o mais velho gostaria de ser pintor, que faz dois anos que não vai muito bem na escola, mas o pai a princípio quis obrigá-lo a continuar os estudos: apesar da opinião da escola, que achava que ele nunca passaria no exame de fim de curso secundário.

Está no segundo colegial. É preciso que abandone os estudos, o que, aliás, ficou decidido para o ano que vem, apesar da vontade do pai. Essa é a causa da busca de uma nova escola para Dominique. O pai, que se formou em engenharia depois de sua evasão da Alemanha, teria preferido ser dentista ou decorador; porém esses estudos demandavam demasiado tempo. Paul-Marie, o filho mais velho, tem bom gosto para roupas, como o pai; a mãe, pelo contrário, diz não ter bom gosto. (Observemos que Dominique não tem "gosto" para as coisas da boca.) Ela diz do filho mais velho "que é bastante maduro para a idade e que não gosta de garotas; não compreende por que os rapazes flertam com as garotas, pensar que um homem e uma mulher possam deitar-se juntos também está além de sua compreensão".

Ele é "puritano" demais e ela repete: "ele também é bem maduro para a idade e creio que é porque nós passamos bastante tempo juntos".

A palavra "nós" aparece várias vezes; ela e seu primogênito formam um casal. – "Está preocupada com a misoginia do rapaz?" – "Não, sua atitude em relação às garotas não me chateia, pois meu marido é igual e ele acha certo que a única mulher que um homem conheça, pela primeira vez e para sempre, seja sua própria mulher. Foi o que aconteceu conosco, e meu marido não tem interesse pelas mulheres, estou tranquila quanto a isso. Ele só tem a mim e ao seu trabalho."

Paul-Marie encontra com amigos, toca violão, gosta de dançar, porém aprecia as garotas somente do ponto de vista estético. Vai se inscrever numa escola de desenho.

Neste momento, fala mais detalhadamente de Dominique. E diz: "Ele tem o sentido do ritmo; quando o irmão está com amigos que tocam discos para dançar, Dominique dança sozinho no quarto ao lado; porém, se percebe que está sendo observado, para imediatamente. Dominique é muito rude: quando saímos juntos, está sempre dez metros a nossa frente na rua, rente aos muros com receio dos automóveis, ou dez metros à frente do irmão quando estão juntos; seu irmão não gosta disso por causa da possibilidade de se enganar de ônibus ou de trem. Hoje Dominique estava muito ansioso. Disseram-lhe que iria ver uma doutora. Tem medo de que seja um médico para os loucos, tem medo de que fiquem com ele e o tranquem." Ele diz à mãe: "Eu sou inteligente mas não sou culto, e me colocam numa escola junto com crianças retardadas"; e ela diz, "isso prova que não entende o sentido das frases que repete".

Sua filha?

"Ela se parece muito com meu marido. É muito dedicada, gostaria de ser médica, não é muito hábil com as mãos, mas tem habilidade na cozinha e para cuidar de bebês. Gosta muito de estudar, tem muitas amigas." E a mãe, tem amigas? "Oh, não, não tenho tempo e vivi bastante tempo nas colônias, as amigas que eu tinha estão dispersas. Eu teria gostado bastante de permanecer nas colônias, em pensionato, se não fosse a volta forçada e a obrigação imediata de ganhar a vida. Para mim, o internato era o paraíso; a gente só escrevia para os pais uma vez por mês e tudo estava muito bem. Eu gostava mesmo era de ser chefe dos jovens escoteiros negros. Nunca tive medo de conviver com negros; aliás, tive uma educação lamentável, eu não sabia absolutamente nada. Não sei se minha mãe está certa, ela acha que talvez Dominique tenha sido uma criança muito mimada, eu não sei." A senhora Bel acrescenta que teria sido muito feliz se entrasse num convento e levasse uma vida de professora na África Negra, mas que também estava muito feliz com sua vida de esposa e mãe de família.

Assim terminou a entrevista que antecedeu meu primeiro contato com Dominique. Antes de vê-lo, a senhora Bel me avisa que, seja qual for minha opinião e meu conselho, só tomará uma decisão depois de falar com o marido.

Segunda parte
Entrevista com Dominique sozinho

Dominique entra com a modelagem que fez "para a senhora do centro", para a qual escolheu a massa de modelar verde[3]; modelagem típica de todas as que executa de modo estereotipado há muito tempo. Tem a apresentação que descrevi há pouco, uma voz anasalada, amaneirada e extremamente aguda, não olha – foge do olhar de propósito? –, olha de soslaio, as pupilas caídas

---
3. Ver p. 16, fig. 3.

sob as pálpebras, para a modelagem que toca e remexe delicadamente com a polpa dos dedos. Eu me apresento e pergunto se ele tem algo a dizer para me explicar como está se sentindo. Responde com seu sorriso angustiado e fixo: – *Bem, eu não sou como todo o mundo, às vezes, ao despertar, penso que passei por uma história verdadeira.* (São estas, rigorosamente transcritas, as primeiras palavras que me dirigiu.)

Eu lhe digo: *Que o tornou não verdadeiro.*

Ele: *É isso mesmo! Como é que a senhora sabe isso?*

Eu: *Eu não sei, penso nisso ao ver você.*

Ele: *Eu pensava estar na sala quando era pequeno, tinha medo dos ladrões, eles podem pegar o dinheiro, as pratarias, a senhora não pensa tudo o que eles podem pegar?*

Ele se cala. Penso comigo mesma: A sala [salle], não seria "a suja" [sale], digo então: *Ou até mesmo sua irmãzinha?*

Ele: *Oh! A senhora, hein, como é que sabe tudo?*

Eu: *Não sei nada a princípio, mas você diz as coisas com as suas palavras e eu escuto da melhor maneira possível. É você que sabe o que aconteceu com você, não eu. Mas juntos talvez possamos compreender.*

Silêncio. Espero um longo momento, e:

Eu: *Você está pensando em quê?*

Ele: *Procuro o que não está indo bem na vida. Bem que eu gostaria de ser como todo o mundo. Por exemplo, quando leio várias vezes uma lição, no dia seguinte não sei mais a lição. Às vezes acho que sou mais burro do que os outros e digo para mim mesmo: isso vai mal, tô desmiolado!* (A palavra [je déraisonne] é separada em três sílabas muito acentuadas e num tom muito agudo.)

Eu: *É verdade que você está desmiolado. Vejo que se dá conta disso. Talvez você tenha se disfarçado de pirado para não ser repreendido.*

Ele: *Oh, deve ser isso. Mas como é que a senhora sabe?*

Eu: *Eu não sei, mas percebo que você se disfarçou de louco ou de idiota e que você não é nada disso, pois você percebe isso e quer mudar.*

Retorna então várias vezes às suas obsessões da tabuada de multiplicação. Digo de uma vez por todas que: *para mim tanto fazia, o que me interessava não eram as suas contas para a escola e que ele não tinha vindo me ver por ser eu uma professora, mas porque eu era uma doutora, para saber como é que ele poderia deixar de ser louco e ser então, de fato, como todo o mundo, se fosse esse seu desejo. Em todo lugar, e não somente na escola com os números.*

Eu lhe disse também: *O que é importante na vida não é aquilo que você faz com as lições, os cadernos e os livros de aula, e sim todo o seu modo de ser, de não ser verdadeiro e tudo aquilo que se passa em seu coração e que você não quer dizer. Vi sua mãe agora há pouco e falei com ela. Eu vou ver seu pai.* Nesse momento explico-lhe – mas será que está ouvindo? – o sigilo profissional e que não faremos nada sem o pai. E, mesmo que não seja o seu desejo, o pai deverá, ao menos, dar sua autorização: será preciso que o pai aceite que Dominique venha me ver, e que nós dois tentemos entender o que o impede de ser como todo o mundo.

Revejo a mãe na frente de Dominique e digo que verei Dominique com o pai, ou então, caso o pai não possa vir junto com ela e o filho, em quinze dias, antes das férias de verão, peço ao menos para ver o pai a sós, no dia e hora que ele desejar, até mesmo tarde da noite em meu consultório, fora do centro psicopedagógico. *Sua vinda é indispensável. Repito a Dominique diante da mãe que não é porque o pai não está muito presente que ele não conta* (sic), *e que a mãe sempre agiu a partir de uma decisão em comum.* Digo mais uma vez a Dominique que a diretora do centro (Dominique já esteve com ela uma primeira vez), eu mesma e talvez sua mãe pensamos que poderíamos tentar um trabalho com a senhora Dolto (eu), mas somente se o pai estiver de acordo.

Nessa hora, Dominique, que visivelmente não parece interessado, quer ir embora. Vai esperar a mãe na sala de espera e a senhora Bel, sozinha comigo, me pergunta: "Doutora, o que a senhora achou?"

Ao relatar meu diálogo com Dominique, percebemos bem – o leitor e eu mesma – que houve contato; no entanto, a apresentação distante, a voz amaneirada, o sorriso fixo, o manter-se a distância, a ausência de olhar e de aperto de mão, a ausência de despedida, essa fuga felina ou de bebê que se aborrece, quando converso com a mãe, o conjunto parecia totalmente psicótico e, ao mesmo tempo, inteligente.

Explico à senhora Bel o que penso: "Não se trata de jeito nenhum de um débil simples, mas de uma criança psicótica inteligente e, na minha opinião, a dificuldade não está na escolaridade, e sim no seu equilíbrio mental e nas suas possibilidades sociais sem nenhum futuro. Na minha opinião, seria imperioso tentar outra psicoterapia antes de tomar a decisão de colocá-lo, dada a sua idade, num lugar onde pudesse ser acolhido, quer dizer, não em uma escola, porém em algo como uma oficina abrigada, do tipo oficina especializada para deficientes. Isso somente deveria ser decidido no caso de insucesso da psicoterapia, que poderíamos ainda tentar, já que ele acaba de chegar à puberdade, período propício à psicoterapia. É essa falta de contato, essa vida à parte onde quer que esteja, o verdadeiro problema que, instruído ou iletrado, o torna inadaptável, embora inteligente."

Ela me diz então: "Meu marido dirá tudo aquilo que a senhora quiser, mas, sabe, ele é cético, só acredita em cirurgia, e nem um pouco na medicina. É uma pena que não se possa operar nesses casos." Acrescenta: "Quando meu marido e eu temos alguma divergência, jamais dizemos para as crianças, damos sempre a impressão de ter as mesmas opiniões. Certamente meu marido não porá obstáculos a que a senhora veja outra vez Dominique, porém não ficou com uma boa lembrança da psicoterapia de Dominique quando era pequeno. Naquela época, disseram para fazermos tudo igual para ele e para a irmãzinha, para lhe demonstrarmos nosso amor e que tudo se resolveria, e meu marido acha que, já que fizemos tudo o que disseram e nada melhorou, é porque não há nada a ser feito; ele já formou uma opinião. Depois, disseram que, com o tempo, paciência e muita afeição, tudo se resolveria, mas ele está cada vez mais bizarro. Agora já dá para notar, antes passava despercebido." Eu disse a ela: "Justamente, é essa a razão pela qual eu acho que é preciso tentar deter a evolução para a 'loucura'."

Oito dias depois dessa consulta, recebemos uma *carta da senhora Bel* dizendo, entre outras coisas:

"[...] Confesso ter ficado profundamente transtornada quando a senhora tranquilamente declarou que Dominique era louco e que deveria ser tratado como tal, já que há doze anos contentam-se em nos dizer: ele está atrasado, mas com paciência e muita afeição tudo se ajeitará. Passado o primeiro choque, acho que prefiro seu diagnóstico porque, de fato, ele responde a várias coisas que nos preocupavam. Não compreendo por que a comissão de higiene mental que o examinou durante dois dias não nos disse isso. Se tivessem dito: é preciso tentar de tudo para tratá-lo, isso ainda pode ter cura! Porém diziam: é preciso encontrar uma escola, mantê-lo em casa enquanto não for muito incômodo. Com o tempo, isso pode se ajeitar. O que posso lhe dizer é que, desde que Dominique viu a senhora, seu comportamento está totalmente mudado. Ele, que até então vivia em casa como um estranho, passa o tempo querendo tornar-se útil, sem que tenhamos pedido nada. Arruma a casa, organiza metodicamente os armários, corre para a cozinha no momento em que se dá conta que falta algo sobre a mesa para evitar que eu trabalhe. É extraordinariamente serviçal e gentil com cada um de nós, só quer agradar, está à espreita da menor ocasião para ser útil. Devo dizer que ele é comovente; quando não ouço mais seus movimentos no quarto, subo e o vejo repetindo desesperadamente a meia-voz as tabuadas de multiplicação de seu manual. Ele gostaria tanto de ter sucesso na escola. Diante de seus inúteis esforços, outro dia ele me disse: "Mas você acredita que poderei ir bem algum dia?" Respondi: "Não se preocupe, largue esse livro de contas, agora é hora das férias de verão e a doutora Dolto disse que não valia a pena cansar a cabeça com isso, que não é que você seja burro, é que alguma coisa enguiçou na sua cabeça e talvez seja possível dar um jeito [...]"

Chega *outra carta preocupada* por não termos marcado hora com o marido, que está decidido a encontrar-nos.
O pai é convocado.
O senhor Bel, pai de Dominique, vem no dia 30 de junho com sua mulher e seu filho.

SEGUNDA SESSÃO: 30 DE JUNHO
15 dias após a anterior

Primeira parte
Entrevista com o pai

Vejo o pai a sós e o deixo falar. Diz que nunca está em casa, descreve seu trabalho; repete aproximadamente as mesmas coisas que sua mulher. Entende-se muito bem com o patrão, ele é um amigo; não existem horários, é preciso estar sempre à sua disposição; é um trabalho assim, mas é muito bem pago e o trabalho é interessante. Diz que Dominique, quando bem pequeno, antes do nascimento da irmã, já era uma criança difícil e exigente; batia com a cabeça no berço para chamar a atenção da mãe e, comenta o pai, ficava com marcas roxas que davam tanta pena que, no final, eram obrigados a ceder. O senhor Bel declara, a respeito da esposa, que ela cuida de tudo, que é muito ativa, que tem o senso do dever no mais alto grau, e, quando volto para casa, diz ele, "sou festejado". Ela não é somente mulher, mas também 150% mãe. Ela faz tudo o que eles querem. "Ela não tem defeitos?", digo rindo, "nenhum?" Ele também ri e diz: "Às vezes fica meio furiosa, mas passa logo. Fica nervosa, grita e logo esquece."

Atendendo a meu pedido, o senhor Bel fala de sua juventude. Seu primeiro irmão menor, dois anos mais novo[4], morreu vítima de um acidente idiota: "Engoliu uma peça do trem com que eu estava

---

[4]. E não quatro como dissera sua mulher. Na verdade eram mesmo quatro: o senhor Bel significa, com esse seu lapso, sua identificação com Paul-Marie e de seu irmão menor com Dominique.

brincando." Quando perguntei como isso o afetou: "Meus pais não me culparam muito, pois o bebê colocava na boca tudo o que via. Ficamos dois dias nos perguntando se ele tinha engolido a peça, se não tinha, procurando a peça que faltava. Por fim, tiraram uma radiografia: a peça estava no estômago e pensaram que ele deveria ser operado. O bebê morreu na mesa de operação." *Seu outro irmão* desapareceu aos 17 anos num acidente, que relatou exatamente como a mulher.

Conta que sua mãe sonhava que o rapaz tinha sido devorado pelos ursos e que, principalmente para a mãe, foi uma horrenda provação. O maior drama foi que nunca encontraram nenhum vestígio dele – nada... "Meu irmão tinha 12 anos a menos que eu, era uma pessoa muito simpática, o contrário de mim."

Pergunto: "Como assim, o contrário?"

"Sim, ele era *avarento*, enquanto eu sou pródigo, ele era muito fechado e eu sou muito dado. Aconteciam brigas sistemáticas entre meu irmão e minha irmã mais nova. Ela tinha sete anos a menos do que eu e cinco a mais do que ele." Ao falar de *sua irmã*, diz que, tal qual sua própria filha, tem um caráter 100% semelhante ao seu, com mais confiança nela mesma. Sua filha, porém, é mais audaciosa do que sua irmã. Pelo contrário, falando de *seu filho mais velho Paul-Marie*: "Ele é como eu, tímido, porém muito dado depois que conhece bem alguém; ele não ousa bater na porta de ninguém." E *Dominique*? "Não é fácil dizer, ele é de outro planeta. Não é alguém igual a nós." Não consegue dizer mais nada.

"Ele é afetuoso com o senhor?" "Ele gosta mesmo é do seu tio Bobbi, o marido de minha irmã." Acrescenta a respeito da irmã, que foi a primeira menina que apareceu na família Bel em 150 anos e que, por isso, foi extremamente mimada. Sua própria filha também foi recebida por todos com a maior alegria, por causa da escassez de meninas na família Bel. *Sua mulher?* Diz que "é tímida como um urso para ir à casa dos outros, mas que a casa deles é como a casa do bom Deus, acolhe todo mundo; que o caráter de sua mulher é demasiado flexível, ela faz verdadeiramente tudo aquilo que os filhos querem e ele crê que, às vezes, os filhos abusam de sua boa vontade." Acrescenta que: "Há uns quinze dias, três semanas, Dominique está muito mudado. Minha mulher vê uma relação, enquanto eu não estou certo de que possamos estabelecer essa relação com a visita à senhora ou se foi obra do acaso. Ele pergunta o tempo todo se não há nada que possa fazer, se pode ser útil. Outro dia, lendo um livro de receitas, fez sozinho uma torta de cerejas [*clafoutis*] que estava muito boa, isso me deu confiança, porque, de fato, ser cozinheiro não é uma má profissão; pensei também que ele poderia ser sapateiro. Também é uma profissão que não é desagradável nem muito difícil e que não exige muita instrução."

O pai não alimenta ilusões a respeito do futuro de Dominique, mas readquire confiança, "talvez se torne sociável". O pai diz que esteve presente ao parto de todos os filhos e que chegou até a fazer o parto de Dominique sozinho, com a sogra, pois a sogra vem para todos os nascimentos. "*Minha sogra* tem um excelente coração e seria capaz de tirar a camisa para dar a alguém. Foi educada como camponesa e tem superstições. Por exemplo, cortar as patas das marmotas para colocá-las em volta do pescoço dos bebês, e ela fez uma série de coisas desse tipo para meus filhos; eu a deixava fazer, ela tem um caráter rude de camponesa; foi ela própria quem criou os irmãos e irmãs, pois sua mãe morreu cedo; foi uma mulher para quem a vida não foi fácil. Quando conheci minha mulher, as duas brigavam o tempo todo, porém, a partir de meu casamento, minha presença melhorou bastante as coisas. Meu sogro é um homem corajoso, um pouco rude, ele viveu nas colônias e isso se nota..."

Falou-me do parto de Dominique; ele lembra "como se tivesse acontecido ontem". Tinham todos ido ao cinema Rex ("quando minha sogra está conosco, sempre a levamos para passear"). A senhora Bel começou a sentir as dores, voltaram para casa às pressas e o menino nasceu antes que o médico pudesse chegar. Quando chegou, tudo já estava feito. Dominique nasceu coberto de penugem, dava a impressão de possuir cabelos que chegavam aos olhos e às maçãs do rosto. Parecia um macaco, observa rindo, e a mulher o achou tão feio que ele teve de levantar o seu moral.

"*Meu filho mais velho Paul-Marie?* Ele adora crianças, principalmente crianças de outras famílias; mas, enfim, tem um bom caráter em casa; é preguiçoso, passivo. Minha mulher diz que, quando não estou, ele não é assim."

"*Minha filha?* Pelo contrário, estuda com muita vontade; é boa aluna, tem muitas amigas. *Paul-Marie* é mais solitário. Segundo minha mulher, parece que ele tem amigos, mas não os conheço. Ele não se abre comigo."

"*Dominique* não tem facilidade para fazer amizades, mas, quando estamos na praia, brinca com as crianças de 7 ou 8 anos de idade." "Ele brinca?" "Quer dizer, são os únicos de quem não foge, porém prefere a solidão e se diverte com pouco, falando consigo mesmo. Evita os outros e estes não o procuram."

Depois da entrevista, o senhor Bel está plenamente de acordo para que Dominique faça, depois das férias, uma tentativa de tratamento psicoterápico comigo. Quer fazer tudo pelo filho, mesmo que não tenha muita esperança, e não ficaria desapontado se conseguíssemos, ao menos, mantê-lo tal como está nesses últimos quinze dias, isto é, um rapaz que parece estar despertando.

Dessa entrevista, conclui-se que o senhor Bel é um homem muito ocupado, de trato fácil e que não parece ter muito senso de intimidade com os seus, mas que é bom e trabalhador. Talvez esteja fixado no sócio, patrão e amigo? Tem grande estima pela mulher e nenhuma queixa contra ninguém; eu não saberia dizer mais. No entanto, perguntei se achava que Paul-Marie tinha conhecimento das realidades da vida do ponto de vista do sexo e das mulheres. Respondeu que recentemente teve uma conversa com ele e tinha ficado muito contente em saber que o filho decidiu não frequentar mulheres antes do casamento, como ele próprio fizera, e estava feliz com isso. Porém os dois não interagem muito. Ele fica muito pouco tempo em casa, e, quando fica, tem muito o que fazer.

O senhor Bel se foi depois de ter dito a Dominique, a meu pedido, que ele estava de acordo para que iniciássemos, na volta às aulas, um trabalho conjunto, a senhora Dolto e ele, Dominique. Despediu-se da mulher e do filho, porque ia viajar para a Alemanha. Deixou-os no consultório e tive com Dominique uma sessão que pretendia fazer mais curta, mas que prolonguei devido ao interesse diagnóstico que ela apresentou.

Segunda parte
Entrevista com Dominique

Dominique entra dizendo com voz afetada, anasalada e bastante estridente: *Para evitar que fiquem o tempo todo atrás de mim, é necessário que eu saia disso.*

Eu: *Você tem vontade de sair disso?*

Ele: *Oh sim, com certeza. Além do mais, eu sonhava quando tinha 10 anos.* (Da última vez, eu lhe disse que poderia contar seus sonhos.)

Eu: *Faz muito tempo?*

Ele: *Oh sim, faz muito tempo.*

Eu: *Mas quantos anos você tem?*

Ele: *Eles dizem que tenho 14 anos, mas acho que já faz muito tempo que eu tinha 10 anos. Mas a senhora sabe, eu sou ruim de contas. E então nos sonhos eu me perdia numa estação de trem e lá encontrava uma feiticeira, e ela só me dizia crac, crac, crac* (ele executa, com uma mão sobre a outra, um gesto de esmagamento). *Eu buscava uma informação, aquilo já estava me deixando nervoso e eu não queria complicações, sobretudo porque isso se passava numa estação de trem. Às vezes dava um jeito de prestar algum serviço, mas não conseguia e ninguém estava precisando de mim. Além do mais, a senhora vê, cada vez que eu tenho 500 francos, é só esperar ter 500 francos e depois serei rico. Mas veja que pode demorar muito, é preciso ter paciência*, acrescenta com voz diferente e alterada, como se não fosse ele que estivesse falando (ele, que já tem uma voz naturalmente anasalada, que parece contrafeita).

Como silenciasse, falo-lhe da vinda do pai, valorizo o transtorno que foi para ele vir e o interesse que o pai manifesta por ele e peço que me fale daquilo que fez para mim enquanto esperava. (Na minha técnica, as crianças são solicitadas a fazer um desenho e uma modelagem antes da sessão.)

Sua modelagem[5].
É um "personagem" – Esse personagem? – Ele teria ideias próprias.

Segue-se um longo discurso anasalado, aparentemente delirante, muito difícil de acompanhar e até mesmo de ouvir e que não consegui anotar. Sei apenas que, perto de uma estação de trem, história da qual o pai participava, os automóveis moviam-se sobre as árvores. Tudo dito num tom bastante alto, com momentos em que o tom baixa como se fosse um segredo e que entendo tão pouco quanto o que é pronunciado em voz alta. Respondo simplesmente "sim" a tudo, até que o discurso cessa; então:

Eu: *Eu preciso entender melhor tudo o que você está dizendo. Vejamos seu desenho* (o desenho não está terminado). *O que é isso*[6]*?*

Ele: *É um barco da guerra de Troia, um barco dos troianos; estavam dentro, poderiam estar mortos, os mortos também. Casas também sobre os barcos, levam tudo, não acreditavam, não é água.*

....
5. Ver p. 45, fig. 4.
6. Ver p. 46, fig. 5.

A história clínica 45

Modelagem trazida na primeira sessão
4

Um homem (feito de pedaços colados, bolinhas colocadas lado a lado).
40 cm de comprimento.

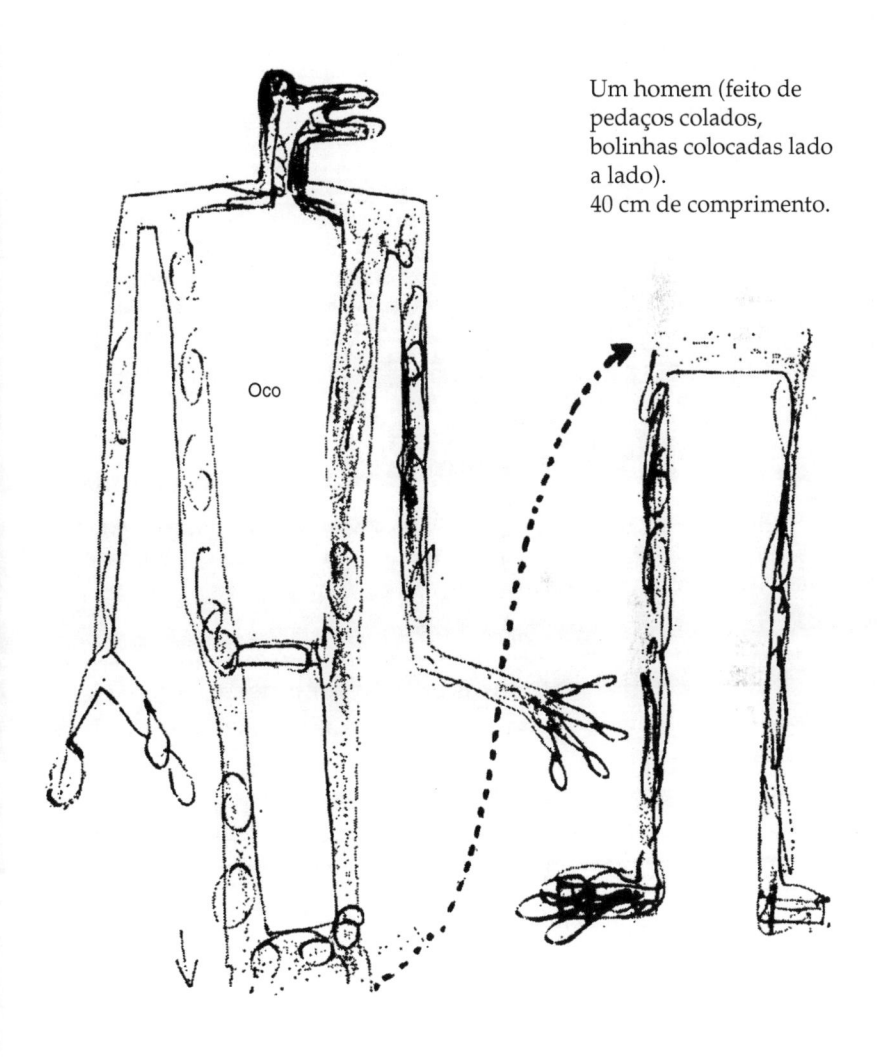

Oco

5

Esboço, incompleto.
Mudei de ideia, preferi a modelagem.
"Era um barco."
Comprimento 11 cm.

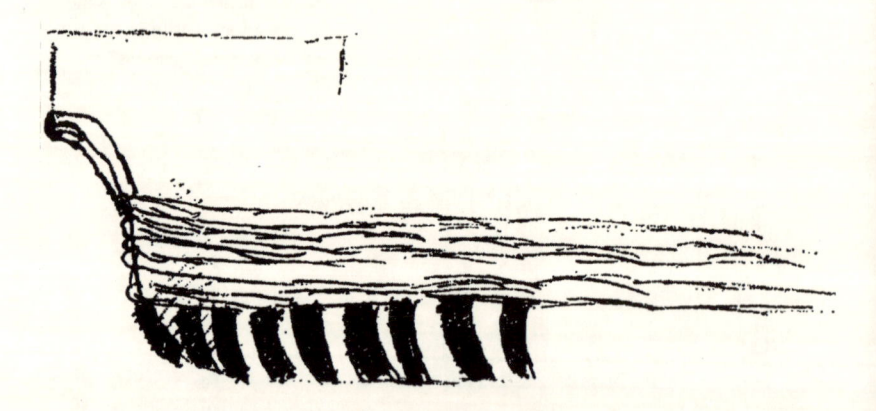

Barco de Troia. "Os troianos estavam dentro. Poderiam estar mortos. Os mortos também (meio delirante). Casas para eles nos barcos levam tudo. Não acreditavam! Não está na água."

Eu penso Egito, nau dos mortos, cavalo de Troia [*Troie*]. Ele acrescenta uma série de palavras dentre as quais ouço *trois* [três], evocação do algarismo mais que da cidade.

Digo: *O número três, é disso que você está falando?*

Ele: *3 vezes 3 dá 9, e 9 dividido por 3?...* Mudando de tom: *Ele não sabe!!! mas dizem que dá no mesmo, é só fazer uma divisão ao contrário para que seja uma multiplicação... e ele não entende nada dos três!*

Depois de eu ter tentado fazer uma série de traços sobre o papel, que ele consegue contar comigo – são vinte –, eu os agrupo em 4 ou 5 para lhe mostrar o processo de multiplicação e de divisão. Dominique demonstra sua total incapacidade para considerar um dado de três elementos. 20 : 4 = 5, significa para ele 4 =

5; mas 20 : 4 tampouco faz sentido, ou então o sentido é: 20 é 4. Não há outras relações entre os números senão as aditivas ou subtrativas e os sinais : = ×, ele os chama de "é".

Em resposta a minha pergunta reiterada a respeito de suas palavras: *A guerra de Troia? – é a história de um barco que entrou com mortos para ganhar a guerra. – Onde?* Sem resposta. Não se pode perguntar nada a ele.

Não há propriamente falando intercâmbio entre nós. Ele fala para si próprio, cala, fala novamente; mas num mundo em que, embora ele às vezes fale com a minha pessoa (é o que acredito sentir), eu, do meu lado, não consigo encontrá-lo, nem encontrar um sentido para o significado literal de suas palavras. Visivelmente, essas palavras estão transcrevendo outra coisa.

Assim, hoje, no dispensário (um tipo de estação, sala de espera, guichê, onde se paga em troca de um recibo-passagem), as pessoas vêm para obter uma informação, in-formação [*renseignement, re-enseignement**], e encontram uma feiticeira (senhora Dolto) que fala de três craques ou mentiras** (mais adiante, ele um dia dirá que a irmã é um craque). Um craque é um valoroso. Em resumo, hoje para mim esse *crac* com mímica de esmagamento é a única dinâmica que contém uma representação de imagem do corpo formal: ser colocado entre mandíbulas que trituram. Deve ser isso o que ele transfere para a minha pessoa bizarra e valorosa, como também para todo e qualquer esboço de contato. É isso que compreendo desse modo de perigoso contato que ele experimenta em relação à oralidade. Entre nós, ocorre um interconsumo, segundo aquilo que ele compreende das relações libidinais.

Nenhum conselho é dado para o período de férias, mas sua mãe e eu tomamos a decisão, decisão que eu mesma comunico a Dominique, de nos encontrar novamente em outubro.

....

* *Enseignement*, em francês, significa ensino, ensinamento. (N. da R.T.)

** Homofonias entre *crack* (craque) e *craque* (mentira, mas também conjugação de *craquer*, romper, quebrar, pifar). (N. da R.T.)

Quanto à escolaridade? A mãe pergunta o que fazer no ano que vem? Dominique não deseja permanecer na entrevista e sai, esgueirando-se, como da última vez, sem se despedir. Meu conselho é uma classe especial de ensino primário em seu bairro ou então que continue a estudar na escola especializada que frequenta há dois anos, e obter na vizinhança algum modo de acompanhá-lo e buscá-lo na escola. Acrescento que *é o tratamento* que talvez possibilite a "assimilação" escolar e não a mais perfeita pedagogia. A prova disso é o insucesso dos dois últimos anos numa excelente escola com pedagogia especializada muito flexível. Penso que, uma vez que os meios pecuniários são limitados – é o que me dizem –, é melhor optar por uma escola primária gratuita, e concentrar o esforço pecuniário no tratamento, ao menos para tentar.

No decorrer do mês de setembro, o centro recebeu *várias cartas da mãe*. A primeira, que não chegou até mim, contava que uma escola especial para crianças da idade de Dominique tinha aberto as portas perto de sua casa; mas que o diretor era formalmente contra o ingresso de Dominique. Essas cartas da senhora Bel rogavam à senhora Dolto que enviasse algumas palavras ao diretor da escola a favor da admissão de Dominique; era a única esperança que restava. Continuar na escola especializada com uma acompanhante seria exageradamente caro, e eles não podiam pagar. E a escola onde abriram uma classe especial estava a alguns minutos de sua casa. Dadas as informações que obtivera do centro de consultas do dispensário (da Previdência Social e da Organização Privada de Higiene Social – OPHS), o diretor argumentava que não podia receber Dominique uma vez que a classe não tinha sido pensada para acolher alunos de temperamento difícil nem loucos. "Sim, sim", respondera à mãe, "sempre dizem que a criança é bem comportada e depois ela atrapalha tudo. Esta escola recebe unicamente crianças com dificuldade por atraso escolar simples ou falta de frequência e não crianças com problemas". O diretor alegou que, pelas informações recebidas, Dominique não correspondia ao tipo de aluno desejável para sua turma, e a senhora Bel solicitava que eu insistisse por meio de uma carta pessoal para que o diretor aceitasse Dominique. Foi o que fiz. Outra carta me informou que Dominique tinha sido aceito, a título temporário, por algumas semanas, em período de experiência, como eu solicitara. *A mãe me escreveu mais uma vez no fim de setembro*, confirmando sua vinda à entrevista que eu havia marcado para o início de outubro. Dizia que Dominique tinha começado a ir à escola fazia alguns dias e que a professora nunca tinha visto uma criança tão aplicada quanto ele: bebe literalmente cada uma de suas palavras, está muito contente com esse aluno e, continuando assim, logo irá recuperar o atraso, pois presta atenção e tem boa vontade, coisa rara. Não somente o comportamento do rapaz em família estava mudado; mas, fato que deixou todos surpresos, o cão que tinha pavor de Dominique faz agora mais festa para Dominique do que para qualquer outro membro da família, e Dominique diz: "Veja como o cachorro bonzinho gosta de mim, como ele faz festa para mim", fato absolutamente verdadeiro. O cão está para Dominique como Dominique está para os outros meninos. "Eu já tinha dito à senhora como ele ficava apavorado com todos aqueles que tinham aproximadamente o mesmo tamanho e idade que ele, e que aceitava apenas brincar de longe com crianças pequenas. Agora está brincando com colegas e chegou a dizer à irmã: 'Sabe, agora posso ir mais rápido com minha bicicleta e esperar você na saída da escola', porque a irmã tinha se queixado dos meninos da escola em frente à escola das meninas, que as amolavam na saída. 'Agora eu sou grande e forte como os outros e você pode contar comigo.' Ele, que tinha fobia de bicicletas, andou bastante de bicicleta este verão; teve de aprender muito pouco, pois já sabia andar. Quando lhe disse que tínhamos hora marcada com a senhora, ele não ficou nada satisfeito e escrevo entre aspas o que ele me disse: 'Ora bolas, isso vai me fazer faltar à aula, queria saber por que temos de ir? Estou muito bem agora, não estou precisando nem um pouco de médico.' Respondi que seu pai e eu gostaríamos que tratassem dele. Estou contando tudo isso para lhe dar exemplos da mudança de seu comportamento; não somente continuou, apesar da escola, a ser solícito, afetuoso e prestativo comigo em casa, mas com a irmã também. Por exemplo, normalmente, quando tomava banho, demorava bastante; deixava o banheiro imundo, mas agora completa novamente a água quente. Não temos água corrente, é preciso aquecer a água e levá-la ao banheiro. Pois Dominique aqueceu a água, levou-a ao banheiro e colocou uma toalha seca sobre o aquecedor, chegou mesmo, num cúmulo de gentileza, a espalhar dentifrício sobre sua escova de dente para deixá-la contente. Minha filha está completamente atônita. Ele, que não pensava em dizer bom-dia ou boa-noite, agora dá um beijo em cada um de nós toda noite."

Ao tomar conhecimento desses fatos, pensei: o rapaz percebeu que iriam tocar suas estruturas profundas, agora está se defendendo de outro modo[7].

....

7. Alguns terapeutas, gratificados pelos progressos aparentes da criança, pela sua "melhor" adaptação ao meio familiar ou escolar, ficam tentados a parar o tratamento. Existe aí o perigo de um enclave de resistências inconscientes, camufladas atrás de rituais "superegoicos" obsessivos satisfatórios para o meio.

TERCEIRA SESSÃO: 18 DE OUTUBRO

Não tenho contato prévio com a mãe. Preciso pegar Dominique pela mão para que decida me acompanhar. Talvez estivesse esperando, como antes das férias, que eu falasse primeiro com o adulto; ou, então, é assim que traduz sua recusa.

Ele chega e senta. Não diz que não desejava vir, como relatara a mãe em uma carta, ou que isso o aborrece, mas isso fica claro no contexto. Ele fala de sua angústia de que, se manifestar seu descontentamento, eu fique muito zangada (talvez eu possa até mordê-lo?). Lembro a ele a decisão tomada de proceder a encontros quinzenais, nos quais poderia dizer tudo o que pensava e poderia descrever os sonhos que lembrasse com palavras, desenhos e modelagens. Garanto-lhe que o conteúdo das sessões está protegido pelo sigilo profissional, sigilo que ele, do seu lado, não tem de respeitar, e espero.

O tom afetado é o mesmo, a voz anasalada também, e o mesmo olhar esquivo; mas agora consigo ouvir e anotar o que diz.

É uma menininha dotada de uma força extraordinária. Píppi Meialonga*. Ela tem muita força nos braços. É engraçada e dorme com a cabeça do lado dos pés. É muito boazinha, muito divertida, tem dois amiguinhos no zoológico. São dois tigres que escaparam. O guarda, e depois os policiais, queriam pegar "ele" (já não são dois), mas Píppi disse ao tigre: "Se você morder, eu também vou morder você." Ele era ousado, mas não muito corajoso... e tinha muito medo dela. Então ela cantou para

....
* No original: *Brin d'Acier*. (N. da R.T.)

ele: "Era um gatim, tim, tim", para lisonjeá-lo. O tigre não estava muito satisfeito, mas se deixou lisonjear...

Acrescenta alguns outros detalhes sobre essa Píppi Meialonga corajosa, audaciosa, verdadeira e não verdadeira, à qual a princípio me identificou e à qual pode se identificar em seguida, dizendo:

Sua mamãe ficou um pouco preocupada ao vê-"lo" fazer amizade com tigres, porém "ela" lhe disse: Mamãe, fique descansada, quando eu for 'crescido' (sic), *eu me viro.* (Alternância do masculino e feminino atribuído ao mesmo personagem.) Ele baixa o tom e, a meia-voz, como se fosse um segredo: *Sabe, a professora na escola fez quatro grupos, há os que estão adiantados* (sic) *e os que estão atrasados, e eu, eu não sei, estou num grupo, mas a gente não sabe em que grupo está. Ela faz grupos assim, e, depois disso, dá lição, aí a gente sabe que está num grupo.* Em seguida, continua em voz alta: *Píppi, "ele" tem cabelos ruivos e sua mãe morreu quando "ela" era bebê. Ela fez muitas bobagens que jamais passariam pela cabeça de ninguém, algumas delas são até engraçadas... Um dia ela fez um vestido vermelho e azul e meias marrom, um dia era o dia da festa de seu santo, festa mixuruca, justamente.* Baixinho: *Calçou os sapatos de seu papai. Pendurou algumas fitas verdes no corpo.* Bem alto: *O que me chama a atenção é que, quando eu me virava para o lado de meu pequeno armário, eu tinha colocado soldados da Idade Média. Pessoas que não gostaríamos de encontrar na rua, eu punha eles no armário. E depois eu tinha medo de noite, e depois eu não queria deitar-me antes do fim porque eu mesmo quero revê-la, é sobre mim que ela vai agir*[8]! Cala-se. Eu penso: está arrumando, está confinando aquilo que nas suas fantasias lhe dá medo, é ele que é representado pela idade "média" na família, entre o primogênito e a caçula. Será a sua agressividade fálica dentária que ele está prendendo?

Digo-lhe: *Quem vai agir sobre você?* Ele não responde. No entanto, está bem claro que se trata de mim em sua transferência de tipo delirante. Silêncio. Espero bastante tempo, por fim ele fala:

---

8. Podemos ver que a fobia, que supostamente desapareceu se observarmos os comportamentos cotidianos (bicicletas, cães, colegas), na verdade focalizou-se na transferência.

Digamos que ela voltou de férias e que ela está um pouco bronzeada (é o meu caso, de fato, em comparação com o mês de junho) *ou que fez um pequeno cruzeiro em seu porão (?). Ela tem um lado negro e um lado vermelho. Eu, quando tenho um companheiro, pergunto do que "ela" quer brincar.* (Alusão na transferência ao fato de que não proponho nada e fico silenciosa. Vejam o personagem representado como um pirulito bicolor com duas pernas tipo baguete[9].)

Primeira modelagem: terceira sessão
6

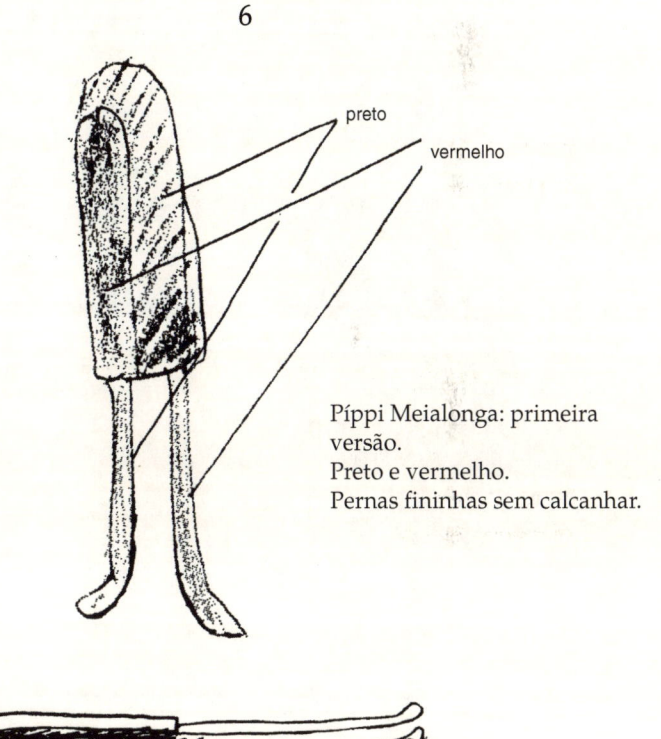

preto
vermelho

Píppi Meialonga: primeira versão.
Preto e vermelho.
Pernas fininhas sem calcanhar.

A modelagem é, a princípio, semelhante a um pirulito ou a uma língua. Deitada, demolida e refeita em outras cores, transforma-se na menininha da fig. 7.

....
9. Ver p. 53, fig. 6.

6 bis
Estado intermediário entre a
primeira e segunda modelagens.

Segunda modelagem: terceira sessão
7

Píppi Meialonga: segunda versão.
Botões e olhos em forma de bolas (pegou o violeta em vez do negro e o rosa em vez do vermelho).

A protrusão que representa o braço direito sai de um corpo em forma de garrafa, ele manipula durante bastante tempo essa forma sem dizer do que se trata: "não é nada".
D. faz de propósito uma fenda em ângulo "para os bolsos" e acrescenta saltos altos, mas não mãos.
D. tenta pôr a modelagem em pé segurando-a.

Eu: *O companheiro é o quê, é um companheiro menino ou é uma menina?*

Ele: Não, é um menino. E a senhora, a senhora tem televisão? Porque existem bairros onde as pessoas não têm... E também, qual era a cor de seus olhos? Ah sim, que cor? Faz a pergunta a si próprio, olhando a modelagem em forma de língua ou de estela, preto e vermelho... Contempla-a: *Bem, eles não tinham cor, eles eram vivos!* A palavra é proferida num grito, com intensidade emocional; em seguida o silêncio. Ele retoma: *Uma vez na casa de meus avós, eu estava num quarto com minha prima e tinha um barulho no sótão. Meu avô disse que era um gato, que ele estava brigando, ou que tinha ratos. É uma antiga lembrança, a senhora sabe, em 1960, mas é de nossos dias, não é pré-histórico.*

Eu: *Quem é sua prima?*

Ele: *Acho que é a filha à irmã ao meu pai*[10]. Babette é o nome dela, ela tem 7 anos (de fato, sua prima tinha 7 anos quando ele tinha 8, mais tarde serei informada do fato), *ela não tinha medo, mas ela se perguntava, e eu também, a gente se perguntava, que é que eu tinha em cima da cabeça.* Em seguida, baixinho: *Bem, eu frequentemente vejo camundongos. Não sei onde os vejo, mas vejo; mas, quando armei tudo no campo de batalha da minha cabeça, então camuflei meu caminhão militar, e depois os soldados, e então, se um camundongo atravessa, ele remexe todos os soldados.* (É uma lembrança que tem relação com uma pessoa de sua realidade, a única realidade que parece conhecer, a realidade das relações genéticas entre os membros da família. Está descrevendo aí *alucinações ou alucinoses*.)

Silêncio. Ele retrabalha outra modelagem[11]. Em seguida, muito alto, com voz estridente: *Minha professora disse que, quando um rato atravessa um quarto, acreditávamos sempre que são vários. Parece que, se pisamos no pé de uma víbora, mas veja, as víboras estão escondidas*

---

10. Note-se a linguagem oral para as relações genitais: "filha à".

11. Ver p. 54, fig. 7.

nas árvores. (Recordo que os automóveis também estavam escondidos nas árvores, mas não digo.) Ele prossegue: *E também, olhe, ela tem tranças, mas eu não coloquei nós porque eu as enrolei; e também, sabe, Babette, é melhor estar de bem com ela do que estar de mal. Dois meninos caçoaram de seus cabelos ruivos, então ela os amarrou no galho de uma árvore pela pele do pescoço e, veja, ela calçou os grandes sapatos de saltos de sua mãe.* (De novo Babette, sua prima, que tem a personalidade intrépida descrita pelo pai como sendo a de sua filha, retrato de sua própria irmã, porém mais audacioso.)

Ele: *Agora eu fiz uma coleção de soldados da Idade Média e uma coleção de caixas de fósforos e uma coleção de escudos Gringoire*[12]*, e, além disso, em casa, eu tenho uma fazendinha completa... Meu primo e eu dizemos que somos comerciantes de gado.*

Eu: *Seu primo?*

Ele: *Sim, Bruno, é o filho à irmã ao meu pai. O chato é que minha prima, nossa! como era mimada por minha avó. Agora mudou. É "minha" mãe ao "meu" pai, porque a outra se chama Vovó. Sabe, ela carrega um pônei debaixo do braço. Foi seu pai que lhe deu, todo o mundo sabe (?), um cavalo pequeno e é mais forte que um potrinho. Mas, então, como ela é forte. Nossa!* Contempla sua modelagem, o pequeno personagem de 15 cm de altura está deitado sobre a mesa, as pernas não o manteriam em pé.

Destacamos as novas características dessa modelagem em relação à feitura estereotipada daquelas dos dois últimos anos. Nesta sessão, nada fiz senão ouvir, ao mesmo tempo que compreendia o melhor que podia aquilo de que se tratava, isto é, a transferência de dependência dirigida a mim. Dominique manifesta seu temor dos representantes femininos da família, a inquietação fascinada que nutre há muito tempo pela prima, inquietação que manifesta em minha presença, a fobia dos animais, de toda e qualquer agres-

---

12. Aparece aqui a tentativa prevista de estruturação das defesas obsessivas.

* Gringoire é uma marca de biscoitos com um logotipo bem conhecido. (N. da R.T.)

sividade combativa. Manifesta algo da sexualidade – mas completamente forcluída – que tem relação com Babette, *alias* a irmã: a história da cobra associada às tranças enroladas de Babette, aos ratos que provocam a fuga dos perigosos soldados camuflados no armário[13], aos impulsos motores camuflados nas árvores[14], aos impulsos sexuais punidos por aquelas que são também as tentadoras (é também o meu caso).

Como vemos, é uma linguagem totalmente de psicótico; poderíamos, a rigor, também dizer, para aqueles que conhecem as criancinhas: linguagem de criança com menos de 3 anos. É assim que frequentemente se expressam, principalmente quando estão falando para si mesmas, quando não há ninguém no cômodo para ouvi-las. Falam de si mesmas na terceira pessoa, alternando, quando começam a descobrir a primeira pessoa, com um "eu" que substitui "ele" ou seu primeiro nome, para significá-las como sujeitos. Será que ainda podemos dizer que são palavras de um débil, de um débil simples, como ele tinha sido diagnosticado nos testes, pelo fato de seu QI indicar uma idade mental entre 4 e 5 anos? Não, pois nenhuma criança nessa idade pode, desorientada como está no tempo e em seu próprio espaço, estar tão segura dos lugares geográficos e, sobretudo, das relações genéticas familiares, a respeito das quais, como veremos em todas as sessões, não manifesta nenhuma confusão.

---

13. Sabemos que o armário pode ser uma representação do abdome, e que a roupa de baixo ali deve ser guardada sem ser lavada.

14. Na imaginação das crianças, as árvores são uma representação antropomórfica da experiência vegetativa. Silêncio dos órgãos viscerais em sensações de bem-estar, ou mal-estares viscerais angustiantes.

QUARTA SESSÃO: 16 DE NOVEMBRO
Quatro semanas após a anterior

A ausência da sessão quinzenal foi devida ao feriado de Todos os Santos.

Sei, sempre pela mãe, que fala comigo diante de Dominique na sala de espera quando venho buscá-lo, que tudo vai indo bem e que a professora está satisfeita com ele; mas ele não diz nada. Tão logo chega, senta-se: *Vou fazer um cão pastor. Sabe, Galho de Ferro, já terminei a história.* (Vocês recordam que ele a chamara "Galho de Aço".)

Eu: *Ah é?*

Ele: *Ela foi embora com meu pai, e, quando soube que os amigos choravam, ela quis ficar com os amigos. No entanto, ela não tinha nenhuma vontade de viver numa cabana de bambu. Mas ficou com eles para que não chorassem. Agora estou lendo um livro apaixonante. É a história de um pastor alemão. A cadela tinha tido filhotinhos, um deles ruivo, muito simpático.* (O tom de voz é estranho, a mímica compassada.) *E o menino disse: vou ficar com este. O pai não quis e o mandou dentro de uma caixa junto com os outros num caminhão. O cão, por causa de uma sacudida* (sem dúvida, do caminhão na estrada, que fez com que a caixa fosse atirada, mas ele não dá detalhes), *ele voltou; era na estação, e então perguntou o caminho* (ele próprio tinha voltado após ficar o dia todo perdido). *E o menino, Paulo ele se chama, disse a seu pai: "Você está vendo, querem se livrar dele e ele retorna."* (O nome do irmão é Paul-Marie, às vezes é chamado de Paulo. Na ideia dos pais, nosso centro deveria ter fornecido o endereço de uma instituição especializada.) Não digo uma palavra. Dominique, após o silêncio, continua: *Pois é, o início do adestramento não deu certo,*

Modelagem do "pastor alemão": quarta sessão
(dimensões não anotadas)
8

Primeira forma: um traseiro. Manipula o prolongamento cauda, colocando-a para cima e para baixo algumas vezes enquanto fala, antes de continuar a forma do cão.

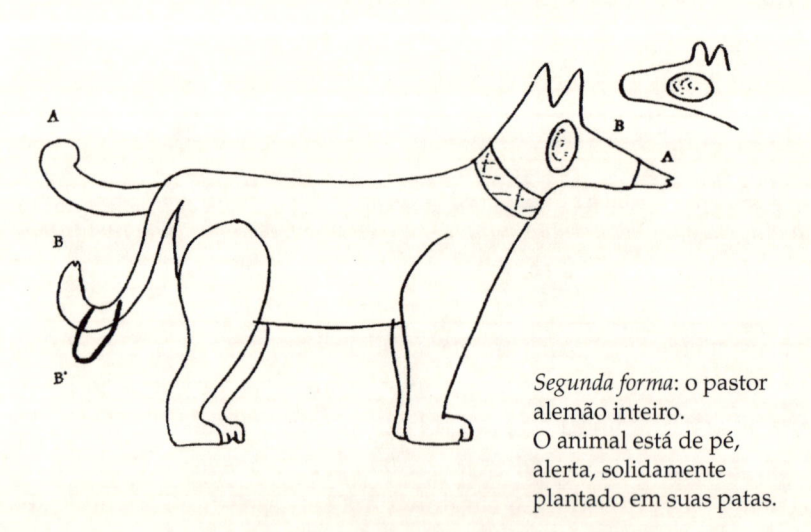

Segunda forma: o pastor alemão inteiro.
O animal está de pé, alerta, solidamente plantado em suas patas.

1º estado A, focinho fendido e cauda mais intumescida na ponta.
2º estado B, focinho encurtado, sem extremidade representada, e cauda com duas pontas na extremidade.
3º estado B', da cauda ele a abaixa completamente.
  Patas, dedos e garras muito realistas.
  Observamos as orelhas sem orifício auditivo modelado.
  Os olhos: duas formas em alto-relevo ovalado, o da direita em um eixo vertical e o da esquerda em um eixo horizontal.

Terceira forma: o pastor alemão dorme e lhe retiraram os olhos. A cabeça foi seccionada na altura da coleira. É o corpo do cão sem cabeça que se modifica e transforma-se em corpo de vaca.

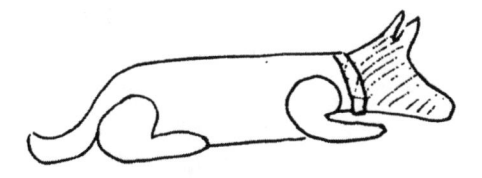

Quarta forma: o pastor alemão torna-se vaca. A coleira tem duas fileiras de dentes arredondados. É recolocado de pé, sem cabeça, a cauda e o corpo se alongam, as patas perdem a modelagem de patas de cão.

Quinta forma: vaca sagrada (boi sagrado), altura de 7 a 8 cm. Destruída e refeita, fica sobre a mesa como testemunha da cena seguinte.

mas, se nos esforçarmos bastante e se der certo, ele pode ser premiado. O ano que vem, ele poderá tomar o lugar de outro. Nessa hora ele se cala e retoma a modelagem: *Paul-Marie não deixa a gente falar, nem eu, nem minha irmã, porque somos pequenos. É só ele quem fala com a mamãe.* Já eu, além de autorizá-lo a falar, também ouço o que tem a dizer. Ele está fabricando seu pastor alemão[15] e se debatendo com uma "cauda" e um traseiro, que ficam por bastante tempo separados um do outro. Ele não sabe se põe a cauda em cima ou embaixo. Por fim, põe a cauda para cima; continua o tronco e em seguida a cabeça e as orelhas; o conjunto está bem estável, fixo, posto em cima da mesa, sobre as quatro patas.

Ele: *É sempre ele, Paul-Marie, que tem razão. Fora isso, ele é bonzinho, mas é bonzinho principalmente com as crianças das outras famílias... Mas, caramba, existe a fraternidade!...* Pausa. *Ah, ele tem um pequeno camundongo!* (modela rápido uma pequena forma oblonga). Pausa. Falando baixinho: *Ele vai comer o camundongo.* (Faz com que ele o "coma". O gesto modifica o focinho que, antes fendido e alongado, agora é curto e não fendido. Na cauda, Dominique põe uma espécie de bola na ponta. Suprime os olhos.) *Aqui está sua cabeça e todo o resto. Pronto, agora está dormindo outra vez...* (o pai havia dito que Dominique estava despertando)... *e digere. E agora vamos ensiná-lo a andar! Mas onde está o camundongo?* (finge estar procurando). *Ah é, é verdade, ele o comeu, não sobrou nada.* Põe novamente o cão em pé e, nesse momento, tira-lhe a cabeça e estica a cauda até o chão. Pausa... *Ah, e então começamos com um cão, muito bem, vamos chegar a uma vaca. O cão sonha que vira uma vaca. E então...*

Nesse instante me dou conta de que o cachorro tinha, no lugar dos olhos, duas metades de ovo em alto-relevo, como olhos de mosca, um no sentido vertical, outro no horizontal. Essa cabeça de animal no chão não tem mais órgãos dos sentidos, exceto olhos e orelhas sem orifício auditivo. Dominique então tira as orelhas

---

15. Ver p. 60, fig. 8.

e coloca "*chifres*", ou seja, um crescente, e recoloca a nova cabeça em seu lugar.

Ele: *Tem uma mosca que está brincando de chateá-lo, ela é invisível. E esse boi está sonhando que é uma vaca leiteira.* Silêncio.

Eu: *Com que idade você ficou sabendo que o que as vacas têm no meio das pernas não são "faz-xixi"?* Após uma pausa, em que fica vermelho, responde: *Oh, bem tarde, sabe. Oh, eu pensava que elas tinham quatro... Oh sim. Bem, um dia na escola, mas eu não tinha certeza...* Primeira resposta rapidamente esquivada, mas com valor de interpretação aceita, no que tange ao sentido que há em manifestar-se fálico: minha "associação" com valor de interpretação remove nele a fantasia dos úberes uretrais.

Ele emenda: *Oh sim, mas esta vaca sonha que é um boi. A vaca é o sonho do boi. Mas o boi do sonho dela sonha que é uma vaca.*

Faço uma intervenção: *Você acha que a vaca sonha com boi ou sonha com touro?*

Ele: *Ah, isso eu não sei!*

Eu: *Você sabe se há alguma diferença entre um touro e um boi?*

Ele: *Ah isso, ah bom, acho que os touros, me disseram que são muito mais bravos. Mas essa vaca é uma vaca sagrada, é o que ela pensa que é!! Pois bem?* Em voz baixa: *Ela acha que é um boi sagrado. Mas é uma miragem!* Em seguida, erguendo o tom, como com uma voz de mulher: *Sabe, as miragens, às vezes isso é histórico*[16].

Eu: *Acho que o boi sagrado ou a vaca sagrada talvez seja por causa do carinho que você tem pela senhora Dolto; você quer que ela se torne sagrada.* Enrubesce até as orelhas e diz: *Sim*; e silencia: *Isso sim*, repete com voz surda, a expressão concentrada.

Eu: *E talvez você já tenha tido um carinho por outra pessoa?*

Fala baixinho com a mesma expressão: *Sim, por minha professora.* Em seguida muda de tom: *Mas eu, sabe* (em tom agressivo), *eu não quero, eu não quero! Não está certo! Eu quero amar somente meus*

---

[16]. Observemos que, em diferentes momentos de seu discurso, Dominique nada mais é que uma fita gravada com discursos dos outros.

pais! Emprega um tom muito mais participante, parece ansioso, nervoso, o timbre de voz sobe e, por fim, chega ao agudo.

Eu digo: *Você pode amar seus pais como pais, mas não pode ter esse outro tipo de carinho por eles. É muito diferente amar os pais e amar os outros, ou as mulheres.* Enuncio então a lei do amor fora da família: *Ter carinho por alguém está muito certo, isso não elimina o amor pelos pais; não é a mesma coisa; e mais tarde, depois de muitos carinhos assim, acontece um carinho mais forte para noivar, casar e ter filhos. Foi assim que seu pai encontrou sua mãe quando era jovem engenheiro e ela jovem professora; eles casaram e tiveram filhos.*

Ele ouve muito atento, e diz em tom modulado, mais calmo: *Ah, ah bom... Veja só! Veja só!... Minha vaca acordou... E agora ela já não é nem um pouquinho sagrada. Ela é igual a todas as vacas... Ela sonha que pertencia a um nômade.* (Eu penso: será o pai e sua malinha sempre pronta?) Ele canta uma melodia que não reconheço: *Pum pum, pum pum.* Destrói a vaca.

Eu: *Que canção é essa?*

Ele: *Essa é a canção do nômade. Enquanto ela afastava as moscas com o rabo, o nômade dormia.* Cala-se e reconstrói a vaca que tinha desfeito completamente quando da interpretação de sua transferência do eu ideal fálico, mamário e uretral, sobre mim. *Então agora eu vou ser o nômade: é um pequeno barbudo que dormia em uma árvore. Cada vez que ele ria, era na sua barba que ria, e então sua barba estava na árvore.* (Ver primeiro estado da modelagem.)

A barba talvez seja uma alusão às marmotas com quem o nômade se parece e cujas patas foram postas em torno do pescoço de Dominique, bebê, por sua avó materna. Lembramos também o dinamismo dos automóveis, das cobras, nos galhos das árvores. Nada digo e espero. Ele retoma: *um dia ele deveria separar-se de sua vaca, porque era um pobre mendigo e também porque estava enjoado de beber leite, então saiu andando puxando a vaca...* (Segundo estado da modelagem. Vejam a pretensa vaca, coisa vertical com cabeça de mandíbula desdentada em pinça, e seu vínculo com o nômade em "cordão umbilical".) *Ele encontrava muito mais grama do que ali-*

9
altura: cerca de 2,5 cm

Dois olhos, duas tranças e uma barba que cresce e se arrasta pelo chão.

Primeiro estado:
O nômade, ele é marajá.

Sua vaca cabrita [*biquette*].

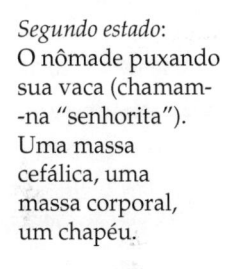

Segundo estado:
O nômade puxando sua vaca (chamam-na "senhorita"). Uma massa cefálica, uma massa corporal, um chapéu.

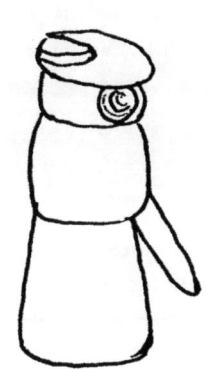

Terceiro estado:
O homem mau, ou o nômade cansado? Somente um olho, um orifício, fenda no chapéu, uma massa encefálica achatada, duas outras massas em forma de cubo, uma protrusão torácico-abdominal.

Os camelos.

mento para ele. Por fim, foi obrigado a comer folhas como ela. Ele estava magro, o pobre. No passado, tinha sido marajá, mas por causa de uma determinação infalível; e também no passado sua vaca, em vez de fazer um bezerro, ela punha ouro. Mas um faquir invejoso a pegou, deu uma injeção nela e depois uma erva envenenada, e então ela não fez mais ouro nenhum. E um dia fez um bezerro como uma vaca normal... Então ela emagreceu três vezes, e o bezerro engordou três vezes. E, claro, ela morreu. O pobre homem achava até que tudo estava deserto, e as pessoas malvadas escorraçavam o pobre velho. Durante vários meses, ele andou, andou três vezes vários meses, sua longa barba tocando o solo e todo o mundo no caminho lhe dizia: "Bom dia, senhorita." Isso o chateava; e as pessoas diziam isso para lisonjeá-lo. Um dia avistou ao longe uma caravana de camelos. Faz então modelagens de minúsculos camelos que alcançam aproximadamente a altura dos pés do nômade (ver esboço) e, ao mesmo tempo em que faz esses camelos, entoa uma melodia ritmada. Os "camelos" estão unidos por um elo muito fino.

Então ele diz: *Oh, o que está acontecendo?* (Diz tudo isso com voz amaneirada.) *Minha pobre cabritinha* [biquette], *preciso vendê-la!* (Coloca os pretensos camelos pertinho do pretenso homenzinho.) *E foi então que a vaca caiu sobre os pés tão cansada estava. Não, então eu não quero vender você agora, mas vou pedir água para o homem ali. Até daqui a pouco...* Continua a narrativa ao mesmo tempo que manipula os pedacinhos de modelagem, mas não compreendo muito bem o que e a quem representam: *Então, ele conta tudo ao nômade: que minha pobre cabrita* (ex-vaca) *está com sede, que é preciso me dar água, que eu lhe venderei a cabrita, que tinha o lugar de honra. Adeus, adeus minha cabrita! Eis que o nômade tinha perdido seu camelo que tinha morrido. E ele comprou a cabrita. Não, é preciso que você vá com esse senhor. Porém a cabrita não queria segui-lo! Então durante vários dias proibiram-na de falar com esse homem. Era um homem muito mais malvado do que ele que tinha comprado a cabrita.* Ao dizer essas palavras, assume um ar severo e a voz adquire uma estranha tonalidade grave. Ele também transforma a primeira vaca quadrúpede, deixada de lado esse tempo todo, alongando muito seu focinho para poder puxá-la pelo nariz. Ele diz: *O homem era robusto, ele diz ao animal que deve obedecer ao homem. Os animais foram feitos para obedecer. E ela teve de carregá-lo nas costas porque, pobrezinho, só lhe sobrava um pé.* (Ver terceiro estado da modelagem.)

Essa sessão meio delirante é interessante por causa do deslizamento das identificações. No começo, houve a fantasia da menina (da sessão anterior) que partiu com o pai do sujeito. E não se compreende muito bem o que aconteceu. Pareceria que a menininha se dividiu, uma parte dela ficando por piedade com os miseráveis em uma cabana e aqueles dois animais selvagens fugidos do jardim zoológico, animais dos quais Dominique fala no singular (talvez seu instinto canibal em relação aos seios da mãe que não estão protegidos por um tabu[17]). Dominique não se dá conta das contradições. Em seguida é o pastor alemão. Notamos que esse cão preferido é ruivo, como a menina da sessão anterior. E queremos nos livrar desse pastor alemão, mas não conseguimos. Foi o que aconteceu com Dominique, "nós"* nos livramos dele durante um ano, "nós"* o enviamos a Perpignan, mas ele retornou e "nós"* não nos livramos dele. E, também, Paulo (*aliás* Paul-Marie) pensava que "nós"* nos livraríamos dele colocando-o num pensionato e eis que ele permanece em casa. Em seguida vem a história da coleira do cão em verde [*envers***(?)] tal como os cadarços que a menina tinha colocado nos sapatos que pegara do pai e que tinham se transformado em suas tranças

....

[17]. Pulsões canibais não castradas, ou melhor, artificialmente reativadas visto que a mãe lhe deu novamente o seio quando do nascimento da irmã; o mutismo parece ter sido a consequência da desestruturação da palavra verbalizada, simbolização da relação oral depois da proibição da relação de corpo a corpo por obra do desmame. A igualdade de comportamento canibal do menino de 2 anos e meio com esse bebê menina decapitou a sua imagem do corpo e desmantelou sua estrutura, a ponto de atingir não somente a imagem do corpo ligada à linguagem, mas o esquema corporal ligado às sensações de boca nos seios-tetas mamilos.

* No original: *On*. (N. do E.)
** Inverso. (N. da T.)

(segunda versão quando a menina adquiria uma valoração fálica), em sapatos de salto de sua mãe. Projetada no cão está a fantasia – que Dominique representa em sua brincadeira de modelagem – de perder a cabeça na hora de se pôr a andar. Ora, não foi isso o que ocorreu na vida de Dominique? Andar é ficar em pé, postura fálica do corpo próprio em relação a seu suporte, o solo. Há confusão entre o fato de ter um domínio razoável de seu traseiro fálico e ter os pés guarnecidos por calçados; pés humanos cujo sexo é indiferenciado devido ao valor fálico hesitante entre os homens e os animais, o homem e a mulher. Ocorre então a passagem do cão à vaca pelo rabo*, perdendo previamente a cabeça e os olhos. Há a vaca que sonha ser um boi, boi este que, no sonho da vaca, sonha que é uma vaca. Existe uma suspeita, uma dúvida, uma incapacidade de escolher o sexo sonhado, isto é, desejado; de saber de que sexo são as pessoas e qual é seu próprio sexo. Se ele se projeta num animal, coisa que faz também com sua professora e comigo, qual o nosso sexo? Nós somos sagradas, isto é, "adoráveis" (carinhos), divinas, sem referência alguma ao desejo sexuado com vistas ao casamento e à procriação. Também podemos notar que há desconhecimento, forclusão da questão da fecundidade dos animais com chifres, da castração dos bois, a questão do touro. Ora, Dominique viveu no campo, na casa de um criador de gado, seu tio, e ele gosta muito de animais. O macho, o touro, diz ele, é malvado. O próprio Dominique batia com a cabeça (com seus chifres) no berço e nas paredes e obtinha a vitória sobre o pai, tomando-lhe a mãe fálica que amamenta, em quem ainda mamava embora já falasse bem.

Temos também a história da vaca sagrada, oriunda talvez de suas leituras – o boi *apis* (*à pisse***) assim como a barca do Egito e a guerra de Troia. A vaca estava visivelmente identificada com a professora ou comigo, com pessoas diferenciadas que não eram

....

* No original: *queue* = "cauda" e também "pênis". (N. da T.)

** *Pisse* quer dizer xixi. (N. da T.)

como as outras pessoas, nem macho, nem fêmea, acima dos outros. A transferência de tipo mítico, a partir do momento da interpretação, fez esse "ídolo" retornar a seu estatuto de fêmea normal, procriando em conformidade com sua espécie e não apenas por via anal um valor ouro (*veau* ["bezerro"], *il vaut* ["ele vale"]). Há a história do barbudo numa árvore, essa história de um barbudo decadente que era um marajá, um príncipe. É realmente a história dele pequeno, rei de sua mãe, veloso, coberto de pelos ao nascer, dizem, com seus cabelos compridos; era meigo como um cordeiro, cabritinho, cabrita.

A partir do momento em que seu traumatismo é definitivamente ratificado, ele nada mais era do que uma cabrita, pintinho sequioso (vaca que mija), a mãe restringindo a quantidade de líquido que ingeria por causa da enurese. Aí está uma vaca magra, sequiosa, que vai cair de esgotamento e, em seu lugar, um camelo, animal sóbrio e resistente. (É claro que só fiz todas essas reflexões depois de reler o desenrolar da sessão. No decorrer desta, eu era toda olhos, toda ouvidos e consciente da importância de uma verdade que aflorava por todos os meios de expressão.)

Mas Dominique prossegue. Continuo a ouvir, esperando entre suas pausas.

Ele: *O homem conta tudo ao nômade, ele volta para a sua vaca-cabrita e lhe diz: "Minha pobre cabrita, esse homem só me dará água se eu lhe vender minha cabrita, que ocupava o lugar de honra. Adeus, minha cabrita."*

Nessa história, em que a cabrita, aliás pintinho*, aliás objeto fálico parcial, tem lugar de honra, objeto ao qual o sujeito quer dar vida dando-lhe de beber (água viva, corrente), ele é obrigado a fazer esta coisa absurda: vender seu objeto precioso para obter água, isto é, algo para dar condições de vida àquilo de que ele

---

* No original: *quequette*, "pênis", em linguagem familiar. (N. da T.)

não mais necessitará caso não tenha mais esse objeto precioso. É um mercado fraudulento. Quanto a mim, penso que essa fantasia relata de modo alegórico aquilo que aconteceu a essa criança, não uma castração que o iniciou na cultura, mas uma mutilação. Não ocorreu a simbolização após a renúncia ao objeto parcial, a verga uretral: mas um mercado fraudulento. De fato, não ocorreu a conservação do acesso ao falo pela renúncia a um prazer erótico de absorção oral, com objetivo uretral emissor; mas a satisfação da necessidade obrigou a um total abandono do objeto, à renúncia ao amor e ao próprio desejo para poder sobreviver. Essa história de objeto parcial não é somente a história de sua verga em relação ao seu corpo próprio, é também sua própria história, na medida em que foi o objeto parcial, fetiche do pênis imaginário de sua mãe até o nascimento da irmã mais nova[18]. Esse precioso objeto parcial separado do sujeito, seu proprietário, só pode continuar a sobreviver se for vendido, isto é, entregue a um malvado proprietário que já não lhe dará do que viver (algo para beber), mas o puxará pela extremidade do nariz (veja o cordão umbilical, extremidade do nariz na modelagem). Essa cabrita é seu sexo quando ele estava mamando, forcluído desde então em seu desejo vivo, e cujo peso morto deve continuar arrastando. Dito de outra forma, a instância materna que o dirige pela ponta do nariz, ele, Dominique, ao mesmo tempo monta em cima dele como se fosse um cavalo entre as pernas; mas isso somente pode acontecer com a condição de que esse objeto montado perca toda e qualquer iniciativa pessoal. É realmente a alienação do desejo do sujeito, para a satisfação de um desejo perverso do outro, conarcisista, incapaz de se conduzir sozinho. Nessa história também é dito que a cabrita

---

18. O nascimento de Sylvie realmente modificou a economia libidinal da mãe. A senhora Bel tinha sido uma criança e uma jovem rejeitada pelos pais por causa de seu sexo. Sua mãe não cuidou de seus estudos. E ela se casou com um "gêmeo em infortúnio". Ela viu a família Bel festejar Sylvie tal como tinha ocorrido com sua tia pelo lado paterno. O pai diz da filha "ela é como minha irmã porém mais corajosa". Sylvie é, portanto, uma Bel; a mãe diz "minha filha me ocupa muito, eu cuido de seus estudos, ela precisa muito de mim": é ela mesma que precisa de Sylvie.

teve de ficar com seu novo e malvado proprietário que já não cuidava mais dela, porque esse segundo proprietário só tinha um pé, uma só ex-teta servindo como pé, um tronco com membro "desemparelhado". Dominique já não tinha seu igual, já não tinha nenhum semelhante, mais ninguém com quem se identificar; forçado a regredir em sua relação inter-humana a uma dependência corporal; a tornar-se ele mesmo, enquanto apenas pênis, no seu próprio corpo, objeto parcial de outro alguém, típica metáfora da relação fetal[19]. São meios de defesa ante a fobia invasiva da morte ameaçadora numa situação falsamente transferencial. É uma regressão a uma fase pré-verbal e de processo primário cuja resolução está impedida por implicar o processo de autodevoração, ao passo que, na época real do processo primário, a devoração era apenas fantasiada enquanto a absorção real do leite materno mantinha a vida de trocas (a corrente)[20] entre o pré-sujeito objeto parcial e seu pré-objeto: a imagem total do adulto à qual pode ir se identificando em sua totalidade de corpo próprio e de zona erógena, graças a uma atração recíproca.

---

19. Ver os dois "camelos" e suas minúsculas e curiosas formas, p. 65.

20. O elo de participação dinâmica.

Se, antes de continuar relatando as sessões, fizermos um resumo do quadro clínico apresentado por esse rapaz, notaremos um desconhecimento do espaço, um desconhecimento do tempo e, naturalmente, de suas relações recíprocas, isto é, do modo de medir o tempo e (por métodos experimentais) o espaço. Por isso a visão é perigosa. Esse desconhecimento não permite a representação no espaço das diferenças dimensionais, isto é, do virtualmente palpável. Como disse sua mãe, Dominique acha que um pequeno embrulho pode conter um objeto muito grande e que os objetos longínquos são pequenos de verdade (as ilusões da perspectiva são realidade). Quanto ao tempo e às relações no tempo, Dominique gosta muito de História, parece que lê narrativas históricas, mas é incapaz, embora interessado no histórico e pré-histórico, de saber o que ocorre em primeiro lugar, o que vem depois. Veremos isso, aliás, nas próximas sessões.

Dados esses desconhecimentos, compreendemos melhor o sentido das defesas ante os perigos de ataque; a fobia de ser olhado, de ver e ser visto: é isso que dá a Dominique esse olhar fugidio que não se detém sobre ninguém, que desliza lateralmente entre pálpebras descidas. E a fobia de ouvir e ser ouvido, que se traduz em quedas da voz, como se, de repente, Dominique contasse um segredo, ou como se estivesse falando de muito longe e novamente chegasse perto. Isso tudo é fobia de ser apanhado, de ser mordido, em suma, de ser agredido. Essas duas fobias estão, sem dúvida, em relação com a cena primitiva vislumbrada e covivida. Dominique dormiu em seu berço no quarto dos pais até a idade de 2 anos e meio (ou seja, até o nascimento de Sylvie). Parece estar em pânico de um modo latente devido ao receio de ser agarrado, mordido, deslocado, separado. Tudo isso leva-o para situações de evitação, evitação dos encontros, o que provoca nos outros humanos e também nos animais (seria em espelho?) uma atitude de incômodo e de não encontro em relação a ele. Ele nunca corre, tem medo das crianças que correm e dos cães. Toda animação que se aproxima dele, ou da qual ele mesmo poderia se aproximar, é sentida como uma animação predatória, despedaçante: Dominique significa o intolerável dessa situação devida a uma constante perseguição por meio da mímica crônica que se traduz na sua máscara fixa, de garoto retraído com um sorriso que dá a impressão de gentileza. Evita manifestar qualquer iniciativa por meio de um comportamento ingênuo, desconcertante de apragmatismo; comportamento absolutamente ineficaz, pois, por ser invariável, deixa de ser considerado uma expressão mímica e passa a ser entendido como máscara de debilidade mental; Dominique exibe um *habitus* e fácies de total impotência. Fácies derivadas de uma linguagem propiciatória mágica, tal qual sua postura e seus discursos.

A simbolização que é a gestualidade do corpo da época oral, quando ocorre entre pessoas que renunciaram a se entredevorarem e se entrebeberem (a criança toma o "leite da mãe" que lhe toma fezes e urina), resulta normalmente em relações simbólicas de ternura manifesta: abraços, beijos, um tocar acariciante, não explorador sexual, mas explorador do mundo e do corpo próprio, na falta do corpo da mãe, a que se renunciou[21]. Para Dominique não há nada disso, isso nunca foi nem é possível. Tudo leva ao contato devorante, a um desenlace erotizado e devorador do outro que, por sua vez, também é devorador e depredador. Não esqueçamos que, até o presente, o estilo da alimentação excluiu toda e qualquer valorização ou desvalorização gustativa, qualita-

---

21. Lembremos que Dominique já falava antes de desmamar, que ele desmamou por iniciativa própria e que pôde outra vez mamar o quanto quis durante o período de aleitamento da irmãzinha.

tiva e quantitativa. Dominique nunca manifestou preferências nem recusas alimentares, nem oposição nem gula. É preciso dizer também que, nessa família, é dada completa liberdade de se alimentar, *em nome da necessidade*, em qualquer hora do dia, à vontade e sem pedir permissão. É a mãe que prepara tudo, *mas não opõe restrição alguma aos desejos orais dos filhos*. O mesmo acontece com a gestualização da simbolização anal: sair, largar, jogar no chão ou na água, moldar materiais (ver o estilo de suas modelagens); Dominique não é nunca depredador, nunca tem um gesto violento, nem grito, nem reclamação orientada, ele nada pede e nada deseja. Ele está "ausente" na família e na sociedade.

Essa criança também manifesta fobias, algumas das quais estão suficientemente caracterizadas para que os outros possam falar delas. Ninguém fala dos seus desconhecimentos e da estrutura fóbica que os sustenta. Dizem que ele se perde, que é tão distraído que nem sabe como está vestido etc., porém ninguém diz que é um perseguido latente por tudo aquilo que existe no tempo e no espaço e por tudo aquilo que é dotado de movimento. Notaram sua fobia daquilo que gira, fobia de carrosséis, fobia de bicicletas. Ele também tem "manias", essas manias são rituais de arrumação e cóleras surdas, fugazmente manifestadas. Se deslocarmos algum objeto de seu lugar habitual, fica em estado de extrema angústia. Tem a fobia da lavagem, de lavar a roupa. Em suma, tudo aquilo que se move e tudo aquilo passível de ser modificado é inquietante e insólito. Toda imagem dinâmica parece ser sinal da existência de Dominique enquanto *ser que ainda está vivo, portanto, ainda passível de ser anulado, morto* (se ele vive* [*s'il vit*], Sylvie).

Esses desconhecimentos existem habitualmente nas crianças muito pequenas, e também vemos, na maioria dos casos, triunfarem seus mecanismos de defesa salvadores, plenamente habituais e que não chocam ninguém. Crianças pequenas, inquietas diante de pessoas que não conhecem, ficam mudas, não abrem a boca; elas

---

* Maneira de dizer, em francês, "se ele estiver vivo". (N. da R.T.)

"perdem a língua", como se diz. Retornam a um comportamento regressivo pré-verbal, elas olham, ouvem, chego até a dizer que farejam tudo aquilo que acontece e não dizem uma palavra, ou então manifestam uma regressão do tipo participação no corpo da mãe, como diante de coisas ou animais inquietantes: vão para a barra da saia, escondem-se atrás da mãe, que serve de escudo diante do perigo. Coladas no corpo da mãe, às vezes com as costas apoiadas na mãe, ficam à espreita; ou então, com o rosto enfiado na saia, evitam as percepções inquietantes. Visivelmente, porém, esses comportamentos de criancinha que todos conhecemos são seguidos de uma completa sensação de segurança através de um gesto protetor e casto (não sexualmente provocante) da mãe. Algumas delas retomam, além da tendência a se aninhar, o ritual de chupar o dedo, de afagar uma orelha, curvando-se de modo pseudofetal, seja sobre si mesmas, seja no colo ou nos joelhos da mãe, desviando-se do espetáculo à sua volta. Ora, quando criança, Dominique nunca apresentou esses modos de agir. Mantinha com a mãe uma relação extremamente precoce de falar frente a frente, pois começou a falar claramente antes de ser desmamado, com um ano, e não apreciava muito os contatos corporais com a mãe, mesmo antes do nascimento da irmã; fato esse confirmado pelo pai. Ele dominava a mãe (conforme seu próprio nome). Com a sua vontade, à força de condutas masoquistas[22], ele a comandava; fazia dela sua escrava atenta e a separava assim do pai, ainda que tivesse de suportar, paciente, no berço, até o nascimento da irmã, os beijos e o corpo a corpo noturno dos pais, quando da presença intermitente do pai, presenças e ausências imprevisíveis, não anunciadas pela palavra do pai, ou seja, para a criança, pareciam mágicas.

Em meu trabalho a respeito do ciúme do irmão menor[23], fiz um estudo teórico e clínico das assim chamadas reações de ciú-

---

22. As cabeçadas (de animal de chifres) no berço de noite, até ficar com marcas de machucado.

23. Françoise Dolto, "Hypothèses nouvelles concernant les réactions de jalousie à la naissance d'un puîné", in *Psyché*, nº 7, 9, 10, Paris, 1947, esgotado.

mes e demonstrei que, a partir de diversas observações e, em seguida, em todos os casos que chegaram ao meu conhecimento, se confirmava a hipótese de que os transtornos do irmão mais velho com menos de 4 anos eram devidos sempre a um conflito na estruturação daquilo que é a identidade do sujeito. Esta é função do conjunto das instâncias da personalidade, cuja organização ética, oral e anal fica estremecida pelo nascimento de um irmão mais novo. Observamos em Dominique que, por um lado, ocorreu esse conflito de identidade: ele já não era como era antes, o papel que ocupava já não era o mesmo pois já não era o preferido, o protegido e havia um outro. Isso corresponde, na observação diária, ao ciúme de um animal doméstico fixado em seu dono e que fica com ciúmes ao vê-lo interessar-se por outro objeto. Em resumo, é uma usurpação. Mas com os humanos acontece algo bem mais complicado. O amor que o ser humano, em sua pessoa em via de estruturação, tem pela mãe e pelas pessoas à sua volta é um amor cuja resultante efetiva é uma mímica de identificação, seguida do processo de introjeção. O ser humano criança comporta-se como vê os mais velhos dos dois sexos se comportarem e qualquer outro membro da família estará sempre mais avançado do que ele no caminho da vida. Introjetando-os, incorporando-os simbolicamente, ele se desenvolve em conformidade com o sentido de toda a dinâmica. Com o desmame, a criança renuncia à incorporação canibal, porém, em seu lugar, encontrou a introjeção ligada à assimilação dos sons e das imagens, processo simbólico estruturante, e, por meio dessa introjeção, ganhou os favores de seu círculo e também um intercâmbio linguageiro, testemunho de que pertence a esse meio. Eis que uma irmãzinha aparece magicamente e se torna um valor fálico incontestável, isto é, alvo do interesse de todos os membros da família. Segundo sua dialética oral de identificação e introjeção, torna-se necessário que Dominique *a introjete*, isto é, para a criança entre 20 e 30 meses, trata-se de tomar, como comportamentos valorosos, os comportamentos desse bebê de colo incapaz de falar e sustentar-se de outro modo que não seja no seio, desse bebê incontinente que, fato insólito, alegra tanto a mãe, normalmente tão zangada ao ver calças sujas.

Com Dominique estamos diante de um caso de ciúme do irmão mais novo, diante das consequências desrealizantes de uma realidade inaceitável. Se tentarmos compreender por que, nesse caso particular, as coisas aconteceram desse modo, parece-me que já dispomos de elementos suficientes para acompanhar o processo até chegar ao desregramento de caráter e desregramento dinâmico aos 2 anos e meio. A vivência posterior ao nascimento da irmã e as reações de defesa ao sofrimento do ciúme que o meio familiar não reconheceu como tais, mas que com angústia tolerou – fato que para a criança significa que as acharam boas –, não contribuíram para melhorar as coisas. Além disso, o que é bem mais pervertedor, houve a volta ao aleitamento e à linguagem de bebê. Existiram também elementos libidinais "sobre-excitantes" sedutores vindos involuntariamente da mãe, que, por ausência de castração[24], demoliram outras possibilidades de estruturação nas fases posteriores anal, uretral e genital. Disso, porém, só ficaremos sabendo, por meio do trabalho analítico, nas sessões que seguirão.

Voltemos ao que aconteceu a partir do nascimento da irmã e da revolução que ela causou ao mesmo tempo no quadro familiar, no comportamento das pessoas em volta de Dominique, nos afetos manifestos delas e em sua própria estrutura.

Dominique era o falo da mamãe. Era o rei no quarto conjugal; bastava-lhe um capricho seu, como se diz, ou seja, usar o corpo dando cabeçadas no berço, para que a mãe, ansiosa, deixasse o leito conjugal, acedesse a todas as suas vontades e satisfizesse não suas necessidades, mas seu desejo de separá-la do marido, satis-

....
24. Ver p. 230.

fizesse esse despotismo do bebê por ela justificado como uma necessidade régia. Mas também é preciso dizer que a mãe quis obter um asseio bastante precoce que, aliás, conseguiu para a defecação, e que as ameaças de sujar ou molhar a cama, que podiam representar uma raiva da criança, eram para ela um perigo real, centrada como estava no asseio, fóbica como era da sujeira.

Não esqueçamos que esse pequeno falo da mamãe era muito precoce. Começou a falar antes dos dentes nascerem e já falava corretamente antes do desmame. Simultaneamente ao desmame, começou a andar. Essa criancinha que trotava entre sua mãe e seu irmão mais velho tinha uma vida das mais invejáveis. Claro que não dominava seus esfíncteres, mas os tinha vendido para a mamãe em troca da satisfação dela. Claro que ainda não falava perfeitamente, mas seu jargão era o suficiente para se imiscuir, com seus discursos de papagaio a quem dão atenção, entre a mãe e o irmão e desempenhar seu papel de terceiro todos os dias.

Tampouco esqueçamos que Dominique foi posto na escola muito pequeno, com 2 anos e 3 meses, para fazer como o irmão mais velho, numa pequena escola Montessori, onde se adaptou muito bem. Isso tudo antes do nascimento da irmã. A criança foi enviada à casa da avó paterna no final da gravidez da mãe, para aliviá-la um pouco e também para distrair um pouco a avó dos seus transtornos (o desaparecimento de seu filho). Ao voltar, descobre que perdeu o lugar no quarto dos pais e que o seu berço foi ocupado por outro bebê. Esse bebê alterou completamente o equilíbrio familiar. A mãe não podia ter maior alegria, o pai também não, assim como o irmão mais velho, que os imitava renunciando, aparentemente, às suas prerrogativas de menino grande para cuidar apenas da irmãzinha. Diante do insólito, o choque de Dominique ao voltar é compreensível. Como não se perder? Por que essa irmãzinha tinha tamanha importância? Pois bem, porque o nascimento da irmã atendeu totalmente à expectativa das duas linhagens. O novo trio mãe, pai, filha era um trio plenamente feliz. O próprio irmão mais velho nada podia fazer senão "dublar" a mãe, para conservar algum sentido. Essa irmãzinha, a segunda mulher da família Bel, chegava após o falecimento assumido do filho desaparecido, da mesma forma que a irmã do pai aparecera após a morte acidental do irmãozinho.

O pai, bastante desvalorizado por causa do nascimento de sua própria irmãzinha quando tinha 7 anos, dada a alegria de toda a família – imaginem, havia 150 anos que só apareciam meninos nessa linhagem –, finalmente experimentava a mesma alegria; mas dessa vez o pai era ele, e era ele que trazia alegria, ao mesmo tempo, a seus pais e a sua mulher. Além do mais, como ele próprio dizia, essa menininha era cem por cento seu retrato, tendo ainda a audácia que lhe fazia falta: "e como é empreendedora!" Claro que ainda não proferia essas palavras no momento do nascimento, mas já dizia: "Ela saiu igualzinha a meu lado, é cem por cento parecida com minha irmã."

Quanto à mãe, ela me confessou ter se sentido culpada por ter casado, culpada perante as freiras que a tinham criado e com as quais desejara identificar-se no "sacerdócio do ensino". Sentira-se igualmente culpada em relação à sua verdadeira mãe, que lhe dizia, na época em que ela própria se imaginava uma moça não casadoura, dada a sua obesidade: "Melhor assim, você não irá embora, ficará comigo." O relacionamento entre as duas mulheres era naquela época, e como descrito pelo pai, de uma intensa agressividade recíproca. O fato de dar à luz uma menina, e que se parecia com a linhagem paterna, foi para a senhora Bel uma enorme satisfação, como também para sua própria mãe que gostava do genro. Por fim, Dominique ouvia o tempo todo que essa irmãzinha era muito mais bela e "Bel" ("pai") do que ele, portanto bem mais reconhecida pelo pai e pela mãe. Por causa da homofonia do sobrenome da família e do adjetivo que caracteriza o poder de sedução especular, essa irmãzinha era o significante fálico. Sempre haviam dito que ele era feio, peludo como um macaco e que não se parecia com o pai, e sim com seu avô materno, o homem rude, adestrador de negros. Tampouco esqueçamos que o nome escolhido para a menina foi Sylvie, e que estes dois fonemas – *s'il vit* ["se ele vive"] – foram incansavelmente repetidos a partir do desaparecimento do tio, desaparecimento ocorrido um pouco antes do nascimento de Dominique. Ao longo de toda sua pequena infância, Dominique ouviu a esperança de seus pais, "se ele vive, Bernard talvez esteja aqui ou lá; se ele vive, será encontrado". Dado o papel assumido pela linguagem para uma criança que não tinha mais nada para apresentar enquanto manifestação fálica de potência e de cultura, essas duas sílabas provavelmente foram muito importantes na constituição das suas múltiplas confusões e de sua atitude esquizofrênica. Não era esse bebê, sob a forma de uma menininha, o tio desaparecido[25]?

O que aconteceu em relação ao irmão mais velho Paul-Marie no momento do nascimento de Sylvie? Será que Dominique poderia ter encontrado algum socorro contando com a ajuda desse irmão maior ou identificando-se com ele? Pois bem, não, pois nunca houve uma relação real entre os dois irmãos, os dois fetiches da mamãe. A única relação que poderia ter tido algum sentido entre os dois teria sido a agressão mútua; essa não teria sido tolerada pela mãe nem pelo pai. E, no entanto, estou convencida de que foi esse companheiro do mesmo sexo, sem influência aparente, dois anos mais velho, quem mais contribuiu para o desenvolvimento da reclusão autista de Dominique. Quando é que os pais e educadores compreenderão que os mais velhos, embora desempenhem, pelo lugar que ocupam, um papel na estruturação dos menores que os imitam ou tendem a se apegar a eles, a colocar-se sob sua dependência, nunca devem ser valorizados em seus comportamentos protetores em relação aos menores, para que esses comportamentos tenham um sentido apropriado e não prejudiquem nenhum dos dois? Pelo contrário, devem ser estimulados a não imitar os pais, nem quando maternam, nem quando legislam. Esse papel dominante de suplência tutelar ante a evi-

---

25. Ver p. 85.

dente inferioridade dos menores pode somente cercear nestes últimos as reações de defesa estruturantes. Do irmão mais velho pouco se falou. No entanto, foi sua mudança de orientação no ano letivo seguinte que fez com que conhecêssemos Dominique que, abandonado por seu guia, teria de ser enviado a um internato especializado. Estudarei, num capítulo à parte, a relação mútua dos dois irmãos e sua interferência em suas estruturações edipianas pessoais, quando do nascimento da irmã. Veremos de perto o papel da dinâmica libidinal no grupo familiar, articulada ao Édipo e orquestrada pelos pais, pois eles são suportes da imago de adulto para cada um dos filhos. A própria "contratransferência" edipiana dos pais sobre os filhos interfere nessa estruturação, dificultando-a em geral; fato esse que torna impossível o processo de simbolização da libido pré-genital.

Após esta formalização daquilo que, desde o início, nos pareceu relevante para a compreensão do caso, retornemos ao relato das sessões.

QUINTA SESSÃO: 4 DE JANEIRO
Seis semanas após a anterior: faltou a duas sessões

Primeira parte

Dominique veio a esta sessão acompanhado da mãe e do irmão mais velho, mas só tomarei conhecimento um pouco mais tarde da presença do irmão na sala de espera. Parece que o irmão mais velho já tinha pedido duas vezes à mãe para me "ver", no início do tratamento, mas Dominique não queria que ele viesse. Da última vez, a mãe tinha me informado que o mais velho talvez viesse, se eu quisesse recebê-lo. Ora, Dominique já havia declarado ao irmão que gostaria que ele me conhecesse. Portanto não recusei.

A mãe foi a primeira a entrar no consultório, com autorização e assentimento de Dominique. Ela tem algo a dizer antes que eu o veja[26]. Está feliz de ter tido férias de Natal ainda melhores do que as férias do último verão. Receberam a visita de sua própria mãe, que nunca suportara Dominique depois do famoso verão de seus 3 anos, quando, sem que ninguém percebesse, ficou alucinado de ciúmes da irmãzinha. Essa avó tinha censurado bastante a fraqueza da senhora Bel, a do genro também, mas principalmente a da filha. A avó já tinha uma nítida preferência por Paul-

---

26. Quando um paciente deseja realmente que alguém de sua família veja seu psicanalista, creio que é porque julga esse encontro necessário, e eu não recuso. Quando se trata dos pais ou avós de um menor de idade em tratamento, só aceito com o assentimento da criança, na presença dela ou não, segundo o que o paciente preferir e o parente aceitar. Se não for na presença da criança, transmito-lhe o conteúdo da entrevista, no que lhe diz respeito.

-Marie; achava Dominique feio. "É verdade", diz a mãe, "que ao nascer estava coberto de pelos, é verdade que era feio em comparação com o irmão e mais ainda com a irmã, que é tão graciosa, e é verdade que ele se parece com meu pai, que não é bonito". Pois é, a avó achou que estava mudado, transformado. Dominique foi adorável com ela, e agora são excelentes amigos.

Observamos que a senhora Bel está novamente narcisada por causa do tratamento e das melhoras do filho, reabilitando-se aos olhos da mãe. Talvez, por trás dessa satisfação, existam outros afetos[27]. Após essas rápidas declarações, retorna à sala de espera e Dominique entra.

Segunda parte
Entrevista com Dominique

Ele: *Pois é, há uma coisa me incomodando. Porque eu fiquei doente, assim, na minha cabeça, nunca aprendi nada. E tem uma coisa que eu quero aprender, é saber ler as horas.*

Eu lhe pergunto em que dia estamos e qual a hora da sessão. Faço um desenho no papel, uma circunferência com os doze números e "um pêndulo". Ele próprio, com duas "agulhas" modeladas, marca a hora em que chegou e, progressivamente, as horas e os minutos. Em menos de cinco minutos, sem que eu tenha feito gesto algum, ele sabe escrever a hora. Não o felicito, nem o faço tomar realmente consciência do fato, e continuo:

Eu: *Afora, o que você tem a me dizer hoje?*

Ele: *Tem o meu irmão, o senhor Eu-Sei-Tudo.* (Repete-o, sendo ele próprio, por contraidentificação, o senhor Não-Sei-Nada.) *E tem o escarcéu com o cachorro. Jap não ficava muito orgulhoso quando fazia*

---

[27]. Ela fez Dominique faltar a duas sessões.

xixi por todo canto. Mas está progredindo. Em casa, sempre tivemos cachorros. (É exato, mas é uma coisa que nunca ninguém dissera e que era ignorado na escola.) *Sabe, eu lhe falei de um pastor alemão, bem, é porque gosto de cachorros. Sempre tivemos cachorros. Gouki, antes, a gente gostava muito dele, ele era tão carinhoso quanto Jap. E um dia tiveram de mandá-lo embora. O proprietário tinha cockers, então era entre cães e gatos.*

Eu: *Mas não tinha gatos.*

Ele: *Não, mas eles brigavam. Era de se esperar, não sei o que foi que ele disse, mas tiveram de se livrar dele. Foi entregue a uma pensão de cães. Acho que faz seis anos. E veja, durante algum tempo eu só pensava nisso. Quando via um cachorro, pensava que era ele, mesmo que não fosse parecido, achava que era ele disfarçado de outro cão, ou até mesmo de gato!* (Logo Sylvie poderia ser "s'il vit" [se ele vive], Bernard disfarçado de bebê.)

Eu: *Não me diga!*

Ele: *É sim, fiquei muito triste quando eu tinha 6 anos. Pode ser que fosse quando eu tinha 8 anos.* (Já sabemos que o irmão desaparecido do pai só foi declarado desaparecido quando Dominique tinha 3 anos, e que foi quando tinha 8 anos que um priminho, irmão de Babette, morreu quase sob seus olhos, de uma doença azul, com 6 meses; 6 anos é a idade do envio para a escola primária e do primeiro tratamento.) *Meu avô e minha avó da região de* Meuse *são o papai e a mamãe de minha mamãe, muito bem, na casa da carteira tinha dois garotinhos* (lapso?) *e eu estava muito contente, eu os afagava e fazia cócegas como se eu tivesse um gato, porque, justamente, se eu tivesse tido um gato... E então a gente não tinha mais.*

Eu: *Um gato?*

Ele: *Não, um cachorro. Então eu, eu gostava muito dele. Mas os outros achavam melhor afagar um cachorro e eu queria um pastor alemão.*

Eu: *Sim, por quê?*

Ele: *Porque eu tinha visto uma família inteira que* (ora, Dominique sabe dizer "cujos") *as crianças seguravam um pastor alemão, eu não aguentava de vontade de segurar o pastor alemão, como toda essa família. Para mim, agora, é uma festa quando volto para casa. Ele gosta de mim, o nosso cachorro. Quando alguém vê Jap gostar de mim como gosta, bem, os outros não acreditam. Nosso cachorro é um teckel, se ele não está carinhoso, então está bravo, porque ele morde, ele é perigoso. É preciso sempre estar contente, porque, se a gente não está contente, ele não fica contente e pode ficar perigoso... Quando minha mamãe me explicava coisas, me vexava não saber, e o que mais me vexava era ela explicar. Antes eu não gostava do meu sobrenome. "Bel", queria ter um nome que começasse com "O". Eu gostaria de me chamar "Olax", Olax é bonito. Durante a chamada, quando a professora dizia o nome dos outros, quando chegava minha vez então ela dizia "Bel", e os outros diziam: "Oh, como ele é lindo!" Então isso também me vexava... e baixinho: Por que é que eles nunca diziam bela menina?*

Eu: *Você teria gostado?*

Ele: *Claro que sim, mas eles estavam caçoando.*

Trata-se de duas comoções bastante destrutivas para seu narcisismo, duas ocasiões de humilhação. Nunca vi um psicótico que não tenha relatado, durante a psicoterapia, acontecimentos reais ou uma situação real sentidos como humilhantes[28] e vindas de pessoas suportes do Eu ideal, seja um dos pais, seja um professor, seja um irmão ou uma irmã mais velhos que tomaram o lugar dos pais enquanto suportes que atualizam o Eu ideal[29].

Ele emprega o verbo "vexar" no imperfeito... Vexado de receber o ensinamento da mãe, vexado de dever ao pai um nome que supostamente o ridiculariza. *A humilhação que se esconde por*

---

28. Por aquilo que ele não pode modificar: sua origem, seu parentesco, seu sexo, seu corpo próprio.

29. É verdade que as pessoas "normais" ou os neuróticos também relatam episódios de humilhação; nos sujeitos patológicos, esses acontecimentos são essencialmente marcantes por terem ocorrido durante o desenvolvimento em momentos-chave da estruturação, momentos nos quais o narcisismo vacila quando confronta a necessidade imposta pela realidade de um remanejamento energético da libido, cujos valores éticos imaginários, que até então davam segurança, revelam-se caducos.

trás dessa vexação-encobridora é de outra ordem. No caso de Dominique, trata-se de uma violação da pessoa humana (foi-lhe negado o sentido humano a ser dado à sua impotência diante da natureza e diante da cultura), mas, em primeiro lugar, de uma *negação da castração edipiana naquilo que tem de iniciática*: aquela que provém do pai, valoroso modelo de potência genital e social, aquela *que é vivida como prova de admissão na sociedade dos rapazes*. Trata-se também, sob essa experiência de humilhação, de comoções tentador-provocantes emanando de pessoas do grupo parental, as mesmas que deveriam ser os pilares da lei de interdição do incesto (veremos mais tarde como).

Observamos nessa sessão que ele se reconciliou com os cachorros, após se reconciliar com seu sobrenome. O episódio do cachorro, provavelmente retirado e morto por injeção para agradar o proprietário do imóvel, parece ter relação com o nascimento e a morte rápida do jovem primo, afetado por uma doença azul, como também para agradar à terrível prima, dona do pedaço. Essa prima tinha três anos a mais do que Bruno, seu irmão menor. Também ocorreu a reconciliação com a estranha avó materna, a rude camponesa com seus rituais mágicos.

Observamos também, na mesma sessão, a alusão a um episódio de relações afetuosas e eróticas com meninos (talvez com um lapso), exatamente como se eles fossem animais para afagar, cachorros ou gatos; essa situação relatada e fantasiada é aquela da qual Dominique foi objeto por parte da avó de Perpignan, que o pegava no colo para olhar as fotos de seus mortos (ao menos é o que ele diz). Além do mais, lembremos que sua mãe, seguindo supostamente o conselho da psicanalista, voltou a dar tanto carinho a esse meninão de 6 anos quanto dava a sua irmã menor, e que ainda dá. Ela o frustrou dos benefícios simbólicos do desmame e do ciúme ao falsear a experiência, frustrou-o portanto das possibilidades de processos estruturantes de defesa que decorrem de uma experiência real. O trauma não foi a frustração de ternura: a experiência do nascimento da irmã resultou em receber novamente o seio e no abandono das exigências educativas paternas que teriam conservado e sustentado a identidade humana. Aliás, a continuação vai mostrar o que aconteceu a Dominique de pervertedor, oriundo de um comportamento habitual da mãe: o corpo a corpo passivo na cama com ela, coisa que ela impõe inocentemente aos seus filhos devido à sua fobia da solidão. Mas não nos antecipemos.

Após o relato dessas lembranças, Dominique molda um boneco (ver esboço do primeiro estado) que consolida a diferença de feitura com o último, o nômade, e com os "personagens" de antes das férias[30].

Eu: *Quem poderia ser?*
Ele: *Talvez seja um negro da mamãe, quando ela era pequena. Estavam todos nus e dá para ver isso.* (Na verdade só se vê uma silhueta.)
Eu: *Isso o quê?*
Ele: *Eu o fiz com roupa, então não dá para ver.*
Eu: *Como assim, você acaba de me dizer que dava para ver?*
Ele: *Sim, eles mostram, eles não acham isso feio.* Coloca um pênis no boneco e diz: *Aí está sua teta*.* (De fato é como uma teta de vaca erguida em ereção.) Ele continua: *Não, não é um negro da mamãe, é um bebê procurando o penico. Eu fiz xixi na cama, a senhora sabe* (diz isso baixinho), *durante muito tempo. Depois, olha, isso também se chama o sexo do homem.* Coloca duas bolas no boneco como se fossem seios (ver esboço do segundo estado).
Eu: *Não, não é isso que a gente chama o sexo. É aquilo que você colocou antes. Essas duas bolas que você pôs são outra coisa. São o quê?*
Cala-se um pouco e diz: *Mamãe, durante certo tempo era o Panthéon que me interessava. Sabe, o Panthéon, lá onde enterraram Napoleão, onde tem um hospital, o hospital do túmulo.* (Sua mãe, toda Deus, forma,

---

30. Ver p. 91, fig. 10.

* Em francês, úbere se diz *pis* e fazer xixi, *pisser*. [N. da R.T.]

seios e mortos. Toda Napoleão, toda cuidadora de inválidos, mantenedora de enfermos, sua mãe glorificando "a coisa" valor.)

Eu: *O que é o hospital do túmulo de Napoleão? Tem nome?*

Ele: *Sim, é um nome que diz como eles são. Eu não sei mais.* Ele tenta lembrar.

Eu: *Será que não é o hôpital des Invalides?*

Ele: *Mas é claro, a senhora tem razão. Então isso aí é um inválido. Mas eu tenho muito menos aves do que isso* (?). *Eu fiz uma troca e também tenho um trator que mamãe me deu. Gosto de brincar de fazendeiro. Na casa dos meus primos, estou mais no ambiente porque é um sítio. E desse jeito não somos obrigados a ter imaginação, é de verdade. Meu primo não estuda.* Cala-se.

Eu: *Como é que é isso? Ele não vai à escola?*

Ele: *Vai, ele tem 6 anos, ou então 8 anos, então ele só faz multiplicações, isso não são estudos.* (Pouco antes ele tinha 8 anos ou 6, quando o cachorro desapareceu, *aliás* priminho morto, um irmão mais velho deste.)

Eu: *Mas você acha que fazer multiplicações não é estudar?*

Ele: *Ah, bem, veja, é que eu, antes* (antes do quê?), *eu via* (sic) *a palavra estudo para os grandes, as escolas de engenharia.*

Eu: *Não é assim, tudo o que é aprender conhecimentos se chama estudar. Mas, é verdade, sua mamãe diz que seu irmão mais velho agora é estudante, porque está numa escola em que se aprende uma profissão. Mas você é um escolar, seu primo também, mas um escolar também faz estudos na escola ou no liceu. Um estudante é mais livre, não são os mesmos estudos, não é no mesmo lugar. Aliás, seu pai e sua mãe eram estudantes de escolas superiores quando se conheceram e se casaram.* (Será que Dominique ouviu, minhas duas intervenções não teriam sido inúteis?)

Ele: *Bem, a senhora sabe, hoje de manhã*[31]*, eu fiquei surpreso, estava tudo melhor na escola. Não cometi nenhum erro no ditado e também não errei na multiplicação. Mas, veja, eram multiplicações de um grupo no*

---

31. Na verdade, ele não foi à escola esta "manhã", pois veio à sessão.

qual eu não estava. Então, no meu grupo?... Porque, sabe, a professora fez três grupos, então eu não sei se no meu grupo eu não teria cometido erros; de qualquer modo não errei as multiplicações que não eram de meu grupo.

Foi depois dessa parte da sessão que Dominique me disse que o irmão tinha vindo acompanhá-los, ele e a mãe, que o irmão queria me ver, e que ele, Dominique, ficaria muito contente com isso. Ele preferia não estar presente.

Terceira parte
Entrevista com Paul-Marie

Em seguida, vejo Paul-Marie a sós.

É um rapaz extremamente educado, quase pomposo, vestido com muito esmero; embora tenha 17 anos, fisicamente parece ter 14 ou 15, com menos bigode que o irmão. Senta-se com o tronco bem ereto. Pergunto se teve de ajudar o irmão na vida. Responde que sempre foi preciso "transportá-lo" para todo lado, conduzi-lo, porque ele se perdia, e que é terrível ter um irmão que todo o mundo nota e que – as pessoas não são más é claro –, mas, enfim, ele percebe que caçoam dele por causa do irmão. Acha que o irmão mudou muito depois que começou a vir aqui. Respondendo a uma pergunta minha, nega ter sentido vontade de me conhecer, mas fica vermelho ao dizê-lo. Foi sua mãe e Dominique que disseram para ele vir.

Pergunto a Paul-Marie como encara as ausências do pai. Ele diz que não é agradável; que acha engraçado um marido que nunca está com a mulher; mas que é certamente por causa da profissão. Mamãe lhe disse que era sua profissão, mas, mesmo assim, ele acha que o "papai poderia vir mais frequentemente, se ele soubesse como isso aborrece a mamãe": porque isso aborrece muito

Modelagens da quinta sessão
altura: cerca de 10 cm
10

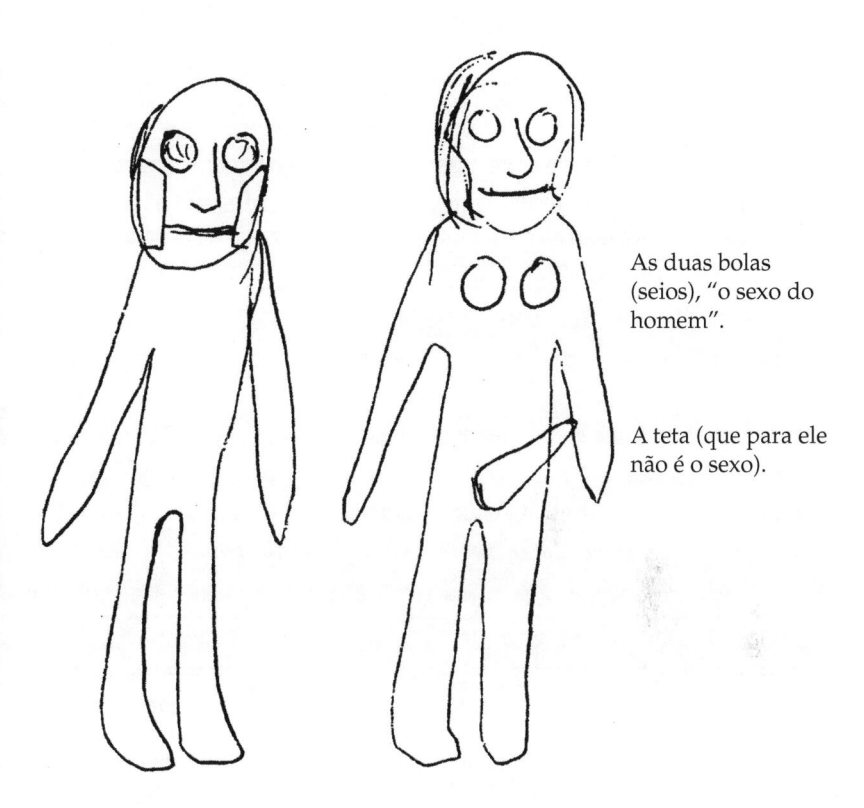

As duas bolas (seios), "o sexo do homem".

A teta (que para ele não é o sexo).

Primeiro estado: um homem negro da mamãe.
A gente vê "isso" porque estão nus, mas este eu fiz vestido.

Segundo estado: (Isso o quê?) – A teta e o "sexo" (isto é, os seios).

Os olhos estão representados em relevo.
Não diz nada a respeito das placas nas bochechas.

sua mãe, quando seu pai não está. Como é que ele percebe? "Porque ela fica com frio na cama, então sempre somos nós que temos de ir. Como eu não quero, ou é o Dominique ou minha irmãzinha que ficam com ela na cama." Pergunto se está satisfeito com o que faz, com seus amigos. Ele repete aproximadamente aquilo que a mãe já dissera, aproximadamente com as mesmas palavras. Não compreende por que é que as garotas flertam. Ele acha que não é decente. Não compreende por que os homens e as mulheres deitam juntos, mas tem de ser assim, senão não haveria crianças. Ele gosta de um rapaz que está no curso de filosofia porque tudo o que ele diz o interessa muito.

Paul-Marie parece satisfeito por ter falado comigo. A conversa não foi longa, porém muitas coisas foram ditas.

Depois de ter visto o irmão, vejo novamente Dominique.

Quarta parte
Segunda entrevista com Dominique

Digo a Dominique que o irmão falou sobre o fato de a mãe gostar muito de se aquecer com eles na cama e de que ele, Paul-Marie não gosta de ir. Dominique fica um pouco embaraçado, pensa um pouco... Prossegue:

Ele: *Sabe, outro dia fiquei muito surpreso ao ver meu irmão e minha irmã na quadra de patinação. Eu estava com meu colega, é mais do que um colega, é um amigo.* (O patrão de seu pai é mais do que um patrão, é um amigo.) *E minha irmã, sabe, ela tem uns amigos meio estranhos, e o meu irmão, bem, ele estava com umas pessoas bem estranhas.*

Diante dessa postura defensiva contra a alusão a deitar-se com a mãe, em que começa a falar mal e caluniar os supostos amigos do irmão e da irmã, penso que o amigo com quem estava era um amigo com quem fazia "coisas estranhas" e digo a ele. Interpreto sob esse ângulo o que acaba de dizer. Ele baixa o tom e diz:

Ele: *Sim, a gente se diverte com as nádegas e depois com a fenda. A gente faz como as vacas com suas tetas.*

Eu: *O que acontece no seu corpo, naquilo que você chama sua teta, não é uma teta de vaca, você sabe muito bem que é seu sexo. Estávamos falando justamente disso agora há pouco, quando você fez o homenzinho que disse ser um negro da sua mãe. Muito bem, há horas em que é como o rabo do cachorro da última sessão, às vezes está para cima, às vezes, para baixo. Isso depende daquilo que você está sentindo no corpo enquanto brinca disso.*

Ele: *Sim, fica estranho. Então, minha irmã vai para a cama da minha mãe e depois eu também, sabe. Será que dá para a mamãe ouvir?* Baixa o tom.

Eu: *Não acredito que dê para a sua mãe ouvir, mas pode falar baixo se quiser. Mas já que você deita na cama de sua mãe, ela já sabe. Por que é preciso falar baixo? Para que ela não ouça você me contar isso?*

Ele: *Bem, é porque agora eu não quero mais deitar com ela. Era quando eu tinha 7 anos, era ela que queria, e então eu não sabia, e então eu ficava estranho como a senhora disse antes* (ele está falando de ereções). *Então mamãe me dizia: "Vem, vai me aquecer." E além do mais é agradável. Mas a senhora sabe* (baixa o tom), *quando papai está ela não quer. Ela diz que é quando papai não está. Porque ela fica entediada, a senhora entende; seria muito melhor se ele fosse merceeiro*, porque assim ele sempre estaria aqui para aquecê-la na cama. Mamãe diz que as meninas sempre devem deitar-se com as mulheres, então minha irmã deita sempre com a mamãe. A senhora sabe, eu ainda tenho vontade de ir para a cama da mamãe, mas aí eu não sei. E então ela diz que os meninos devem também deitar sempre com os meninos, porque, quando a gente cresce, os homens deitam com os homens. Na Alemanha, no seu trabalho, papai deita com os senhores, e ele não encontra senhoras.*

Eu: *E você, quando você fala disso com seu irmão, o que ele diz?*

Ele: *Oh, meu irmão está pouco se lixando; não tem interesse algum pelas garotas* (subentendido, eu me interesso). *E, além do mais, mamãe*

....

* Em francês, *épicier*. (N. da R.T.)

não pede para ele, então ele está pouco se lixando. Do que eu gosto é quando minha avó, a mãe da minha mãe, está aqui. Porque então ela escreve tudo, o restaurante, o couvert, o garçom, o cardápio, ela escreve tudo o que a gente faz. Eu gosto quando "meu" avó, "ele" vem. (Uma alusão a mim que anoto tudo o que ele diz, e a mim que, como "o avô", separa o filho da mãe invasora, perversamente superprotetora.) *Eu gostaria de ser mecânico*[32]. *Gostaria de vender gasolina para as pessoas. Eu gostaria muito de encher o carro delas de gasolina. E eu disse à mamãe: "E se o papai estivesse aqui? O que é que ele diria?" É verdade, mamãe tem razão, mas eu não sei, eu fico estranho, então eu não sei.*

Claramente, aí estava uma pergunta endereçada a mim.

Eu: *Mas é você que tem toda razão, e seu pai diria o mesmo. A sua mamãe não teve irmãos, ela foi criada o tempo todo num pensionato de freiras; é por isso que eu acredito que ela não sabe que, quando um menininho deita na cama de sua mãe e gruda nela, na sua camisola e ele também está com pouca roupa, isso mexe com ele. No fundo do coração, ele sabe que é muito ruim para ele querer se passar pelo marido da mãe, porque ele está tomando o lugar de seu papai, e isso mexe com ele. Ele já não sabe se é um animal, se é um bebezinho menina ou menino. Fica idiota de não saber mais o que é. Você concorda, mamãe disse que, se papai estivesse aqui, você não iria para a sua cama; é assim mesmo, na lei de todos os homens, em todo lugar da terra, até mesmo entre os negros que vivem nus, é proibido que os meninos deitem com sua mãe. O menino não pode ser o verdadeiro marido de sua mãe, não pode nunca amá-la para fazer filhos de verdade. Os filhos de verdade são feitos com os sexos dos seus dois pais. A lei dos humanos é que o sexo do filho não deve nunca encontrar o sexo de sua mãe. O que estou dizendo é a verdade, sua mamãe quer que vocês fiquem sabendo a verdade. É porque sua mãe nunca teve irmãos e porque foi criada pelas freiras* (eu repito) *que ela nunca pensou nisso; mas pergunte a seu pai, ele vai dizer a mesma coisa que estou dizendo; é a lei de todos os homens.*

....

32. Observar a associação: encher de gasolina, o coito, o jogo sexual e a transferência sobre mim, que escrevo tudo.

Durante a segunda conversa da quinta sessão, ao mesmo tempo em que falava, Dominique modelou estas duas formas (cf. esboço: forma fálica e banda de Moebius). Eu as desenho em silêncio[33].

Depois da dupla sessão com Dominique e da sessão com Paul-Marie, a mãe me pergunta na frente de Dominique se não tenho mais alguma coisa para lhe dizer. – Sim, talvez. – E pergunto para Dominique: "Talvez fosse bom eu falar com sua mamãe?" Dominique está plenamente de acordo. Já mencionei por duas vezes o sigilo profissional, acredito que tem total confiança.

Quinta parte
A mãe sozinha

Digo que falei com os dois rapazes e que, de fato, a ausência do pai os incomoda muito. E que a convivência forçada de Paul-Marie com o irmão certamente o atrapalhou bastante. "Sim", ela tinha reparado, "mas ele era tão bonzinho, era a fraternidade". (A palavra fraternidade é a divisa da família.) Digo que não acho que Paul-Marie seja excessivamente recatado com ela e que sua sensibilidade masculina me parece bastante normal ao se defender de certas intimidades com ela; e que talvez, por não ter tido irmãos, ela não se dê conta do nível de intimidade que a mãe não deve ultrapassar com os filhos. Com o arzinho esperto de uma garotinha pega em flagrante e um trejeito malicioso, ela diz: "É mesmo, né, eu gosto muito de tê-los na cama, e também não me incomodo de aparecer nua na frente deles porque acho que é da verdade que as crianças precisam e que tudo é belo."

Digo-lhe: "Mas a senhora sabe que isso talvez possa incomodar as crianças, principalmente os rapazes, e pode ser que incomode até mesmo sua filha?"

---
33. Ver p. 96, fig. 11.

Modelagem da quinta sessão
11

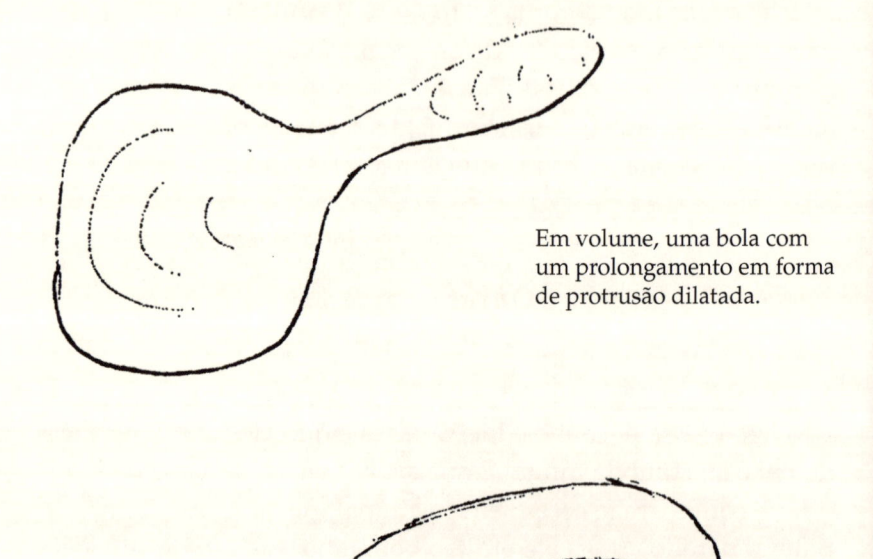

Em volume, uma bola com um prolongamento em forma de protrusão dilatada.

Uma fita chata fechada sobre si de modo que a face inferior se articule e continue na faixa superior (uma banda de Moebius).

Modelagem feita ao falar (nenhuma associação) durante a sessão dupla, no dia da declaração da interdição do incesto.

No que concerne à sua atitude com Sylvie, ela fica sem compreender. Já que os rapazes evitam ir para sua cama para aquecê-la, azar, tem de aceitar. É melhor que isso não signifique que seus filhos são anormalmente recatados; mas a filha, não: "Sylvie, grudada em mim, entende, isso me aquece, mas ela não gosta quando meu marido está, porque, é claro, quando meu marido está, não precisamos deles. E, além do mais, eu, com Dominique, isso não mudaria nada para mim. É claro, Paul-Marie agora diz que isso o incomodaria. Ele se esconde de mim e, no entanto, sou sua mãe! O que há para se esconder da mãe!"

Descobrimos uma mãe sexualmente infantil: uma vez mais é o incesto tentador a principal causa da regressão, da confusão das espécies, dos gêneros e da forclusão do eu edipiano, de tudo aquilo que estamos balizando com dificuldade a respeito dos episódios mutiladores vividos por Dominique.

SEXTA SESSÃO: 18 DE JANEIRO
Quinze dias após a anterior

Dominique não fará modelagens nem desenhos. Será tudo com palavras. Ele entra, contente e alegre: *Agora estou satisfeito porque consigo ler a hora.* Silêncio. *Tem uma coisa que é um verdadeiro milagre, bastou que eu fosse gentil com minha madrinha, não* (lapso criticado), *minha avó, e ela mudou completamente, ela está a meu favor.*

Eu: *Você disse madrinha? Você nunca me falou dela. Quem é?* Dominique não responde, se fecha (estou sendo indiscreta).

Eu: *Foi porque você, ao falar, confundiu sua avó e sua madrinha, é por isso que estou perguntando. Quando a gente troca uma palavra pela outra, isso sempre quer dizer alguma coisa. É por isso que faço perguntas a respeito de sua madrinha. Madrinha e avó, como é que isso pode estar misturado na sua cabeça? Sua avó também é madrinha?*

Ele: *Sim, é a madrinha de Paul-Marie, mas de qualquer jeito ele a chama avó. Mas não é isso.*

Eu: *Então o que é?*

Ele: *É que justamente hoje minha madrinha me escreveu. Não é culpa dela se esqueceu meu presente de ano-novo...* Cala-se um momento.

Eu: *Quem é?*

Ele: *É uma parente que não vemos muito.*

Eu: *É a primeira vez que ela esquece de você?*

Ele: *Sim, justamente, é a primeira vez, mas disse que vai mandar dois presentes de uma vez porque eu nasci no dia 19 de janeiro; um para o ano-novo e um para o aniversário.*

Eu: *E sua avó?*

Ele: *Ela também escreveu no meu aniversário que gostava de mim. É a primeira vez que gosta de mim, e me mandou dinheiro pelo aniver-*

sário. É um milagre, é realmente um milagre. Silêncio... Eu gosto muito de brincar de mulher.

Eu: *Conta.*

Ele: *Meu primo é o filho de um comerciante de gado* (será que hoje estará falando do tio Bobbi?). *A mãe dele também é minha tia: ela tem dois bebês, dá a mamadeira ao menino e às vezes a criada também* (?)... *Então meu primo e eu, desde o instante da mamadeira, nós ordenhamos as vacas e entregamos o leite para aquela que dá a mamadeira para o bebê. É engraçado. A gente se diverte muito. A gente faz a mulher que dá leite para a mulher que dá a mamadeira.*

Eu: *A mamadeira ou o seio?* Ele não responde. Silêncio.

Ele: *Eu tenho um pequeno poço, não é igual a esse aí.* (Trata-se de uma modelagem em forma de poço deixada sobre a mesa por outra criança.)... Ele retoma: *A senhora está de acordo que eu brinque com isso?*

Eu: *Com o quê?*

Ele: *Com a mulher... Como faço com meu primo... A senhora é boazinha!*

Eu: *Por quê? Você achava que tudo aquilo que é especialmente divertido a senhora Dolto diria que é proibido? Mas você, será que você acha que essas brincadeiras seriam possíveis na frente do seu pai?*

Ele: *Oh sim, todo o mundo ri e o comerciante de vacas, o pai do meu primo, ele também ri quando a gente brinca de mulher.*

Eu: *Então, está vendo?, se o pai acha que pode, é que pode*[34].

Ele: *É, mas é divertido assim mesmo.*

Eu: *Mas existem muitas coisas divertidas entre as coisas que se pode fazer.*

Ele: *Sim, é verdade.* Silêncio. *Agora esclareci o mistério!...*

Eu: *Conta.*

Ele: *Minha mãe tem um cobertor elétrico e minha irmã gosta muito dele, e ela gosta também que mamãe o mantém* (sic) *quente.*

---

34. Na dúvida em que eu estava sobre o caráter perverso desse jogo, contentei-me com uma referência à lei do pai.

Esta impropriedade sintática dissimula um lapso que seria: minha irmã, como mamãe, gosta do cobertor elétrico que mantém quente no lugar do cônjuge. Mais adiante veremos a confirmação desse sentido. Portanto é isso; Dominique continua às voltas com a proibição do incesto que ainda não admite. Lembramos do nômade que possuía um cobertor e bracinhos de marmota em volta do pescoço.

Eu: *Você está falando do quê?*

Ele: *Ora, da minha irmã que vai para a cama de mamãe e papai* (sic) *quando papai não está, porque, quando papai está, mamãe não precisa de cobertor elétrico... Aí está o mistério! A menina tem um carinho especial pelo cobertor elétrico!*

Eu: *Pelo cobertor elétrico ou por mamãe?*

Ele: *Bem, os dois!* (Vemos que o cobertor elétrico é o substituto do cônjuge de mamãe e, para Dominique, a regressão uterina imaginária.)

Eu: *Portanto sua irmã continua a se deitar com sua mãe? Sua mãe não tinha dito que ela não a traria mais para sua cama?*

Ele: *Sim, mas então, como ela comprou um cobertor elétrico, a menina agora vai por causa dele.*

Eu: *E você?* Silêncio.

Ele: *Por quê? A senhora acha que o seu sexo pode explodir?...*

Eu: *É você que está achando isso. Conta a sua ideia...* Silêncio.

Ele: *Bem, é isso, veja, por exemplo, um menino de 6 ou 7 anos que deitou com a mãe quando era pequeno, então o sexo do bebê grudou na mãe e, então, seu sexo pode explodir?*

Eu: *Você acha? Mas você está falando de um menino de 6 ou 7 anos, já é um menino grande, e você diz o sexo do bebê... Não entendi.*

Ele: *Mas sim, o menino não pode entrar no corpo de sua mãe... Mas ele não pode se desgrudar dela...* Silêncio.

Eu: *O que é que não pode entrar no corpo da mãe?*

Ele: *Bem, o sexo, pois está grudado nela. Um homem está do lado, é um homem um pouco com um lado; e uma mulher é um lado feminino, e o sexo que entra nas mulheres... Eles têm cada um seu lado... Então* o sexo entra, a princípio elas são bebês, depois elas crescem. Com os meninos é igual, principalmente quando são bebês, e se eles permanecem pequenos... Silêncio... A senhora lembra da vaca que pertencia a um árabe, e ele ia vendê-la a um nômade?

Eu: *Lembro sim*[35].

Ele: *O nômade gostava tanto de leite que todos os dias ele a fordenhava* [foder (*baiser*) e ordenhar (*traire*) confundidos em um verbo imaginário].

Eu: *Ele a fordenhava?*

Ele: *Sim, ele a fordenhava, a fordenhava, a fordenhava tanto que depois ela ficava magrinha, ou então, mesmo que não estivesse magra, ela não tinha mais leite... A gente é assim quando é bebê, parecidos os meninos e as meninas, e depois a gente não tem mais leite... A mamãe é a vaca, ela é gorda, gorda, e ela tem leite, e depois ela não tem mais nada. Será que os meninos têm mais leite por mais tempo que as meninas que têm muito?... Será que as meninas são melhores que os meninos?... Para o leite?*

Eu: *O leite* [lait] *é um alimento, mas também dizemos feio* [laid] *para uma coisa que não é bonita. O que é que é feio?*

Ele: *Não, eu não gostaria de ser uma menina, mas eu não gostava de ser feio porque era um menino... Silêncio. Eu gosto de brincar de mulher, mas eu não queria ser... De quem a gente gosta mais, das meninas ou dos meninos?... Sim, quem a gente escolhe?*

Eu: *Antes, diga-me quem é "a gente". Aí, então, talvez haja uma resposta que você mesmo poderá encontrar.*

Ele: *Agora minha avó também gosta de mim e minha mãe sempre gostou de mim igual. Não é um milagre, é a mãe.*

Eu: *Sim.*

Ele: *Uma mãe gosta dos seus bebês e os filhos são sempre bebês.*

Eu: *Você acha?*

Ele: *Não, eles crescem, mas a mãe é a mãe até mesmo quando ela tem outros bebês... As mamães gato esquecem seus bebês depois... Silêncio. Mamãe uma vez escolheu o rei...*

---

35. Dominique começa a associar com a quarta sessão, cf. p. 64.

Silêncio.

Eu: *Conta.* Silêncio. (Provavelmente está resistindo a essa lembrança.)

Ele: *Mamãe tinha posto sob sua malha* (mostra embaixo do pulôver seu peito e estômago estufados), *ela tinha colocado um gatinho preto na sua malha... Pronto, pensei, não sou mais o filho da minha mãe, é o gato que tomou meu lugar!... Teria sido ridículo!*

Eu: *Talvez você estivesse muito infeliz, como se tivesse sido esquecido por uma mãe gato ou uma mãe vaca, como por sua madrinha?*

Ele: *Não, mas naquela hora! Não fiquei contente, nada contente!*

Eu: *É como quando sua irmã vai para a cama de sua mãe por causa do cobertor elétrico.*

Ele: *É, a Sylvie bem que disse que não é para estar com minha mãe, mas para ter o cobertor elétrico; assim ela também é minha mãe?* (sic) Dominique confunde ser e ter.

Eu: *Talvez Sylvie quisesse também pegar o seu pai quando ele está em casa?*

Ele: *Ah, sim!* Ele ri. *Ela não precisaria mais da mamãe e também não precisaria mais do cobertor elétrico, porque o papai, como diz mamãe, é ainda melhor do que a gente e do que o cobertor elétrico.*

Eu: *Então, quando mamãe estava na cama com o papai, você ficava achando que ela tinha esquecido de você e você não ficava contente, nada contente!*

Ele: *Sim, mas meu irmão está se lixando para isso. Ele diz que não gosta do calor da mamãe. Mamãe acha que ele deveria sim.*

Eu: *E o seu pai?*

Ele: *Ele não diz nada sobre isso. Para ele tanto faz quando não está em casa. Ele acha bom os meninos e as meninas, tanto faz... São também as mulheres que fazem os bebês. Então, é ela que...*

Eu: *Você acha que elas fazem os bebês sozinhas? Você não acha que são os pais que dão filhos para as mulheres?*

Ele: *Ah, sim, isso me lembra algo, eu já ouvi isso, mas não estava certo se estavam caçoando de mim. Sabe, as pessoas dizem tanta coisa que não é verdade. Mas uma mãe é importante, não é?*

Eu: *Para o seu pai, o mais importante é a mãe dele ou a mulher dele, "sua" mãe?*

Ele: *Ah é! Isso é verdade. Não é minha avó de Perpignan, mas ele também gosta da minha vovó e do meu vovô.* (Os sogros por parte materna.)

Eu: *Sim, mas qual dessas mulheres é a mulher "dele"?*

Ele: *Ah sim, é minha mãe, uma vez que ele é seu marido. Então, é natural?*

Eu: *É natural e é por isso que, quando os meninos crescem, a mulher mais importante não é mais a mãe, são as meninas; eles ficam procurando que menina escolher para ser sua mulher, com quem depois vão casar e ter filhos.*

Ele: *É isso! Mas é necessário ser estudante?*

Eu: *Você acha?... Pense um pouco.*

Ele: *Não, não obrigatoriamente; os fazendeiros e os comerciantes de gado não estudam e os generais não estudam como os outros e eles também se casam, pois minha avó é mulher dele.* (Pensa em seu avô Bel.)

Desnecessário sublinhar o interesse dessa sessão, com a problematização do reconhecimento pelo círculo familiar do valor humano num sexo e num só, disso decorrendo a renúncia à ilusão da ambissexualidade, a castração primária e a problematização do valor fálico até o lapso que sublinha a problemática do ser e do ter. Esse valor fálico pertence aos portadores de pênis? Não pertence às mulheres que fazem e alimentam as crianças? Aí está a angústia: desagradar uma mãe poderosa e necessária, que pode, com seu esquecimento, fazer você perder o estatuto de filho; que pode, ao deixar de alimentá-lo e de aquecê-lo, fazer você se sentir feio e inútil. Toda a sequência do homem, lado da mulher que, por sua vez, é lado do homem, remete provavelmente às narrativas do Gênese, mas também à ambiguidade na qual Dominique cresceu em relação ao sexo válido para o Eu ideal.

Esta sessão já tinha sido anunciada pelas modelagens sem associações do final da sessão precedente. Esta sessão aconteceu somente com palavras; nem desenho nem modelagem foram necessários.

Existe uma associação interessante entre a escolha do rei pela mãe e o lapso de ser amado ou esquecido pela madrinha (*ma reine* ["minha rainha"; *marraine*, "madrinha"]), aliás avó, essa avó a quem coube cuidar de irmãos e irmãs mais novos, mas que nunca cuidou da filha. Foi por ter sido mal-amada pela mãe que a senhora Bel não conseguiu superar a castração primária e impõe a seus filhos esse estatuto de fetiches caloríficos, objetos parciais, bonecos animais de sangue quente, recebidos de um esposo, irmão mais velho que a materna.

SÉTIMA SESSÃO: INÍCIO DE MARÇO
Seis semanas após a anterior

Estão atrasados por causa da mãe. Ela telefonou avisando que tinha perdido o trem e pediu licença para chegar mais tarde. Dada a importância da sessão precedente que já estava distante (falta a duas sessões), aceito esperá-los.

Ao chegar, Dominique me diz que não sonhou, que a aritmética não anda bem e que não é capaz de contar. Interpreto que é "contar para alguém", no sentido daquilo que se diz com palavras: ter valor para alguém ou não contar para alguém. (Será que o tratamento conta para a mãe, que o fez perder duas sessões e quase perder esta?)

Ele: *Bem, eu conto para um amigo que se chama Georges Proteck.* (Mesmo nome que o pai, e seu cachorro é um teckel. Coincidência ou deturpou o sobrenome do colega?) *Mas ele é enjoado e, quando convido outro amigo, ele não vem.* Baixa o tom de voz. *Além do mais, ele não gosta da minha irmã. Já houve uma briga por causa de minha irmã. Houve um mal-entendido, ele ficou zangado, minha irmã chamou-o de idiota. Então ele não gostou disso e durante algum tempo não veio mais em casa. Ele me disse: "Eu não vou por causa do que sua irmã me disse: 'Proteck é um bestinha por isto, Proteck é um bestinha por aquilo'." Ela acha* (fala de Georges me dizendo "ela"), *ela acha que ela o acha lunático.*

Eu: *Ela disse isso?*

Ele: *Não, mas eu sei. Alguém que não é muito normal se chama um lunático. Ele me diz que os outros também me acham lunático. Ele acreditava que os outros ficavam dizendo coisas nas minhas costas... Eu não gosto de Haïta.*

Modelagens da sétima sessão
Uma arraia

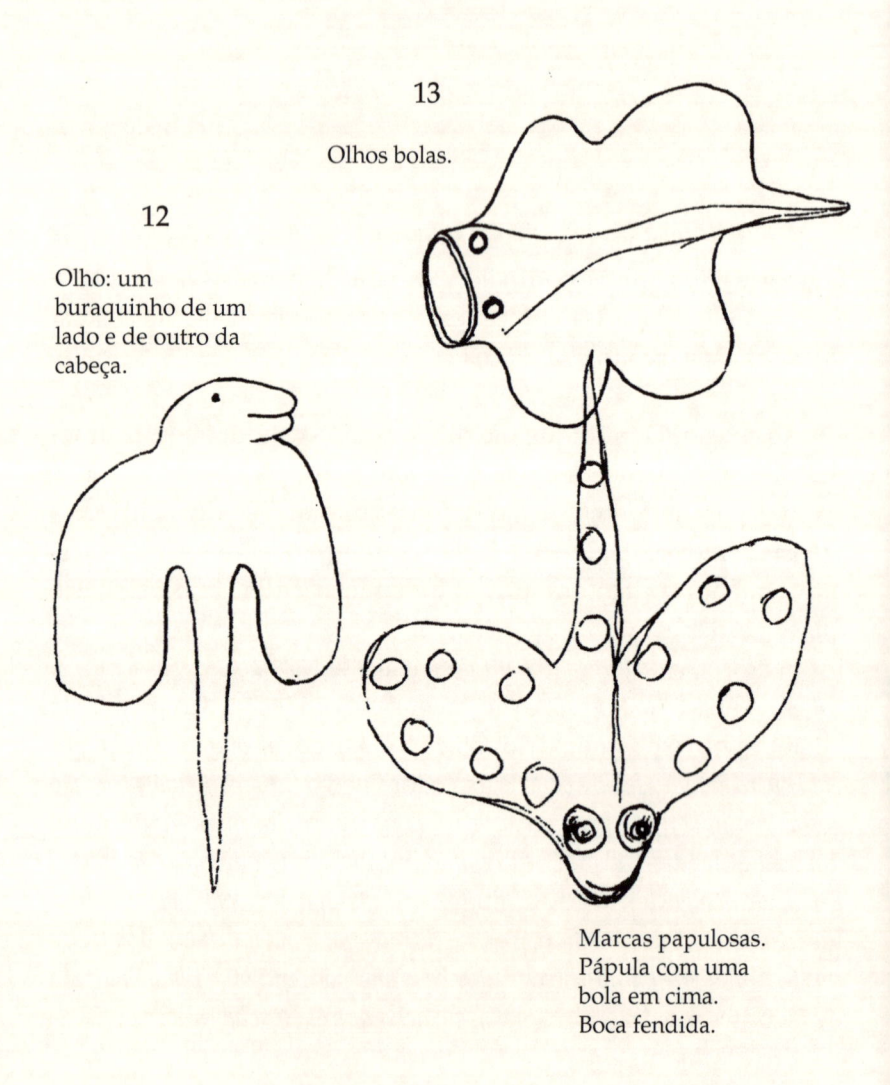

13

Olhos bolas.

12

Olho: um buraquinho de um lado e de outro da cabeça.

Marcas papulosas.
Pápula com uma bola em cima.
Boca fendida.

14
"Arraia aterrorizante"

Eu: *Quem é?*

Ele: *É um rapaz com quem troco coisas. E então mamãe diz que estão me enrolando. Não sei, sim, não, não sei. Porém não lamento as trocas que faço. Uma vez, eu lhe dei um caminhão, simplesmente assim, sem nada pedir em troca. Porque pensava: ele é pobre, seja bonzinho e, então, dê-lhe uns soldadinhos. Depois até que lamentei um pouco, mas ele é mais infeliz que eu. O pai dele é ladrilheiro. Georges não gosta de vir aqui* (sic). *Ele diz: "Sua irmã diz: 'Proteck isto, Proteck aquilo'." Tenho sempre medo de que mamãe me dissesse: "Pobre cretino, você se deixa enganar." Um dia, Haïta me levou*[36] *tudo o que eu tinha lhe dado, a mãe dele não queria mais. Eu dizia para ele: "Você vai levar uma bronca se trouxer tudo isso para casa!" Ele respondia: "Bem, não faz mal." A senhora compreende, eu me deixo levar porque não tenho nada para brincar, então fico entediado; então me deixo levar, e deixei que devolvesse tudo o que eu tinha dado. Nisso, tem sim e tem não. Fico contente de agradá-lo, mas tenho medo de levar bronca da minha mãe e foi ele que levou mais bronca da mãe. Então isso aconteceu assim.* Enquanto fala, faz uma modelagem. *É uma arraia*[37] (um peixe, uma arraia que tem cabeça de cachorro e outra arraia que possui uma boca enorme toda aberta). *O chato é que o animal é de outra pessoa.*

Eu: *O que é que você quer dizer?* Ele não responde, confecciona mais uma arraia, uma terceira que, desta vez, é perfeitamente realista[38].

Ele: *Eu acho isso aterrorizante, esse bicho aí!... Silêncio... Ela tem botões sobre o corpo, tem botões sobre as nadadeiras e, além disso, tem um rabo que tem corrente elétrica que passa. Minha irmã também me dava nojo quando ela tinha botões na beira do mar.*

Assistimos ao deslocamento em vários níveis da angústia de castração. A "risca" [*raie* quer dizer "risca" e "arraia"] do traseiro é um jeito de as crianças falarem da fenda das nádegas ou da

---

36. Ele diz levar em vez de trazer.

37. Ver p. 108, figs. 12 e 13.

38. Ver p. 108, fig. 14.

vulva. Observemos também o deslocamento das formas complementares dos sexos para as bocas desses animais. As nadadeiras do peixe de boca passiva têm a forma de nádega. O rabo eletrificado e eletrizante serve para manifestar o perigo do contato com o sexo feminino, boca sexual que eletriza o sexo do rapaz. Os botões não seriam o bico dos seios e o clitóris? Porém não tento nenhuma pergunta sobre as semelhanças de corpos.

Eu: *Você não gosta de sua irmã com seu coração e talvez tenha medo dela.*

Ele: *Não está certo, temos de gostar de nossa irmã. Mostrar fraternidade é o mínimo que se deve fazer.*

Eu: *Quem fala assim é sua mamãe; e talvez sua irmã seja como sua mamãe, tem algo que faz uma coisa estranha no seu corpo, no seu sexo, como um rabo, como uma corrente elétrica que passa quando você as sente perto demais de você, sua mãe e sua irmã, por causa de seus sexos que não são feitos como os dos homens e dos meninos.*

Ele, bem baixinho: *Vou fazer-lhe uma grande confidência; pronto, eu fumei! É meu amigo Georges, para que eu o carregue nas minhas costas, em troca ele me dá cigarros. Não sei por que ele gosta que eu o carregue nas costas. Ele diz que passa uma corrente nele. Minha mãe, se ela soubesse disso!*

Enquanto as brincadeiras incestuosas autorizadas pela mãe destroem um narcisismo sadio, ele esconde as brincadeiras sexuais e desloca para uma interdição de menor importância, a de fumar, brincadeira de menino proibida pela mãe e proibida para as mulheres de sua família. Não digo nada, estamos no terreno dos jogos proibidos com a irmã, seus botões, a problemática do sexo, de seu próprio pinto e também, provavelmente, com seu amigo Georges Proteck e talvez com os cachorros da casa, brincadeiras sexuais de sua iniciativa. Seus jogos com Georges são claramente eróticos, mas o são claramente para os dois, e prestigiosos para Dominique. Registro a confidência, mas não intervenho.

OITAVA SESSÃO: INÍCIO DE MAIO
Dois meses depois da precedente, em virtude das férias e uma ausência devida a uma gripe na família dos Bel (da qual Dominique escapou)

Ele: *Sabe, ainda acontece de eu terminar depois dos outros, mas faz dois dias que eu termino ao mesmo tempo que os outros. E quando consigo fazer um exercício, então fico contente. Pois bem, consegui fazer todos os exercícios. Agora estou compreendendo a aritmética.* (Será que a interpretação de "contar para alguém" obteve algum resultado, chegando na hora certa?) *Ontem sonhei que estava na casa de minha vovó, a mãe de meu pai, eu estava diante de um gato que latia como um cachorro. Rosnava como um cachorro. O que me fez rir foi quando ele começou a latir. Ele rosnava como um cachorro.* (Ele dará as associações desse sonho no fim da sessão.) *Sabe, isso me fez rir.* Silêncio... *Mas era um pouco um riso de medo.* Pausa... *Um gato que mia também seria engraçado, mas não sei se daria medo.* (Angústia associada ao desejo, sem saber se ele está ou não conforme a espécie, que aqui é tomada pelo gênero?)

Eu: *E se fosse um menino que fizesse de menina e a menina que fizesse de menino?*

Ele: *É.* Reflete silenciosamente. *Então, também tive outro sonho. Estava na casa da minha tia, a irmã do meu pai, e brinquei com um menino e uma menina, meu primo e minha prima; e então houve uma palavra que foi dita: "elmoru". Não sei quem a disse... é uma palavra assim que diz... É o nome de um rio invisível.* Silêncio, e baixinho: *Mas eu tenho um segredo que vou contar mais tarde.* Bem alto: *O melhor é que "elmoru" quer dizer alguma coisa; é o nome de um rio invisível.*

Eu: *Sim, você já me disse que era o nome de um rio invisível, mas como é que sabemos que ele é invisível?*

Ele: *Bom, é um rio, às vezes quando chove muito, e o chamam El-moru. É porque é um rio infestado, infestado de cheiro de bacalhau* [morue]. *Uma coisa assim.* Silêncio, e baixinho: *A senhora sabe, "el-moru" é um palavrão. Tem umas mulheres, e então a gente as vê, é de noite e então são levadas ao posto. Pedem seus documentos de identidade.*

Eu: *E então? Seu segredo?* Ele se cala, continua retomando seu tom de voz ascendente habitual, com a voz um pouco falsa e ama-neirada: *Eu estava na floresta, vi três árvores, os três irmãos. Minha avó disse: "Mais longe, são os dois irmãos." E então, assim em seguida, as árvores eram os irmãos... O que me espanta é meu avô, ele faz um pa-pelzinho e um lápis para explicar o que quer dizer.*

Eu: *Seu avô ou sua avó?* (Dúvidas a respeito do sexo do avô cujos documentos de identidade serviriam para referenciar a des-cendência.)

Ele: *Mas é minha avó.*

Eu: *É assim como eu, que escrevo aquilo que você diz e desenho suas modelagens.*

Ele: *Sim... Três árvores que poderiam estar no mesmo tronco. Não, não são os três irmãos, são os oito irmãos. Três árvores no mesmo tronco, isso me espantou...* Silêncio... *Não é espantoso, três árvores num mesmo tronco?*

Faço então uma intervenção falando a respeito daquilo que está sobre o tronco dos humanos, três pênis ou três seios, as tetas, lem-brando-o de que tinha me dito que os seios eram o sexo do homem. Ele então tinha feito uma teta como aquelas das vacas, para o pênis. (Digo que pênis é o nome verdadeiro para o pinto, como dizem seus companheiros de escola, e que ele tinha se enganado de palavra, pois o tinha chamado de *"pis"* ["teta", em vez de *bitte*, "pinto"])[39].

Ele diz: *Ah sim, a* biquette [cabrita].

Temos portanto a confirmação do sentido da palavra *biquette* (de uma sessão precedente)[40] que, bruscamente, substituiu a pa-

....

39. Refiro-me às suas palavras, cf. p. 91; ele responde associando-as a outra sessão, cf. p. 66.

40. Ver p. 66.

lavra vaca. E ele acrescenta que, de fato, pensava que as mulheres também tinham. Foi um colega que disse que as mulheres não tinham. Está procurando meu assentimento.

Eu: *E sua irmã, e sua priminha, você já não as tinha visto?*

Ele: *Mas apesar disso eu acreditava, eu acreditava. Porém diziam também que era um rato, e a gente dizia que brincava de gato e rato quando corríamos uns atrás dos outros para procurar.*

Provavelmente para procurar se ela tinha um sexo e também se ele tinha um. São as histórias do que se passava em sua cabeça ou "sobre" sua cabeça quando estava com sua prima. E lembremos que isso abalava seus soldados imaginários e o tanque imaginário que ele escondia no armário; as brincadeiras proibidas pela avó paterna.

Ele: *Tenho um grande amigo para quem, um dia, perguntei na praia se ele preferia os meninos ou as meninas. Ele me disse: "Você sabe, eu vejo tanto!"* Silêncio, em seguida: *Eu acho que o corpo das meninas não é nada mal, mas brincar de carrinho com as meninas não é divertido. Com as meninas gosto de brincar de papai e mamãe. Minha irmã era a mamãe, suas bonecas eram nossos filhos e ela me dizia: "Olha, papai! Ela tem cruz da legião de honra."*

Eu: *E sua mãe, como é que ela diz quando fala com seu pai?*

Ele: *Ah bom, sim, é isso, ela diz também: "Veja, papai, como ela trabalhou bem."* (Sua irmã.) *Eu me enfiava no quarto e inventava uma profissão. Eu era mecânico. Temos muitos carros; ou então militar, que tem muitas medalhas. Minha mãe nos dava alguma coisa e então fazíamos uma boquinha, pois não se deve engoli-los.* (Os pedaços de brinquedos perigosos?) Baixinho: *Eu gosto de não estar lá.* (Identificação com o pai ausente?) *Se estamos lá, somos incomodados, se não estamos lá, ficamos invisíveis, e então temos medalhas e docinhos quando a gente vem; e então as crianças ficam satisfeitas e minha irmã também. Ela gosta muito quando eu sou o papai não em casa, ela então pega todos os filhos; é uma boneca* (sic), *entende, e então ela passa a lição para eles e deixa que façam tudo: então os filhos eles creiam* (sic), *eles crescem*[41]...

....

[41]. Aqui, mais uma vez, a impropriedade do verbo não é um banal acidente, pois Dominique tem um vocabulário muito rico e, normalmente, uma boa sintaxe.

(Fica um pouco nervoso ao se dar conta que não proferiu a palavra certa)... *Enfim, isso quer dizer que o papai tem carros, tem amigos, que está com os alemães. Sabe, na Alemanha eles têm muitas medalhas. Não são más pessoas. Deitam-se nas mesmas camas. É Hitler que tinha o espírito do mal. Então eu dizia, brinco de papai e mamãe e me chamo Georges.*

Eu: *Como seu pai?*

Ele: *É ela quem quer!* (Há uma pontinha de justificação, como se eu censurasse a usurpação do papel.) *Ela quer ser minha mulher e quer que eu seja seu papai.*

Eu: *É curioso, pois se você é seu papai, ela é sua filha, ela não é sua mulher.*

Ele: *Então o quê? Pegávamos os nomes dos pais, eu Georges como meu pai, e ela Ninette como minha mãe* (frequentemente chamada de Nenette, como também é chamada Monette, a irmã de seu pai). *Eu gostaria muito de usar o nome de meu tio Bobbi, o marido da irmã de meu pai, mas minha irmã não queria. E depois, o nome dos filhos, a gente pega o nome dos filhos, os nossos ou então dos nossos primos.* Silêncio. *O pai tem mais o que fazer do que falar das roupas; eu lhe dizia, um pai tem mais o que fazer. E, como eu já estava cheio, eu dizia: "Bom, pegue isso aqui para vesti-los."*

Eu: *E o seu pai, ele cuida das roupas de vocês?*

Ele: *Ah sim, ele nos previne, peguem isso para o frio e também aquilo para a chuva. Não é a mamãe, ela pergunta ao papai.* (Vemos aqui como Dominique sente sua mãe mais criança em relação ao marido do que mulher.)

Eu: *E o nome dos filhos. Qual o nome que você escolhia?*

Ele não responde. Em vez de responder à pergunta sobre o nome: *Durante algum tempo, eu achava que Bel era delicadinho demais; chamavam-me "oh, como ele é bonito". É engraçado, isso me chateia, mas me surpreende que nunca tenham me chamado de bela menina.* (Ora, era com a irmã que todos se extasiavam.)

Eu: *Como sua irmã?*

Silêncio, em seguida: *Quando o amigo do meu irmão* (sic) *do meu pai voltou sobre seus passos, meu pai não tinha mais irmão.* (É a associação do nome de sua irmã, Sylvie, com o desaparecimento do irmão de seu pai que já não vive[42].)

Eu: *Mas o que é que você está me contando?*

Ele: *Sabe, o irmão do meu pai que se perdeu na montanha, meu vovô falou dele com o meu pai porque é o primogênito da família; e também falou disso com a minha irmã, era sua irmã e a irmã do meu pai também.* (Foi quando sua irmã nasceu e ele estava na casa dos avós paternos que se regularizou no registro civil o desaparecimento desse jovem e foi colocada uma lápide comemorativa no cemitério.) *O irmão do meu pai morreu na montanha e depois seu irmãozinho engoliu uma escova* (?) *de trem elétrico com que meu pai brincava, e ele morreu, ele era bem pequeno. E seu outro irmão morreu quando era jovem. Ele era como Paul-Marie.* (Seria isso um desejo ou uma precisão a respeito da idade?) *Meu avô tinha telefonado para o meu pai para contar essa história toda. Meu avô percorreu todas as prisões da Espanha para encontrar seu filho. Durante algum tempo eu tinha uma ideia minha. Pensava que ele tinha encontrado uma vida para ele, uma mulher, ou então uma profissão e que ele tinha se casado, e que voltar o aborrecia... Mas era impossível... Eu gosto de ir para a casa de minha avó. Quando vou para casa de minha avó eu encontro minha avó. E meu primo Bruno, o filho de minha tia, tem 7 anos. Uma vez nós fingimos ser xerifes, e fiz duas belas estrelas de xerife para nós, a gente se divertiu bastante. Deve ter causado muito sofrimento para a vovó, quando soube que seus dois meninos estavam mortos? Ela gostava de me pegar no colo para olhar as fotografias nas quais estavam seus dois meninos mortos.*

Eu: *Talvez não fosse muito agradável estar nos braços de sua avó enquanto ela se ocupava de seus dois meninos mortos.*

Ele: *Oh sim, não era sempre agradável e ela ralhava comigo. Eu me lembro, era com uma mangueira de regar. Fiz um buraco e depois coloquei a mangueira dentro e eu queria que caísse dentro. Oh, como ela brigou comigo, como ela gritou comigo, era exatamente como um gato que*

---

42. Constata-se que minha pergunta a respeito dos nomes nas brincadeiras provocou inconscientemente associações com o nome da irmã, significando o irmão do pai.

late. Minha avó tinha uma voz! Na casa de minha avó, quando eu pegava alguma coisa, sempre brigavam comigo depois. "Se você quiser algo, peça-me a autorização antes." Minha mãe não é assim, tudo aquilo que é dela, é meu.

Eu: *Até mesmo a cama da mamãe.*

Ele se cala, fica sério e diz: *Eu ainda gostaria muito de deitar com ela, ainda na sua cama, sabe, mas sei que não se deve.*

Da avó, na casa de quem aprendeu a ler, ele se lembra como muito proibitiva em relação ao jovem macho em liberdade que ele era; mas foram essas proibições relativas ao que era abusivamente permitido que, pela repressão dos impulsos sexuais orais, anais, uretrais, liberaram então possibilidades de aprendizado cultural, que novamente desapareceram quando voltou para a casa da mãe, permissiva em relação a todas as atividades imaginariamente incestuosas e regressivas.

Ele: Silêncio... *Eu gostaria de ser pirata, um ladrão do mar. Meu irmão tinha feito o Bounty e fiquei com vontade de ser pirata na Bounty.* (Pronuncia *Boneté*, quase *Bonté* [Bondade].) *Ele é empreendedor, então eu tinha os mais grossos rolos de granito.* (Seu avô é que era empreiteiro e fazia os negros trabalharem como escravos, porém aí confunde seu avô e seu irmão.) *Eu tinha o maior rolo de granito, ele me deu um grande tubo com um sistema de regulagem, um velho contador elétrico, ele pegou o tubo, enrolou-o sobre o papel, com isso fez uma bola grossa e depois eu enfiei isso... Uma vez com minha irmã, partimos de um certo ponto chutando uma bola, ela ia para a frente e para trás, para a frente e para trás, eu dei a volta no jardim segurando a bola.*

Apesar de todas as associações em filigrana a respeito de jogos sexuais com sua prima e sua irmã, surpreendidos pela avó paterna e a respeito do medo dessa avó com suas fantasias necrófilas, prefiro não intervir. Não existem elementos mediadores suficientemente próximos da realidade. Contento-me em sublinhar que foi uma sessão importante e que ele disse e pensou coisas que são úteis para seu tratamento. Não houve modelagem nem desenho.

NONA SESSÃO: 25 DE MAIO
Três semanas após a anterior

Chegam atrasados mais uma vez. A mãe perdeu o trem, mas eu esperei.

Ele: *Vou tentar fazer um cachorro. Gosto de vir aqui. Tem lojas através da janela e também tem automóveis. Nós também vemos isso tudo na nossa rua, mas menos do que aqui. E aqui, aqui também são lojas.*

Eu: *E aqui também sou eu que você vem ver, e seus pais pagam a consulta. Eles compram o fato de ver a senhora Dolto para curar.*

Ele: *Sim, também, gosto disso também. Mas nem sempre. Hoje eu gosto muito.*

Eu: *Nem sempre você gosta, por quê?*

Ele: *Porque tem dias em que não é tão agradável. Puxa, é, mas eu sonhei e depois esqueci. Tem vezes em que a senhora me diz coisas assim e eu digo para mim mesmo: Foi bom que ela tenha dito isso.*

Eu: *O quê, por exemplo?*

Ele não responde. Em seguida: *E também tem coisas...* (Ele faz uma mímica de despeito, com a boca muito apertada.)

Eu: *Tem coisas que você não gosta de ouvir. São, como dizem, duras de engolir, ou, como dizem também, ficam martelando na sua cabeça e você preferiria não ouvi-las.*

Ele: *Pois bem, veja, eu sou teimoso, como alguém que não pôde fazer algo e um colega diz: "Não faça isso porque vai te acontecer isto ou aquilo."* (Isso tudo é uma alusão ao fato de que eu lhe dei a proibição do incesto assinalando-lhe que não deve mais se deitar na cama de sua mãe.) *Pois bem, ele teria desejado, vendo um colega que tem uma alegria, e que pôde ficar com ela... Não é justo que esse amigo, que isso lhe aconteça e que o amigo que teve a alegria diga que foi uma infelicidade! Ou, em outras vezes, o outro diga: "É uma infelicidade", ele não quer acreditar e depois é muito tarde!*

Eu não interpreto, não digo que está me falando da vontade de estar no lugar da irmã e do pai que vão para a cama da mãe. Eles têm essa "felicidade", felicidade sobre a qual eu lhe confirmei que, se ele próprio sentia uma perturbação, isso era sinal de uma intuição justa em relação à lei humana do incesto proibido.

Eu: *A história que você está me contando parece um pouco com Adão e Eva: é o proibido, e ele é muito tentador. Você conhece a história do paraíso terrestre de Adão e Eva?*

Ele: *Sim, conheço!* (Nesse instante começa a fazer a mímica da história. É a primeira vez que se anima, fazendo os três personagens, ele próprio representando a árvore entre Adão e Eva.) *Sim, então, claro que conheço! Aí está Adão* (à direita) *e aí está Eva* (à esquerda. Ele, entre os dois, seria a árvore, mas não fala disso). *Então "ele" vê* (ele quem?) *à direita um copo de cerveja* (do lado de Adão, copo de cerveja, líquido) *e à esquerda vê um saco de pão ou vinho* (saco de pão ou de vinho, a forma, são também as espécies sacramentais do culto católico). *Então, em seguida, ele tem vontade de jogar bolas de neve na árvore.* (Faz uma bola e diz que a joga numa árvore que para ele está figurada pela janela.) *Pode ser que o demônio* (interrompe um pouco), *o demônio diz a si mesmo: "Eles sabem muito bem que sou mais malvado do que os outros e como vou ficar contente. Pois bem, azar, vou me empenhar em aborrecê-lo." Pode ser que às vezes ele se esconda numa árvore.* (Os automóveis, as marmotas.) *E às vezes é na forma de uma fumaça de cigarro ou então na forma da invisibilidade.* E, baixinho: *Tem um que sai detrás da árvore... olhe! tropeça! olhe! você vai perder o trem! na!* (O trem que a mãe perdeu para vir à consulta.)

Eu: *Isso que você está me contando faz pensar em algo?*

Ele: *Sim, eu vi um filme. Tinha dois demônios, um feiticeiro e uma feiticeira, que faziam muitas maldades contra todo o mundo. Isso acontecia no tempo de Luís XIV. As pessoas, cem anos depois, veem uma tem-*

pestade e tem uma árvore que quebra*. Oh, faz muito tempo que vi esse filme. (Lembremos o "crac" da feiticeira, no início do tratamento.) *A árvore quebra e então tem duas fumaças que saem.* Ele me conta aproximadamente o filme de que lembra que é *Casei-me com uma feiticeira*. (Evidentemente, agora a feiticeira sou eu.) *Frequentemente, em filmes assim, vemos a vida de uma família num tempo em que faz muito tempo, um tempo Luís XIV. Depois a gente os vê nos nossos dias. Num filme de testamento, havia um conde que vivia assim, no tempo de Luís XIV; a gente o via antes e, em seguida, a gente o via depois, vestido nos seus descendentes... É idiota, já não lembro do sonho que tive, senão eu o contaria para a senhora. Hoje* (é ontem) *a gente fez um problema de retângulo e um problema de quadrado; pois bem, eu compreendi tudo, estava tudo certo. Felizmente a professora tinha explicado um pouco, pode ser que se ela não tivesse explicado eu não tivesse compreendido. Mas o que gosto na escola é quando todo o mundo se cala, imediatamente a gente ouve as moscas voando. As pessoas falam, e logo hop! De repente todo mundo se cala. É a mudança que é engraçada.* (Seria uma alusão ao silêncio que sobrevém entre os pais que conversam na cama e se calam na hora das relações sexuais?) *É engraçado também quando vejo um soldado.* (Fantasias sexuais sobre os soldados alemães.) *Pergunto-me como ele seria se estivesse a cavalo.* (As associações conduzem-no precisamente à cena primitiva.)

Eu: *Você quer dizer montado na garupa de um cavalo?*

Ele: *Sim, eu me pergunto... isso muda as pessoas. O que eu gosto de fazer com meu companheiro quando estou montado é derrubá-lo.* (Lembremos que era seu companheiro que subia em suas costas para ter a "corrente", subentendido orgasmo masturbatório em troca de cigarros.) *Parece até que estamos realmente na guerra. Depois disso é preciso buscar uma ambulância, é preciso se tratar, e depois a gente está, a gente se faz de morto.* Silêncio. *Do que eu gostei muito foi, durante a guerra, os alemães o* (a) *levaram ao posto. Seus companheiros eram gentis, mostravam-lhe fotografias de suas mulheres, de seus filhos,*

....

* No original: *craque*. (N. da T.)

e até os alemães eram gentis. Quando ela encontrava alemães, sabe, a mamãe. (Trata-se pois dela mesmo.) *Pois bem, ela falava com eles. Ela me contou de quando foi levada ao posto. O que tinha feito?* (É ele mesmo que pergunta.) Baixinho: *Acho que ficou até tarde demais nas ruas à noite.* (Lembremos a última sessão a respeito de "elmoru", o palavrão, as mulheres do *trottoir* que são levadas ao posto de polícia.) *Agora a gente não teme que um sujeito qualquer atire na gente a qualquer hora. Os famintos, os infelizes, minha avó mostrou-me as cartas de reclusão* (sic) *que as pessoas tinham para comer. Eles, no entanto, eram selvagens mesmo, ficavam com as pessoas* (sic, pessoas em vez de alimentos) *para eles e então nós, muito pouco.* (O canibalismo amoroso.) *Tempos atrás meu avô fumava e agora não fuma mais. É engraçado, são ainda três fumantes, meu pai, o irmão de meu vovô e meu vovô. O irmão de meu vovô fuma cigarro.* (É o que é macho [*mâle*] e é associado ao mal [*mal*], ao proibido, porém nada digo e ouço.) *Meu avô* (é o nome que dá ao avô paterno) *e meu vovô* (nome do avô materno), *quando eram pequenos, passeavam completamente nus, e o pai deles chicoteou-os com urtigas... Gosto de dar comida aos peixes.*

Lembremos dos negros completamente nus dos quais fala a mãe, e ela mesma nua diante dos filhos, e seus filhos que deveriam agir do mesmo modo. A nudez está idealizada, agenciada pelo lado da mãe e proibida pelo lado Bel.

Creio que Dominique está atribuindo aos outros algo que ele mesmo está fazendo e pelo qual nutre um grande sentimento de culpa. Penso que me fala de vômitos (dar de comer aos peixes, enjoo [*mal de mer*]) devido ao fato de ter fumado escondido; e, ao mesmo tempo, da delícia das brincadeiras sadomasoquistas ou da fantasia de merecer um castigo sádico, delícia que não pode alcançar no seio da família por ter uma mãe que não repreende, um irmão idem e um pai doce e distante. É na casa do avô e da avó maternos (vovô e vovó), que a avó sempre falava em controlá-lo. (Os negros do avô, empreiteiro, apanhavam nos corpos nus.) Se o tivessem controlado, diz vovó, ele não teria se transformado nisso que é agora. Por outro lado, era na casa do avô e da avó paternos que havia o sótão, as brincadeiras proibidas de mangueira e as autorizações que deviam ser solicitadas. Isso tudo está em filigrana em seu discurso e na minha escuta. Ele procura nos avós um suporte para seu narcisismo anal de garoto. Porém, logo depois de ter dito gostar de dar de comer aos peixes, ele continua: *A senhora tivésseis estado* (normalmente ele fala muito bem), *tivésseis estado no leão de Belfort? Pode-se subir dentro.*

Eu: *Dentro?* (Belfort é onde sua mãe estudou quando voltou da África. "Bel" – seu nome, "fort" – forte – soldados.)

Ele: *Sim, pode-se sair pela boca e também se pode sair pela traseira. Então é como se a gente fosse um vômito ou como se fosse cocô.* (É a identificação do corpo próprio a uma emissão corporal.) Ensaia um riso. *E então, sabe, embaixo da barriga há uma flecha que mostra a Alemanha e que diz: "Os alemães não passarão."* (Ser um objeto parcial oral, anal, fálico, que impede os rivais alemães sedutores, grandes, louros como os Bel, e no entanto inimigos.) *Seria muito bom se as pessoas pusessem um canhão dentro do* (sic) *seu telhado* (dentro do seu tu?)* *e se atirassem nos inimigos. Um amigo, ele me contou, um italiano apertava um botão de uma máquina, isso parava os motores dos aviões e eles caíam. Faziam isso para os aviões alemães.*

Eu: *Você acredita?*

Ele: *Minha mãe explicou que os italianos estavam contra os alemães, neutros* (?), *e depois contra nós. E, no entanto, os italianos, quando os vemos, são no entanto gentis. Minha mãe disse que eles estavam com os alemães e eu, na minha cabeça, não queria acreditar. Mussolini, se for possível, talvez tenha sido ele quem quis ficar com os alemães. Hitler, minha mãe disse que ele era muito, muito inteligente, mas que tinha o espírito do mal. O que fizeram de errado na Espanha é que encontraram alguém que estava escondido há muito tempo, e então o encontraram e o mataram.* (Esta era a semana da execução de Grimau. O tio de Dominique desapareceu na fronteira espanhola.) *Quando os americanos viram que alguém ia perder, é sim, aprendi a história do começo da América com*

....

* Em francês, telhado = *toit* e tu = *toi* são homófonos. (N. da T.)

a França, pois bem, decidiram ajudar os franceses. Veja, esculpir com o lápis me diverte, é mais fácil do que esculpir sobre o mármore. Ele tem a cabeça um pouco estreita, igualzinho a um pastor alemão. Ah, a senhora está vendo, eu acho que eu consegui. (Sua modelagem do cachorro[43].)

Eu: *De fato, seu animal tem uma cabeça benfeita, porém só tem uma metade do corpo, uma metade em termos de volume. A cabeça parece de um cachorro com o dobro do tamanho que corresponderia às proporções do corpo; ele também só é uma metade no sentido longitudinal, pois é como um peso de papel em alto-relevo, deitado, e o corpo cortado no sentido sagital, de modo que ele só tem duas patas, pata direita na frente e atrás, uma cabeça e uma cauda em volume.* O leitor talvez esteja surpreso com as palavras que utilizo para falar com Dominique. Faço sempre assim com meus jovens pacientes.

Ele: *Isso então, eu não tinha visto!* Ele quis ajeitá-lo.

Eu: *Está bem, não faz mal, isso certamente quer dizer alguma coisa. Algum tempo atrás você disse que era teimoso [têtu], e você está vendo o cachorro, ele tem uma cabeça [tête] bastante grande, ele é* têtu *["cabeçudo", "teimoso"]. E, veja bem, quando a gente é teimoso, pode ser que a gente tenha muita coisa na cabeça, a gente quer ser grande, ter todos os direitos dos grandes, dos homens, de seu pai, porém ainda não temos o corpo de um adulto. Aí não é uma pessoa, é um cachorro. Então pode ser que haja algo em seu coração que não quer se tornar uma pessoa e que prefere permanecer como uma metade de animal bem-comportado, deitado no chão, com um cachorro deitado em seu canto. É como se a terra tivesse tomado uma metade de seu corpo. Um animal não fala e, às vezes, quando você fala, não diz o que está pensando; seria mais confortável não falar. O cachorro vê tudo, tem olhos, narinas, orelhas, uma cara muito benfeita, enorme; ele ouve tudo, fareja tudo, mas não diz nada, além do mais, não pode agir porque não está inteiro. Você também, você tem ideias e cala o que pensa. Na próxima vez continuaremos a trabalhar para compreender melhor o que há em seu coração que se assemelha a sua modelagem, grande e pequeno ao mesmo tempo, que sente e compreende, que tem uma cabeça e uma cauda de grande, mas não pode dizê-lo e não se move.*

---

43. Ver p. 124, fig. 15.

DÉCIMA SESSÃO: 7 DE JUNHO
Duas semanas depois da anterior

Vejo a mãe na sala de espera, que continua sem ter nada a me dizer; dirige-me um aceno muito amável e Dominique entra comigo no consultório. A janela está aberta e o barulho do exterior nos incomoda. Peço a Dominique para fechá-la. Ela é difícil de fechar; ele tenta, mas não consegue. Trata-se de um imóvel antigo, com janelas metálicas que não são de um modelo habitual. Vou com ele e o faço apalpar com os dedos o perfil do batente esquerdo e o correspondente perfil côncavo do direito, que devem penetrar um no outro. Um trinco vem em seguida manter tudo no lugar. Está encantado por ter compreendido a complementaridade das formas que devem ser combinadas, e ele próprio fecha a janela com habilidade.

Ele volta, senta-se e eu verbalizo para ele esse fechamento da janela com o auxílio de expressões conhecidas, lado fêmeo e lado macho da fechadura, e o modo como teve uma iluminação: ao perceber, pelo tato, a complementaridade das formas, ele compreendeu sozinho como fechar a janela na prática e como funciona o trinco de fixação. Ele teria ficado diante de um problema prático insolúvel sem minhas explicações verbais, sem minha ajuda manual às suas mãos passivas, seus olhos não sabendo como suplementar as experiências tácteis. Foi a experiência prática sensorial e a verbalização do conceito de complementaridade formal genital que o esclareceram[44].

....

[44]. Impunha-se uma verbalização de minha parte não somente para fazê-lo integrar a experiência sensorial, mas para que (minhas mãos conduzindo suas mãos e ajudando-as a apalpar) esse corpo a corpo – seja dito, o único no curso desse tratamento – não fosse sentido como uma tentativa de sedução.

Modelagem da nona sessão
15

Dominique está muito agitado e muito excitado com a morte do papa. Crê que fui a Roma para um congresso. No dispensário, devem ter mencionado minha ausência à sessão prevista que, de oito dias, foi transferida para duas semanas.

Pergunta se vi o papa. Esquivo a resposta. Pergunta se vi uma estátua de César. (Não diz uma estátua a cavalo): *uma estátua de César, em que ele está bonito.*

Eu: *Como está ele?*

Ele: *Está montado em seu cavalo.*

Eu: *Sim, ele é bonito.* (Vemos como esta sessão se encadeia imediatamente com a precedente: a aproximação da cena primitiva, talvez as fantasias edipianas, sexuais fálicas, genitais certamente.)

Fala do papa de novo, dizendo que seu irmão e sua irmã tinham caçoado dele, porque caçoam dele "*quando acredita nas coisas*"; e tinham lhe dito que o papa estava morto e, depois, viu-se que ele voltava e aparecia na janela (justamente, acabamos de fechar a janela, faço-lhe a observação) para abençoar as pessoas. (Esboça o gesto, identificando-se assim ao gesto do papa.) Então seu irmão e sua irmã disseram que ele estava realmente morto, mas que um sábio americano o tinha ressuscitado, "*e, então, eu não sabia se devia acreditar neles. Achava que estavam caçoando de mim... não creio que se possa ressuscitar os mortos. Mas, então, o que quer dizer que ele estava doente e depois de novo bem, que estava de novo doente e depois que estava morto, como se tivesse morrido duas vezes?*

Eu lhe explico a realidade dos fatos históricos, e, como sua mãe sempre recomendava, quando eles eram jovens, "dizer-lhes a verdade", penso que essa criança precisa mesmo conhecer a realidade. Tinha ocorrido uma considerável melhora na saúde do papa, que acreditavam estar agonizante e que, de fato, tinha reaparecido em seu balcão para abençoar a multidão, antes da brusca recaída e sua morte alguns dias depois.

Ele: *Ah bom, agora eu compreendo. Agora, eu não quero que caçoem mais de mim, porque não compreendo na hora.*

Faz então um discurso sobre os papas e que este era bom para todos. Diz ainda que, por volta dos séculos V e VI, tinha havido papas franceses e depois só havia papas italianos para que não houvesse dois; e depois Pio XI, Pio XII e João XXIII por fim. (Pode-se dizer que ele estudou a fundo a questão papal e reteve algumas sequências da história dos papas que pode ter ouvido e visto na televisão, pela qual fico sabendo pelo que ele agora se interessa, quando antes o aborrecia.) Ele me conta o que já viu uma vez na Itália, quando voltavam de uma excursão ao Grand Saint-Bernard (Bernard, o nome do irmão desaparecido do pai). Diz que era só uma cidadezinha da fronteira (Bernard desapareceu perto da fronteira espanhola); o que chamou sua atenção foram as portas das lojas com seus grandes rosários multicoloridos que fechavam as portas. (Sabemos que é em nome do catolicismo que o pai, a mãe e o irmão justificam o medo de frequentar garotas.)

Cala-se, e então: *Eu gostaria muito de ser fazendeiro.*

Eu: *Você acaba de falar das lojas na Itália e agora está falando de seu desejo de ser fazendeiro.*

Ele: *É porque eu achava que na Itália fazia muito calor, que havia moscas e que era por isso que havia cortinas que as impedem de entrar nas lojas; mas eu gostaria de ser fazendeiro; e então, quando faz calor, isso me lembrou que fazia calor e também que tem moscas que chateavam as vacas.* Cala-se, então: *Estou contente porque vou ganhar pés de pato e uma máscara. Mamãe me prometeu e meu vovô também, porque agora eu estou estudando direito; então, com os dois, com o que me presenteiam, poderei nadar este verão em Saint-Raphaël e talvez pescar peixes debaixo d'água.*

Eu: *Saint-Raphaël?*

Ele: *É, quando minha irmã queria me ensinar a nadar, bem, eu não conseguia porque encolhia os pés como se fosse uma rã; mas agora certamente conseguirei. Antes eu dizia a mim mesmo, não sei nadar, vou me afogar. Mas, agora, sei que conseguirei nadar. Vamos a Saint-Raphaël.*

Eu: *Nós quem?*

Ele: *Bem, todos os cinco e mais papai e mamãe. Vou lhe mostrar.*

Faz o esboço de Saint-Raphaël, bastante bem executado. Eu conheço a região e reconheço, em seu plano bem-proporcionado, aquilo que quer me mostrar. Em seguida, o esboço da caravana, isto é, o *trailer* de acampamento deles. O plano é muito bem-proporcionado. Os pais têm uma cama grande semidobrável. Há quatro beliches, superpostos dois a dois para os filhos. Ele está deitado abaixo da irmã e seu irmão deitado sob uma cama que serve para depositar objetos. Ele conta que seu pai tem dois automóveis diferentes, um para o trabalho, outro para rebocar o *trailer*, e que estão muito orgulhosos, pois, para rebocar o *trailer*, ele comprou um Buick que pertenceu ao duque de X... Silêncio prolongado.

Eu: *Bem, hoje você não está me contando muita coisa.*

Está reticente, em seguida se decide: *Com minha irmã está tudo bem. Com meu irmão não está muito bem.*

Eu: *E então?*

Ele: *Então, é mamãe que não está satisfeita. Meu irmão é muito esnobe, sempre vem com alguma história. Está sempre dizendo como é que minha irmã deve se vestir: não deve vestir-se assim, não deve vestir-se assado. Ele quer mandar na minha mãe. Ela não tem o direito de pôr os vestidos que quer; então minha mãe lhe diz para ir cuidar de suas coisas. A senhora não acha que ela tem razão?*

Eu: *Tem toda razão. Não é um filho que deve dirigir a escolha das roupas da mãe; você sabe aquilo que eu já lhe disse, a mãe não é feita para seus filhos, ela é feita para agradar ao marido, para agradar aos homens de sua idade. Mas você estava falando de seu irmão?*

Ele: *É, veja. Muito frequentemente eu, com meus amigos, eles passam. Então veem o quarto do meu irmão e a gente entra dentro automaticamente. A gente olha, pega um livro, mexe um pouco. Um dia um colega trouxe um disco e fomos ouvi-lo no quarto de meu irmão; mas não encontramos seu aparelho, porque meu irmão tem um aparelho para fazer girar os discos, e também tem um violão, e então ele tem tudo aquilo de que precisa. Mas eu não tenho. E então meu pai, que coincidentemente estava ali, disse "Venham", e ele o fez tocar em seu escritório.*

Eu: *Seu pai tem um escritório e tem um eletrofone?**

Ele: *Tem, mas, quando papai não está em casa, ele fecha a porta à chave. E, mesmo quando está em casa, quando está trabalhando, fecha a porta à chave. A senhora entende, ele fala muito com minha mãe, fala muito de suas viagens; e, quando volta à noite, tem muito trabalho, então, não se deve incomodá-lo... Estou procurando um sonho que tive para contá-lo à senhora. Lembro aquele do gato que miava. Não era minha vovó de Perpignan, era minha avó.* (A vovó é aquela do Leste, a avó aquela do Sul. Ele confunde novamente o lugar geográfico por um lapso. A avó do Sul se chama avó, a avó materna do Leste, vovó.)

Eu: *Mas você tinha me dito que era a vovó de Perpignan, a mesma que olhava o retrato de seus dois filhos mortos, o pequeno e o grande, a mãe de seu pai.*

Ele: *É, talvez eu tenha dito isso, mas eu me enganei, é a avó, a mãe da mamãe, a gente a chama vovó, ela vive no Leste.*

Eu: *Por que é que você se enganou? Não creio que você tenha se enganado. Creio que misturá-las foi mais forte que você...*

Ele: *Então ela não queria que eu fosse ao sótão, não queria. Ela dizia: "Faça-me o favor!"*

....

* No original: *électrophone* = toca-discos. (N. da R.T.)

Eu: *Qual sótão?*

Ele: *É outra lembrança, mas é uma lembrança do sótão da vovó de V... que agora lembro, não em Perpignan; dizem Perpignan, mas é V..., não é longe de Perpignan, uma pequena aldeia, então, é mais simples, a gente diz a cidade ao lado.*

Ele não está mais delirante e conta lembranças descrevendo corretamente de qual avó se trata. São duas lembranças de sótão; no entanto, essas duas lembranças são em dois lugares distintos, associadas a duas avós diferentes. Ele se situa no espaço e no tempo e sai de sua confusão das avós, das famílias.

Ele: *Veja, meu avô, o de V..., o papai de meu pai, é general aposentado. Então, no sótão, tem malas com suas roupas militares e eu, com meu irmão e minha irmã, era proibido, minha avó não queria e a gente tinha posto a capa de meu avô.*

Eu: *A gente quem?*

Ele: *Foi meu irmão quem vestiu, ele brincava de general e eu era seu soldado. Tínhamos combinado não contar nada, e eu era bem pequeno e, sem pensar, disse à minha vovó: "Nossa, como a gente se divertiu no sótão e encontramos uma coisa", então lembrei que não era para contar. Mas eu já tinha falado demais. Ela nos disse: "Vocês ao menos não tocaram nas coisas de seu avô?" E depois levamos bronca. Então meu irmão ficou terrivelmente zangado comigo. Meu avô é general de duas estrelas.*

Eu: *Você lembra que tinha brincado com Bruno, cada um tinha uma estrela?*

Ele: *Ah sim, foi muito divertido, éramos xerifes. E, então, havia os caubóis. Meu avô* (ele prossegue, esse meu inciso não era o que ele precisava), *meu avô foi um chefe da resistência, era de verdade, os xerifes não eram de verdade. É como agora comparar os policiais com os OAS* (Organização Armada Secreta). *Ele era chefe do partido de Perpignan, e era dono, patrão de uma fábrica de cartuchos em X... Esses cartuchos eram destinados ao exército.* (Como ele está se expressando bem.) *Não se devia frequentar muito as pessoas porque alguém poderia ser um espião que contaria coisas.* (Associado a ele que conta coisas feitas no sótão e que fizeram com que fossem "apanhados"* pela avó.) *Um espião alemão que poderia ter pego cinco ou seis cartuchos.* (Está, nesse instante, manipulando massa de modelar sem nada fazer de formal.) *Então sua cabeça era posta a prêmio, um prêmio em ouro. Porque meu avô era chefe da resistência. Uma vez os vovôs vieram* (provavelmente está querendo dizer os alemães, é um lapso eloquente) *e meu avô partiu para o outro lado do jardim! com uma escada.* (Ora, este avô não tem o nome de vovô, mas de avô.) *Então enganaram muito bem os alemães, pois não o encontraram. Tinha passado por cima do muro e tinha retirado a escada. Não dava para saber. Meu pai também esteve na resistência. Meu avô tinha uma bicicleta, então ele teve que dizer como era a bicicleta do meu avô.*

Eu: *Não compreendo essa história de bicicleta.*

Ele: *Meu avô paterno estava na resistência; um dia, meu pai foi vê--lo e teve que dizer às pessoas da resistência qual a cor e marca da bicicleta do meu avô para que o deixassem passar.* (Para que fizessem fé em sua identidade: é o fundamento do símbolo. Temiam que seu pai fosse um espião fazendo-se passar pelo próprio filho do general.) *Meu pai tinha colocado bombas na lata de lixo dos alemães e então, a senhora entende, os alemães.* (Nessa hora, sempre sentado, faz a mímica dos gestos de braços que balançam ao ritmo da marcha, ao mesmo tempo, cantando e ritmando seu canto.) *Minha mãe disse que era assim que os alemães marchavam.* (Os alemães com quem sua mãe, quando jovem, tinha simpatizado.) *Então os alemães passaram e foram pelos ares. Tenho um disco de marchas militares, é uma fanfarra.*

Eu: *É um disco de marchas militares alemãs?*

Ele: *Não, não, é um disco de marchas militares francesas. É necessário fazê-lo tocar num magnetofone; ele é meu, eu não tenho magnetofone.* (Comete um lapso.)

Eu: *Você está seguro de que é um "magnetofone"?*

Ele: *É um eletrofone, eu não sei o que é um magnetofone, mas sei que isso existe. Eu o guardo* (o disco de marchas militares) *mesmo que eu*

....
* Associação possível em francês em torno de *attraper* = levar bronca e ser apanhado. (N. da R.T.)

não tenha um eletrofone; e então, quando o papai deixa, eu ouço no eletrofone do papai, porque meu irmão nunca quer que eu ouça no dele. Ele o deixa fora de serviço quando não está para que a gente não o utilize.

O que é interessante nessa sessão é o tom completamente diferente da entrevista. A entrevista nada tem de delirante. Existe autocrítica. Além do mais, agora Dominique me olha de frente quando fala comigo. Adota um ar um tanto embaraçado quando não está seguro de algo que está contando ou quando lhe digo que não compreendo o que está dizendo e ele realmente deseja que eu entenda seu pensamento; e volta a me olhar de frente quando encontra aquilo que queria dizer ou a maneira de dizê-lo, preenchendo as lacunas de sua primeira narrativa, elíptica demais para que eu possa tê-la compreendido.

Pode-se ver aquilo que se transformou completamente, ou seja, o direito à agressividade contra o irmão, embora a mãe não goste muito disso; a possibilidade de crítica e de combatividade em relação a esse irmão; a identificação com os homens – gesto do papa ou gesto dos alemães –; a presentificação do Eu ideal pela pessoa do pai e do avô paterno. Há também reconhecimento da castração justificada pelo pai. Dominique aceita as frustrações – a porta fechada – quando provêm do pai e não mais do irmão. Ele aceita e justifica o fato de não poder fazer aquilo que se deseja com os objetos pessoais do pai na ausência deste, aceita que sua mãe pertença mais intimamente ao marido que aos filhos. Quando o pai tem pouco tempo, é para sua mulher que ele está em casa e para seu trabalho. Além do mais, há toda essa valorização da linhagem paterna. Compreendemos agora o que havia de perturbador para a criança nas palavras simpatizantes da mãe a respeito dos alemães, pessoas muito boas, trabalhadoras e autoritárias, racistas e colonialistas como seu avô materno; e também o que havia de perturbador no fato de ela ter sido presa uma noite pelos alemães, grandes e louros como os Bel, e ter achado muito divertido conversar com eles; esses alemães que quase tinham matado seu avô paterno. Compreendemos seu lapso quando fala dos vovôs que perseguiam o avô; o vovô de hábitos "nazistas" ao tratar com os negros era, realmente, a linhagem materna que existia nele. Não esqueçamos que ele foi o único a ter saído, como se diz, ao seu avô materno. Tudo nele contribuiu para forcluir o desejo de identificação com os portadores masculinos do patronímico Bel: isso destruiu a virtude construtiva dos desejos edipianos.

É interessante observar que ele também conseguiu fazer um plano legível da cidade de Saint-Raphaël, um plano do *trailer* de acampar que compreendi muito bem. Há somente uma coisa a ser observada nesse desenho: para desenhar o plano do *trailer*, em vez de ocupar um lugar diferente sobre a folha de papel ou outra folha, ele serviu-se da mesma folha superpondo uma parte do plano do *trailer* ao plano da cidade, dando a impressão de não ter percebido. A primeira imagem estava para ele imaginariamente anulada, tanto assim que não atrapalhava, para ele, o grafismo nem a leitura da segunda a ela sobreposta. Não seria isso, em uma representação espacial, aquilo que lhe aconteceu no tempo, a confusão do valor fálico dos significantes paterno e materno, masculino e feminino, e a confusão entre alemães nazistas racistas e franceses resistentes, entre eletrofone e magnetofone.

As duas passagens interessantes dessa sessão são quando fala do papa, identificando-se com ele, esboçando o gesto da bênção que viu na televisão, e quando fala de sua admiração pela estátua equestre de César. Desta vez, já não se trata de um *Panthéon* de Napoleão dos *Invalides* associado à mãe[45], é um belo general a cavalo associado ao pai.

Ora, sabemos o que a palavra "montado" representa de sexual para essa criança que dormia no quarto dos pais até o nascimento da irmã menor, criança que tinha medo dos carrosséis e

....
45. Cf. pp. 88-9.

das bicicletas. Conhecemos suas brincadeiras, que consistem em carregar um colega nas costas para obter excitações sexuais masturbatórias (uma corrente que passa como no rabo de uma arraia). E há os dois momentos em que imita, com o tronco bem vertical e gestos da marcha (embora tenha ficado sentado), os alemães (valorizados pela mãe) que vão para os ares por causa das bombas que o pai colocou nas suas latas de lixo.

Não esqueçamos "elmoru", o palavrão para injuriar essas mulheres que estão à noite no posto. A penetração na mãe para nela depositar a semente que produziu uma irmãzinha é realmente o que fez explodir a primeira estrutura na criança; a do homenzinho selvagem[46] que tinha se tornado senhor de sua mãe escrava, ante o pai, também ele vencido até o instante em que havia aparecido a prova do efeito de fecundidade paterna de suas prerrogativas equestres no leito conjugal. Lembramos que os alemães queriam "ter tudo" para eles, que o avô materno era um homem que se comportava na África como um racista, por assim dizer, e que a mãe achava muito bom tudo aquilo que os alemães faziam, inclusive a inteligência de Hitler, maravilhosa, salvo que ele estava "a favor do espírito do mal".

Observemos também o instante da sessão no qual Dominique diz "a gente" tinha colocado a capa do avô, e que esse "a gente" era seu irmão. Ele era somente o soldado de seu irmão general, porém soldado espião, a irmã desempenhando o papel de comparsa passiva. Temos realmente aí uma visão panorâmica daquilo que compôs, a partir dos 5 anos de idade, a confusão de Dominique, sem referências pessoais, sem referências corporais nem referências sexuais (a respeito do desejo) de sua virilidade.

Vemos como os ideais a respeito das manifestações do valor viril são apreciados pela família materna, em oposição aos ideais da família paterna. Vemos como, em flagrante delito de lesa-majestade avoenga, a pseudossubmissão inculcada pela mãe foi re-

....
46. Lembremos "o sexo do bebê que pode explodir".

vertida em meio de espionagem e de fazer com que o irmão mais velho fosse apanhado, segundo uma astúcia de guerra ao estilo de Pirro: único modo de poder expressar as pulsões sexuais sádicas rivais em relação ao irmão mais velho, porém desedipianizadas. Vemos também como Dominique sai da submissão masoquista à qual tinha sido acuado devido ao seu medo fóbico de uma castração mágica pré-genital por parte do irmão e da irmã.

Foi apenas pelos dizeres e pela gestualidade familiar significante que acompanharam o aparecimento no mundo e o desenvolvimento dessa meninazinha, sua irmã, que Dominique pôde medir a imensidão de sua carência: sua ausência de valor, ausência esta não relacionada com a virilidade adulta nem com o poder paterno adulto, mas relacionada com a onipotência mágica e fetichista fálica desse bebê-menina, desprovida de pênis, objeto parcial da mãe (ela continua sendo), reconhecidamente aureolada do valor de falo presentificado, sinônimo de alegria para as duas linhagens das quais era a primeira menina tão desejada há tanto tempo.

Quando nasceu a irmã também aconteceu algo de muito importante para o irmão mais velho, Paul-Marie. Acho que ele também ficou traumatizado com o nascimento da irmã e com suas consequências na dinâmica do grupo familiar, especialmente a dinâmica sexual do casal paterno. Com efeito, Paul-Marie via confirmada sua ilusão edipiana fantasmática de ter um filho de sua mãe pelo nascimento da irmã: esse filho que, estando a sós com a mãe, excluindo-se as passagens relâmpago de seu pai, ambos estavam esperando. Seja identificando-se ao pai, seja à mãe, e com a condição de reproduzir os comportamentos fálicos anal e uretral de ambos, ao dispensar cuidados, direção e segurança tutelar, ele tinha o direito de admirar e adorar essa irmãzinha-falo. Com a condição também de juntar sua voz ao concerto familiar, admirativo no que tange à estética do corpo das meninas, escotomizando obsessivamente os sexos deles e, naturalmente, como consequência, o seu. Paul-Marie fica traumaticamente engajado numa estrutura homossexual passiva que até hoje lhe serve bastante bem apesar das inibições escolares; com 18 anos ele diz (com a aprovação dos pais) que não compreende que "se" possa ter prazer com as meninas ou deitar com elas. Admite, a contragosto, o ato sexual necessário para gerar filhos e considera bastante lamentável esse desagradável condicionamento técnico da procriação.

O desejo de corpo a corpo é inconfessável, seja o da competição de dois corpos próprios na luta, seja o do erotismo. Um único desejo é valorizado, a amizade masculina na escuta admirativa de conversas filosóficas, e, quanto ao erotismo, é o voyeurismo da beleza impessoal do "chassi fêmea". Para Paul-Marie, um recheio de estilo oral, mas sem alegria, condiciona esse erotismo recalcado, necessário para produzir, nas mulheres, essas exonerações matriciais de coisas vivas, tubos digestivos com patas, aos quais dão o nome de filhos. Paul-Marie gosta muito das criancinhas de fora da família. O erotismo não oculto dessa atração é confirmado pela obrigatória rejeição do irmão e da irmã. Ele os mantém a distância; vive em sua casa retraído nele mesmo. Não permite que falem, nem toquem em seus objetos pessoais. Recusa-se ao comércio com eles: somente os "grandes" são dignos de intercâmbios interpessoais. Quanto às meninas, qualquer que seja sua idade e seu tamanho, são um perigo. Claro, quando Paul-Marie tem 5 anos, quando chega a irmãzinha, ele não explicita para ninguém, nem para os pais, muito menos para Dominique, o drama que para ele é inibidor do desenvolvimento da ética, a forclusão de seu Eu ideal genital paterno, curto-circuitado pela confusão com o Eu ideal materno homossexual anal passivo. Este último é superativado pela realização mágica da pseudopaternidade fraterna, sem castração dada pelo pai, em que, além do mais, as fantasias de paternidade incestuosa são quase legalizadas pelas palavras do pai e da mãe.

Descrevi frequentemente a situação imaginária do menino entre 3 e 7 anos. Ele deseja, independentemente do conflito edipiano ao qual pode escapar por bastante tempo na ausência do pai, por exemplo, receber e ser portador de uma criança. Trata-se de uma esperança de parturição anal ou uretral. Essa concepção provém de uma fantasia dipsófila resultante de mamadas ou de coitos, de penetração por perfusão. Essas fantasias são elaboradas com base nos comportamentos técnicos dos coitos humanos ou animais observados. Porém, são sempre fantasias com objetivo de gozo narcisista. Ao mesmo tempo, elas possibilitam uma aparência de humanização, pelo que acarretam de mimetismo com o comportamento do pai ou da mãe em relação a esse objeto fetiche, o filho presente. Isso tudo é um meio de escapar à castração natural (que a castração primária é), meio inerente à estrutura perversa-polimorfa da criança. É também um modo ardiloso de ludibriar, pelo imaginário, a castração cultural ou edipiana imposta pela lei social do tabu do incesto[47].

Houve trauma para Paul-Marie porque o nascimento da irmãzinha outorgava-lhe todas as facilidades e autorizações por parte dos genitores para acreditar que seus desejos imaginários estivessem realizados magicamente. Sua mãe confiava-lhe a criança; podia agir como o grande irmão poderoso, e o pai, nunca estando em casa, compartilhava com a mamãe leito e inquietações da paternidade. Ela própria diz que a maturidade dele – sua pseudomaturidade verbal – vinha do fato de ela sempre tê-lo considerado seu companheiro, a quem tudo confiava, todos os seus pensamentos e todas as suas preocupações.

Para Dominique, no mesmo momento em que seu irmão se imobilizava em posições estruturais pré-edipianas passivas, tudo aquilo que constituía seu mundo e assegurava sua coesão ruía. Tudo ruiu até às raízes do narcisismo masculino ligado a seu esquema corporal. Na falta do pai, raramente presente, Paul-Marie ali estava; mas Paul-Marie não poderia ser o suporte de um pré-Eu

---

47. A castração natural, chamada habitualmente castração primária, resulta da realidade monossexuada e mortal do corpo humano. A castração cultural só terá um sentido estruturante se, anteriormente, o sujeito tiver valorizado o genitor de seu sexo do ponto de vista social, valorizado o erotismo e finalmente valorizado a fecundidade humana.

ideal. A condição necessária para a pessoa imago dessa instância é que seja genitalmente dinâmica e genitalmente procriadora da criança que acaba de nascer. Isso significa que deve ser dinâmica em sua imagem de corpo genital e que não somente deve ser a companhia eleita pela mãe, mas também eventualmente fecundadora. Em todo caso, percebida não somente como complementar à mãe, mas investida pela lei das prerrogativas de dono da casa. Portanto, Dominique, que buscava um suporte para sua identidade masculina em estruturação, só encontrava ameaças de desestruturação. Em vez de um modelo que o sustentasse na natureza de seu sexo e o valorizasse nesse sexo, só encontrava Paul-Marie, mau senhor, não dinâmico. Foi em Bruno, jovem filho do casal da tia paterna e do tio Bobbi, que tentou encontrar uma resposta para sua necessidade de um modelo dinâmico. Para sobreviver, Dominique deveria conservar um valor dinâmico mínimo para sua libido. Paul-Marie, o modelo, rival e complementar afetivo da mãe, tinha estancado no falicismo anal; a Dominique só restava o falicismo oral, o jargão e a linguagem corporal de sua relação com o mundo que já existia antes do nascimento de Sylvie. Paul-Marie era celibatário por opção, pelo próprio fato de sua geminação (geminação nova, no mesmo quarto), geminação derrisória comparada à geminação com a mãe. Dominique tornou-se o "irmão menor", coisa estranha, cheia de despeito amoroso incestuoso, num corpo desvalorizado e degradado pela regressão. E os "irmãos menores"[48] Bel estavam ambos mortos. A irmãzinha com sexo sem pênis é que, a partir daí, se tornou a mais valorosa da família. O pai, que, no entanto, possuía um pênis e que o provara ao dar um bebê à sua mulher, era de repente menos importante para a mãe que sua relação de dependência com esse bebê. Menos importante também tornou-se o pai para Dominique, regredido para posições de libido oral pelo fato de a mãe, com suas duas tetas fálicas, alimentar esse bebê mamador que a "raptava".

---

48. Os tios paternos.

Além disso, para Paul-Marie, Dominique, com suas reações de adaptação à experiência complexa que estava vivendo, era agora uma complicação na vida prática da família e na vida pública em sociedade. Pelo seu comportamento, Dominique explicitava por si só a revolução familiar e a modificação dinâmica do grupo. Ele era aquele que desonrava as duas linhagens com suas perdas de excrementos, com suas revoltas e cóleras, que desvalorizava a função do irmão. Ele dava o "mau exemplo" à irmãzinha e, no entanto, fato curioso, a mãe deles continuava a interessar-se por ele; ele continuava, esse Dominique, a ser reconhecido como filho pelo pai e começava a interessar a irmãzinha.

Era realmente um estorvo para Paul-Marie. Por fraternidade, como diz a mãe (eu acreditaria antes que era para tentar receber a salutar castração por esse viés), Paul-Marie aceitou desempenhar o papel do generoso irmão mais velho, tolerante demais.

Dominique nunca foi por si mesmo. Desde seu nascimento foi, por assim dizer, desfavorecido por seu aspecto físico, estimado num nível zoológico pela mãe; desfavorecido também pelo ciúme do irmão em relação a ele: ciúme do qual, quando se trata de Paul-Marie em relação aos irmãos mais novos, ninguém fala. Dominique sempre foi parasitado por sua mãe e por seu irmão mais velho; fetichizado pela mãe como réplica de seu próprio pai e portador de pênis, do qual era proprietária, consolação na ausência do pênis do esposo; fetichizado pelo irmão como objeto parcial da mãe, que devia ser alimentado, protegido e ser tomado como testemunha de comportamentos exemplares. Até o aparecimento da irmã, foi apenas como fetiche fálico que Dominique encontrou valor, foi apreciado pelo casal gêmeo mãe-irmão mais velho. No entanto, Dominique pode ter tido a impressão de ser o substituto valoroso do pai, seja porque foi a partir de seu nascimento que o pai obteve essa situação muito bem remunerada que fez dele um "nômade", seja porque seu calor animal aquecia a mãe. Dominique se recusava menos a ir para o leito materno do que o irmão mais velho, "recatado" demais. Ele também era posto num lugar de honra, como diz a senhora Bel, por causa de sua grande gentileza e de sua elocução precocemente perfeita; um pequeno papagaio que repetia as frases da mãe. Dominique foi alienado, privado de sua liberdade, de sua autonomia, apesar de seus comportamentos aparentemente autônomos e embora não tivesse de pedir autorização, como ele mesmo sublinha, enquanto na casa da avó era necessário pedir autorização. Ele foi o objeto substituto da falta peniana da mãe, falta à qual esta ainda não se acostumou: o vestuário da senhora Bel, muito decente e marcado por um gosto provinciano, mais datado de uma moda já passada de sua juventude do que da época atual, está sempre composto de modo que os acessórios, chapéu, calçados, luvas, bolsa, acrescentem uma nota masculina.

Não esqueçamos que o fato de a senhora Bel ter nascido menina causou o desespero dos pais, que desejavam um menino. Dominique foi o substituto do pênis centrífugo[49] da mãe, enquanto Paul-Marie era o *alter ego*, uma espécie de gêmeo da mãe, companheiro eleito desta, equivalente ao marido, com exceção do coito com objetivo de fecundação, prerrogativa de direito do pai. O marido, quando está presente, é um homem maternante e considerado pela mulher um remédio para suas fobias de contatos sociais. ("Minha mulher é um urso, mas nosso lar é a casa do Bom Deus".) Essas fobias decorrem da relação mutilada dessa mulher com sua mãe, que a rejeitava, e com seu pai, que a desconheceu completamente até o dia de seu casamento, e desde então preferiu o genro à filha (prudência contraedipiana do pai da senhora Bel?).

Até o nascimento de Dominique, o senhor Bel estava todos os dias em casa. Dominique, aparentemente bem-adaptado, ignorava o papel de fetiche que desempenhava. A revelação veio quando

---

49. Em meu trabalho sobre "La libido et son destin féminin", in *La Psychanalyse*, nº 7 (Paris, PUF, 1964), descrevi a inveja do *pênis centrífugo* como um objeto parcial imaginário submetido à castração *primária*. A inveja do *pênis centrípeto* é desejo pré-genital feminino de objeto parcial, pertencente ao pai. As fantasias que sustentam as brincadeiras de boneca, a fantasia de um filho incestuoso do pai são seu substituto. Esse desejo centrípeto na menina, depois da liquidação edipiana, é *parte integrante do desejo genital* por um parceiro amado.

sua mãe, após tê-lo abandonado para trazer ao mundo um outro supostamente semelhante, deu à luz um rebento mais verdadeiro, mais "BEL" (bela), Sylvie, detentora de todas as qualidades, de todos os poderes. Pode ter se sentido cedido, passado adiante como um brinquedo posto de lado por todos, pela mãe ao irmão mais velho, passando pela avó paterna. Aquilo que era a regra do jogo antes do nascimento da irmãzinha e que era falar bem para ser ouvido pela mamãe, e também forçar sua atenção com o intuito de interpor-se entre ela e o irmão mais velho, essa regra do jogo foi completamente modificada. A partir do dia do nascimento da irmã, Dominique perdeu suas referências; descobriu que tinha um corpo feio ao se comparar com a irmã, de maneira alguma vitorioso em valor no jogo rival da passividade esfincteriana e do mutismo, com uma inteligência nula em comparação com o irmão, sem amigos, sem ter a quem recorrer. Suas avós preferiam Paul-Marie. Mas Dominique sentiu-se mal por sua existência pulsional sem valor reconhecida em seu corpo e em seu sexo. Sofreu uma completa desnarcização. Sua limpeza esfincteriana, assim como sua verbigeração não eram efeito de um controle e de um acesso simbólico assumidos, mas de uma dependência mímica aos ritmos de sua mãe, na qual vivia o prazer anal e o prazer oral da acolhida que ela proporcionava, acolhida que para ele estava erotizada, mas – infelizmente! – para ela também. Seu pseudodomínio esfincteriano (aliás relativo) estava marcado por um prazer real, que tendia a se tornar incestuoso. A lei que Dominique encontrou não foi de modo nenhum a proibição do incesto, lei social. Para ele não houve outra proibição senão a de permanecer sujo e de ser livre, no sentido em que ser livre significa livre de seus ritmos vegetativos expulsivos, livre de seus movimentos, livre em sua combatividade (como ele diz da irmã, de seus "vaivéns" na escola e no jardim, cultura e natureza). Ele podia unicamente ficar segurando a bola (aliás, seio da mãe) ou se fantasiar sendo o bebê, ou seja, como sua mãe com uma bola-bebê nos braços, após tê-lo tido no ventre, segurando uma bola e dando voltas no jardim, sem compartilhar essa bola com os outros, porém tornando-a um tesouro em seus braços[50].

A partir do momento em que suas frases perdiam para Dominique um sentido pessoal (que já não se sentia ser alguém para alguém), ele já não podia transmitir por suas palavras a expressão das experiências sensoriais que estava vivendo. Por isso, o coito dos pais, ao qual assistira auditiva e visualmente, podia ser interpretado como brincadeiras de "montaria" e de amolações para sua mãe "vaca" (lembrem-se das moscas invisíveis que amolavam a vaca nas primeiras fantasias), ou brincadeiras de cobertura de animais, como na fazenda, ou brincadeiras de relações de mangueiras enchedoras (como o encanador do pequeno Hans), mas que chamava brincadeiras de mulher: dar leite a uma mulher que, por sua vez, no mesmo instante, aleita um bebê. O "efeito" bola-gravidez, seguido do aparecimento do bebê, essas coisas não tinham sido verbalmente escondidas da criança. A mãe, que tinha sofrido por causa de sua ignorância das coisas do corpo e do sexo até seu casamento, desejava ter filhos conhecedores, como diz, das realidades da vida em vez de ignorá-las. Ora, embora Dominique pudesse ver ou ouvir o coito dos pais, não pôde, sem as palavras de sua mãe, estabelecer uma relação entre as sensações que experimentava por causa desse espetáculo e a alegria da mãe de ser a companheira mais bem aquecida na cama por seu marido do que pelos filhos e de carregar o fruto valoroso recebido no coito fecundante: pois isso ela não tinha "dito". O "dizer a verdade" a respeito da gravidez e de sua fisiologia foi verbalmente vinculado pela mãe ao "coração" unicamente da mamãe, ou seja, declarado partogenético em palavras sibilinas, em que os corpos "nus dos negros" e "as mulheres que saem à noite e que são levadas ao posto" poderiam estar associados. Se

---

50. Todos sabem que esse tipo de jogo de bola – pegá-la para ficar com ela e não poder largá-la – é o modo infantil do jogo que caracteriza o homenzinho dos dois sexos antes dos 3 anos – ele sai disso jogando a bola para quem ele "ama", em um jogo que é comércio linguageiro submetido a regras.

a grande bola do corpo materno substituiu o repolho alegórico das fábulas e das canções, a intervenção do pai enquanto genitor amoroso ou marido amado e desejado, cogenitor de um filho concebido por seus dois pais, desenvolvendo-se dentro das vísceras da mãe, nunca foi evocada. Tanto assim que, como a senhora Bel desempenhava, como ela diz, no comportamento social e familiar, o papel do pai e da mãe, "seus filhos não viam portanto nenhuma diferença entre o pai deles e mim, entre a presença ou a ausência do pai". Pelo menos é aquilo que ela quer que eles pensem; é aquilo em que se deve fingir acreditar para tranquilizar a mamãe. O pequeno Dominique está habilitado a crer que o funcionamento gerador criativo humano é privilégio das mulheres devido quer a seu ambiente, quer a um funcionamento de tipo digestivo – oral, anal –, quer à magia de uma pessoa invisível ou de uma cobra escondida no corpo vegetativo[51]. Quanto ao fato de observar os jogos dos corpos dos pais na cama, enquanto estava acordado ou dormindo e sentia ciúmes da presença do pai, sabemos que recorria então a ardis que obrigavam a mãe a vir ao seu encontro e conseguia assim raptá-la do pai. O filho pode interpretar os comportamentos corporais dos pais na cama como brincadeiras de montar ou brincadeiras de abraçar, de perfusão, de distribuição de gasolina, ou seja, jogos gestuais de objetos parciais, como os que faz com as crianças de sua idade; porém não como expressões de amor de pessoa a pessoa. A consequência criadora geradora não passa, portanto, de um caso particular de efeito de enchimento, porém não é um acontecimento simbólico.

Em resumo, para Dominique o papel do pai está completamente forcluído. Foi somente por meio dos dizeres que acompanharam o aparecimento no mundo e o desenvolvimento da menininha que Dominique pôde mensurar a imensidão de sua impotência em

---

[51]. Cf. p. 118, a árvore (ele), entre Adão e Eva, e que atira uma bola de neve na janela, em associação à tentação do demônio escondido na árvore.

fazer-se reconhecer, por quem quer que seja, como alguém que está "indo tornar-se homem".

A entrada numa neurose obsessiva grave, quando nasce a irmã, transformou-se em regressão a um estado psicótico quando toda e qualquer esperança de evolução foi recusada.

A espera do crescimento, que é a fantasia consoladora de todas as feridas narcisistas e de todas as impotências da criança – "Quando eu for grande" (tal como a fantasia do tempo vindouro é a fantasia consoladora dos adultos: "Quando eu tiver tempo") –, já não tinha sentido para Dominique porque, por um lado, o tempo não havia trazido o tio de volta (se ele vive: o irmão do pai) e, por outro, distanciar-se dela não tinha feito a irmãzinha rival morrer. Muito pelo contrário, durante a ausência do menino, ela havia conquistado armas culturais, o valoroso saber escolar que Dominique, apesar de seus esforços, não conseguia conquistar. Quanto à esperança de obter ajuda e assistência do irmão mais velho, nem pensar, e, aos 8 anos, só restava a Dominique a depressão anaclítica secundária, fóbica a qualquer mudança.

A fuga passiva de todas as comoções do desejo tornou-se a única conduta econômica para preservar aquilo que restava de narcisismo em Dominique entre 4 e 6 anos, reduzido como estava às posições orais, anais e uretrais passivas. Para essa economia fechada sobre si mesma, qualquer encontro no tempo e no espaço, se fosse percebido ou reconhecido como iminente, era fantasiado como iminência de morte ou de fragmentação em cadeia.

Alienado ao seu corpo esqueleto-muscular próprio, depois de ter sido um fetiche que, em seguida, fora substituído pela irmã, ele escapava de todas as realizações motoras voluntárias que implicassem um sujeito num corpo autônomo.

Dominique-sujeito está situado num mundo paranoico passivo. Ele nega a sua separação do corpo da mãe e vive fantasmaticamente incestuoso, induzido e incluído na mãe e num universo que destinou ao imobilismo. Para conservar um funcionamento peniano uretral incontinente, ele fantasia um confuso pertencimento às referências especulares dos corpos dos mamíferos, aos quais associa as características anatômicas penianas dos pais: "as vacas têm quatro". Vive como sonâmbulo. Nega as referências distais, táteis e oculares que seu corpo lhe fornece por meio de percepções que não são reconhecidas como válidas.

Nega que tenha algo a ver com as sensações cenestésicas do funcionamento vegetativo de sua bacia, as necessidades da fome ou o instinto de conservação. Essa forclusão acarreta a negação do senso de observação e a perda do sentido das relações existentes entre significado e significante. Embora pareça não ter perdido a palavra, na realidade só tem uma capacidade de verbigeração de estilo masturbatório, no qual fala em jargão e delira, sem intercâmbio com o outro, sem perguntas feitas, linguagem que no melhor dos casos está destinada a produzir efeitos mágicos nos ouvidos do outro. Ignora cada vez mais direção, espaço e tempo. Não estando situado em seu corpo, dele carrega uma imagem fantasmática abstrata, tão estranha ao homem quanto ao animal. Ele as objetiva em suas modelagens e em seus desenhos estereotipados, com aquilo que lhe resta de poder manipulador, metaforizado da erótica labial e anal, simbolização do fato do deslocamento dessa erótica para suas mãos, apêndices de trocas entre boca e teta ou ânus e fezes. Quanto a seu pênis, este ganhou sentido de chupeta[52]. Vemos Dominique, no início do tratamento, projetando seus desejos de sucesso no corpo humano de uma garotinha, a filha de sua tia paterna, sua quase gêmea na idade, que para ele é confusamente sua irmã, a irmã de seu pai e sua mãe, tudo ao mesmo tempo.

Ao escapar da consciência de seu corpo sexuado, escapa da ameaça da castração primária, bem como dos terrores do complexo de castração ligado à atração e ao corpo a corpo edipiano culpado. Os suportes masculinos de suas fantasias são desvalori-

---

52. Sessão em que modelou uma bola prolongada por uma chupeta e uma banda de Moebius, p. 96.

zados se não quanto à forma fálica, pelo menos quanto ao valor erótico e ao valor ético erétil e genital. Tudo o que tange ao aparelho genital erétil masculino e ao seu funcionamento genital espermático está forcluído. Nunca houve uma palavra, na família, que significasse o sexo: *popo** sendo o único significante para toda a bacia e para todo funcionamento excrementício ou sexuado tanto dos meninos como das meninas, a única palavra, além de *pis*, de que Dominique dispõe em relação à bacia e ao sexo do homem[53].

Se a regressão a manifestações passivas orais, anais e uretrais, mantida pela ingênua, para não dizer culpada, conivência de seu meio familiar, induz Dominique enquanto sujeito a portar máscara de fantasma, é de um membro fantasma de sua mãe que se trata, membro desaparecido sem que se saiba onde, tal como o membro fantasma de sua avó paterna, o tio (de quem se diz: se está vivo [*s'il vit*]), desaparecido na época de seu nascimento, que lhe serve de única referência simbólica; é por isso que gosta de se fantasiar de fantasma com um lençol.

A sessão que marca a resolução da alienação cegante é aquela em que traz as três presentificações da *raie* ["arraia" e "risco"] fantasmática, a arraia sendo, ao mesmo tempo, o significante da fenda das nádegas, alegoria da "meleca grudenta"[54] sexual e da corrente libidinal erógena. Existe a arraia de mandíbula ativa protrusiva, aquela de mandíbula escancarada passiva e, a mais aterrorizante, a terceira, a arraia dita cacheada, associada à irmã de cabelos ondulados, que causa repugnância por causa de seus botões, os botões mamários e clitoridianos, e que produz uma corrente fulminante pelo rabo elétrico, uma presença energética insólita e mortífera sentida em seu membro viril. É nessa quinta sessão que o sexo forcluído de Dominique lhe é devolvido nos dizeres da sessão que (não é por acaso) trouxe para a análise, por

---

* Seria o equivalente de "bumbum". (N. da R.T.)

53. Este último confundido com os seios das mulheres, as tetas das vacas. Cf. p. 91.

54. Cf. sua fantasia do sexo colado à mãe.

iniciativa dele e servindo-se dos dizeres do irmão e da mãe, a compreensão da estrutura inconsciente do irmão (com um ideal do Eu homossexual passivo) e da mãe (pré-edipiana e fria do corpo na cama; essa angústia fóbica do frio justificando sua fixação pederástica incestuosa inconsciente em seus próprios filhos, substitutos de seu pênis centrífugo ao qual não renunciou e apenas deslocou para o corpo de seus filhos e para o pênis perfusor fecundo do marido).

A sexta e sétima sessões colocaram o problema do Ideal do eu em relação ao comportamento pré-edipiano que se orienta, ao mesmo tempo, para a negação da castração primária e para a evitação do conflito edipiano genital ligado à proibição do incesto e à castração do desejado fruto do incesto.

Conhecer a escala de valores na ordem fálica é uma questão de ordem ética.

A solução econômica seria permanecer perverso passivo. Cada uma das questões obriga, se não receber uma solução pela instalação do Édipo e da angústia de castração genital, a um compromisso na imagem do corpo, compromisso de idade e de espécie, a um desconhecimento do corpo e do local erógeno de eleição da expressão sensata das pulsões sexuais.

É na oitava sessão, no mês de maio[55], que se pode ver a reconquista da imagem do corpo humano masculino em sua integralidade das instâncias da personalidade de Dominique – Isso, Eu, Ideal do eu – centradas em posições edipianas progressivamente aceitas, após longa hesitação entre ética homossexual e ética heterossexual. Alguns ficarão surpresos ao ver uma tamanha modificação dinâmica ter ocorrido num número tão reduzido de sessões. Tenho a experiência de casos com um desenrolar semelhante, conduzidos no ritmo mais clássico de duas a três sessões por semana e devo dizer que, mesmo sendo o trabalho do psicanalista facilitado por esse ritmo, ele não é sempre melhor

---

55. Ver p. 111.

nem mais profundo, nem mais rápido no tempo para o psicanalisando psicótico.

Como nenhum ser humano se parece com outro, é impossível fazer um juízo sobre o valor idêntico das duas técnicas. De minha parte, prefiro, talvez pela sua facilidade, a técnica de várias sessões por semana. É necessário dizer também que, sem as aquisições devidas às análises conduzidas nesse ritmo clássico, eu talvez não possuísse o mesmo estilo de escuta. Ora, é a escuta do analista que, na relação transferencial, chama o discurso verídico, através das necessárias resistências transitórias e, na minha opinião, *não é a interpretação das resistências que libera a linguagem verídica,* tanto mais que, penso, *é sempre do lado do psicanalista que estão as resistências quando as do paciente não podem ser superadas.*

No caso de Dominique, as condições sociais, as assim chamadas condições pecuniárias, temporais e geográficas, determinaram o ritmo máximo aceitável pela família. Inicialmente, foram previstas sessões quinzenais; porém as intempéries, pequenos feriados escolares e dificuldades materiais de diversas ordens que justificavam as resistências dos pais, não permitiram que a mãe respeitasse esse ritmo. As sessões duravam pelo menos uma hora, muitas vezes um pouco mais, e Dominique mostrou-se muito colaborativo depois das resistências iniciais, particularmente e deliberadamente empenhado em sua análise. É também provável que a psicoterapia psicanalítica esboçada aos 6 anos tenha ocasionado, em Dominique e em seus pais, uma transferência negativa sobre esse modo de tratamento: a situação transferencial intensamente emocional pôde se trasladar imediatamente sobre minha pessoa permitindo a mobilização muito rápida das pulsões, como se pôde observar. Houve também a idade, com o impulso libidinal da puberdade e a desgeminação com o irmão mais velho que alterou o mundo exterior de Dominique, em benefício de uma psicoterapia realmente psicanalítica, ou seja, de revivescência das pulsões arcaicas na transferência e de castração operacional que as sublimações escolares e sociais possibilitam.

A incontestável vantagem de uma psicoterapia de intenso intercâmbio emocional, mas com ritmo espaçado, é a importância que é conferida a cada sessão e seu caráter libidinalmente muito específico, de etapa, cujo discurso e gestualidade circunscrevem espetacularmente a questão colocada, ela mesma revirada por todos os seus lados. O sujeito se confrontando em cada sessão. Pode-se dizer que nos tratamentos com ritmo espaçado de sessões a evolução não é nem mais rápida nem mais lenta do que nos tratamentos com ritmo de sessões frequentes; porém a densidade emocional e significante de cada sessão é muito mais patente do que nas sessões mais próximas uma das outras. Finalmente uma vantagem certa é a menor sujeição dos pais ao tratamento do filho e, portanto, para o sujeito, uma menor acentuação dos benefícios secundários regressivos da doença e do tratamento. É deixada uma certa distância aos pais, uma autonomia que, se quiserem, podem utilizar para finalidades justificadoras de suas críticas e de suas resistências. É certo que um tratamento que implica uma intensa frustração do sujeito proporciona muitos trunfos ao trabalho da transferência. Isso compensa e muito o acréscimo de dificuldades para o psicanalista, que deve estar particularmente presente a tudo aquilo que se expressa, disponível para escutar aquilo que não compreende e para retê-lo, para depressa perceber e aceitar as expressões de resistência compreendendo seu valor pulsional positivo. Quanto à interpretação ou intervenção com valor de interpretação, ela parece necessária em quase toda sessão, ao passo que nos tratamentos de ritmo frequente ela é geralmente mais rara: a inutilidade da intervenção a cada sessão decorre, por um lado, do fato de que o sujeito tem tempo, não estando sob pressão de pulsões inconscientes como nas sessões mais espaçadas, de desenvolver as articulações entre suas associações e apreender (pré-conscientemente e muitas vezes conscientemente) sozinho as ressonâncias transferenciais reconduzindo-as à sua origem; por outro lado, os pontos nodais do conflito são abordados, geralmente, num andamento bem mais lento.

DÉCIMA PRIMEIRA SESSÃO: FINAL DE JUNHO
Três semanas após a anterior
(última sessão do ano escolar)

A mãe deseja falar comigo sem a presença de Dominique. Ele aceita de bom grado. A mãe faz o balanço do ano escolar. O diretor da escola e a professora estão muito satisfeitos. Dominique progrediu enormemente. É até mesmo o aluno com quem estão mais satisfeitos. O diretor acha que é porque está fazendo uma psicoterapia. Embora Dominique já tenha completado 15 anos, o diretor aconselha: em vez de colocá-lo num curso técnico, deixá-lo mais um ano em classe especial. Ele aceita ficar com Dominique. Na sua opinião, Dominique deve recuperar completamente o atraso escolar no decurso de um segundo ano. Dominique agora sabe converter as frações. Conhece as unidades de superfície. Executa regras de três. O diretor conta com ele para fazer o exame final do curso primário no ano que vem. O diretor também está muito satisfeito com seu caráter. Dominique mostrou-se um pouco indisciplinado durante o ano, mas bastou repreendê-lo para que sua atitude aplicada predominasse. O diretor diz que há, em sua sala de aula, crianças que teriam muita necessidade de uma psicoterapia, mas "a senhora sabe como é, os pais não querem!"; o pior são as crianças que não querem ou não podem nem mesmo ouvir. Atrapalham a classe com um ruído permanente.

– Na família, continua a mãe, posso dizer que a grande mudança é que ele agora vive no mesmo plano que nós.

– O que a senhora quer dizer com isso?

– Ele se interessa por tudo, ouve, pergunta, responde, entra nas conversas; se interessa muito pela televisão, embora nem sempre compreenda; mas, em outras ocasiões, é ele quem faz com que notemos coisas que deixamos passar sem prestar atenção. E também, na rua, integra a família; antes andava sempre sozinho, dez passos à frente... ou atrás, como se não quisesse dar a impressão de estar conosco.

— E o irmão e a irmã?

— Vai bem, não permite mais que o manipulem, os outros tinham se acostumado a caçoar dele. Agora não permite que lhe contem lorotas. Ele faz a crítica daquilo que lhe dizem. Mas, doutora..., há algo que está me incomodando...

— O quê?

— É meu marido... Ele diz que estamos perdendo tempo e dinheiro. Pensa que deveríamos colocá-lo no ensino para deficientes, que estamos gastando dinheiro inutilmente. Meu marido acha que nada mudou, ou quase nada, que é a idade que está chegando; só isso. Essas viagens a Paris, essas sessões, não vê como é que palavras podem mudar alguma coisa. Ele diz: enquanto não houver meio cirúrgico para curar essas crianças, não se pode fazer nada. Para ele, Dominique é um anormal. É preciso aceitá-lo e é só. Não sei se devo acatar aquilo que o diretor e a professora dizem ou se devo fazer aquilo que meu marido quer. O que a senhora acha?

— Acho que deve continuar o tratamento, seja o que for que ele faça no ano que vem...

— Sim, essa é também minha opinião. E realmente, em casa, ele já não incomoda nada... Estou bastante confusa... O que me chateia é que ele ainda é bonzinho demais, faz trocas tolas, deixa-se enganar pelos outros e fica satisfeito. Isso me deixa zangada. Na escola também, foi o diretor que me disse, eu já desconfiava, mas Dominique negava. Uns moleques esperaram por ele na saída e caíram sobre ele com galhos cheios de espinhos. O diretor disse que são os maus elementos da classe; por Dominique ser muito atento e obter boas notas, têm inveja dele. E, também, os alunos do curso complementar caçoam daqueles da classe especial, dizem que são loucos; não é confortável nem para os professores nem para as crianças. Dominique disse que não era nada, que tinha escorregado num arbusto, mas eu notei que suas pernas estavam arranhadas. Mas por nada no mundo ele denunciaria alguém. Quando disse que ele tinha mentido e que os colegas que tinham feito aquilo foram punidos pelo diretor (que me contou o ocorrido), respondeu: "Isso não é mentir, as coisas que não estão certas não devem ser repetidas." O que me surpreende é que é a primeira vez que vejo Dominique pensar no futuro. Diz que gostaria de aprender uma profissão.

– Talvez alguns de seus colegas estejam saindo da classe especial para fazer um curso técnico?

– Sim, é o que meu marido gostaria que ele fizesse, mas a professora diz que, fazendo mais um ano, ele certamente obterá o certificado de conclusão; em todo caso, mesmo sem passar no exame, teria conhecimentos suficientes para começar seu curso técnico em melhores condições. A professora acha que ele já está mais reflexivo e interessado na aula do que aqueles que irão para o curso técnico. Ela diz que seria uma lástima.

– E Dominique, o que diz?

– Diz que gosta muito da classe e que, se o pai estiver de acordo, gostaria de tentar obter o certificado. Mas, compreenda, ele nem acredita! Isso para ele seria um milagre. Sempre se julgou incapaz.

A entrevista termina sem que algo fosse decidido e sem que eu tenha dado à mãe o conselho solicitado.

Dominique entra. Faço o resumo do conteúdo da minha entrevista com sua mãe – a questão de permanecer na escola ou entrar num curso técnico –, digo também que sei pela mãe que o pai acha que o tratamento não serve para nada. Acrescento que é a última sessão do ano e que espero revê-lo para continuarmos no ano que vem, não importa o que faça: escola ou curso técnico. Em seguida, passo a ouvi-lo.

Ele: *Este verão, como lhe disse, vamos a Saint-Raphaël, meu pai virá por quinze dias, em seguida nos deixa e volta para buscar-nos. Eu gostaria de trabalhar numa fazenda; aborrece-me ficar em Saint-Raphaël quando meu pai não está lá, com minha mãe, meu irmão e minha irmã. Gostaria de partir como meu pai e ir ver meu primo na fazenda. Gosto disso como profissão, a fazenda... Estou pensando em duas profissões e ainda não sei escolher, fazendeiro ou mecânico, cuidar dos automóveis, lavá-los, consertá-los, encher o tanque. É um pouco como cuidar de animais; gosto disso.* Cala-se... e retoma: *Veja, não me surpreende que minha mãe tenha dito isso de meu pai. Ele nunca me disse isso, mas já imaginava que, para ele, não deve servir para nada eu vir aqui, porque isso custa dinheiro, a senhora sabe. Antes, eu também pensava que não servia para nada, agora acho que serve para alguma coisa, e muito. É aborrecido para o papai que custe caro e para a mamãe também. O fato de ter de me acompanhar perturba seus afazeres. Ela diz que eu não saberia vir sozinho, mas não é verdade, eu saberia muito bem. Mas ela diz isso, a senhora sabe, as mães... e também fica muito satisfeita de vir a Paris.*

Eu: *Ela disse?*

Ele: *Não, eu vejo. É minha irmã que não fica satisfeita, ela diz que fazem demais por mim, e meu irmão diz que serei sempre um cretino.*

Eu: *E você, o que acha?*

Ele: *Eu vou indo muito bem, estou bastante satisfeito. Na escola, agora, entendo tudo. Os outros, pouco me importa se me chateiam, não ligo... O que são algumas pancadas e os joelhos arranhados. Não sou mulherzinha! E, com os colegas, a gente se diverte bastante. Eu me dou bem com meu irmão, sabe, com meu pai também. Meu irmão é o grande mestre do disfarce.*

Eu: *Do disfarce?*

Ele: *Sim, quero dizer das roupas, aquilo que se deve vestir ou não vestir, isso o interessa. Meu pai também. É como os costureiros; eles pensam nisso, é engraçado, a senhora não acha? Para mim tanto faz como estou vestido... Estou com uma bonita malha, a senhora não acha?*

Eu: *Sim, é verdade.* (É um pulôver de estilo norueguês, com desenhos tricotados representando renas.)

Ele: *Foi minha mãe que tricotou, é um desenho que minha avó mandou. Ela gostou dele.* Ele baixa o queixo e olha seu pulôver.

Eu: *Você também gosta daquilo que é bonito.*

Ele: *Mas meu irmão, são as roupas, o corte dos ternos, sobretudos, vestidos de mulher também, tudo. Não são os pulôveres nem as malhas que o interessam.* Pausa. *Fui ver a exposição de Salvador Dalí, a senhora conhece?*

Eu: *Você, diga o que achou.*

Ele: *É um pintor conhecido. Gostei bastante, mas observei que em todo lugar havia buracos e gavetas nas pessoas, buracos e gavetas; dizem que é um pintor original.*

Eu: *E você?*

Ele: *Gosto do que ele faz, mas não tanto dos buracos e das manchas que faz de propósito. Mas tem também ideias boas, mas não as gavetas...* Cala-se e faz uma modelagem. *Pronto!... Aqui está um homem que está muito, muito doente... Pena que a senhora não tenha televisão... Aquele que faz o seu prefeito ganhar um carro...* (um dos atuais jogos na televisão).

Eu: *Conta.*

Ele: *Sim, é ele que responde corretamente e é o prefeito* [maire] *de sua região, não é sua mãe* [mère], *não se escreve do mesmo jeito, é um homônimo, creio que isso se chama assim, é "m-a-i-r-e" e é um homem, mas poderia ser uma mulher e também se chamaria "maire"* [prefeito], *pois é um título, então não muda. Então esse prefeito tem sorte, não faz nada senão ser prefeito da região e ganha um carro se alguém responde certo. É uma boa ideia e é muito divertido na televisão ver quem sabe mais. Fico feliz quando ganham.* Silêncio. *Gostaria de ir para uma fazenda.*

Eu: *Agora que você tem 15 anos, você poderia até mesmo ir nas férias para trabalhar.*

Ele: *Disse isso à mamãe, mas ela diz que sou pequeno demais.*

Eu: *Mas você já foi à casa do tio Bobbi quando você era menor ainda.*

Ele: *Ah sim, mas é porque eu não conseguia acompanhar a escola.*

Eu: *Você poderia muito bem ir este verão se o tio Bobbi aceitasse?*

Ele: *Sim, gostaria. O tio é comerciante de gado, ao lado tem a fazenda e é ele o fazendeiro. Há outras pessoas que o ajudam, pois, para vender e comprar gado, ele não pode ficar o tempo todo na fazenda e sempre tem trabalho... A tia é a irmã de meu pai, ela cuida da casa. É em Elmoru.* (Portanto, é um nome de região esse Elmoru que, um dia, apareceu para trazer o problema da mãe, talvez mulher delinquente que apanharam uma noite para levá-la ao posto sob a ocupação, pois estava na rua depois do toque de recolher.) *Eles têm três "fazendas", não, duas fazendas e um castelo. Chama-se* Trois fontaines. *É o nome do castelo. O castelo também é uma fazenda. Isso dá três fazendas, logo, há muito trabalho. Sim, certamente me aceitaria. Não sei se poderia partir de Saint-Raphaël, se meu pai e minha mãe deixariam. Minha mãe nunca quer que a gente a deixe, para o meu pai tanto faz. Creio que autorizaria. Mas ainda seria necessário pagar a viagem, é caro. Com o carro não é caro, mas o trem é caro.* Cala-se. Continua a modelagem. *Esse homem está doente, a senhora vê.*

Eu: *Ah?*

Ele: *Ele tem uma doença do coração de infância. Levam-no ao hospital, onde lhe dão uma injeção no azul* (lembrança de hematoma de injeção intravenosa, ou da doença azul do priminho morto quando Dominique tinha 8 anos?) *no cotovelo esquerdo.* (Imita uma injeção na veia do cotovelo esquerdo.) *Pronto, e agora vão operá-lo para curá-lo.* (Abre de alto a baixo o corpo do homenzinho modelado e coloca um lápis amarelo bem no fundo da fenda mediana sem dizer uma palavra.) *A senhora gostaria de ter uma televisão?*

Eu: *Você acha que eu deveria ter?*

Ele: *Frequentemente é muito interessante, colocam rebites* (?) *para impedir que o ventre volte a fechar...* (Faz o mesmo.)... *nossa, o que está acontecendo em seu ventre?... veja, é o coração* (fabrica e coloca o órgão modelado em seu lugar), *tic, tic, tic* (diz isso baixinho batendo com o dedo indicador), *está batendo... bom! Os pulmões* (coloca dois órgãos em forma de pulmão no lugar). *Aí!* Em seguida entoa o começo da 5ª Sinfonia de Beethoven (sinal sonoro das transmissões radiofônicas de France Libre durante a resistência). *Pam, pam, pam, paaam!... e faz o ruído MMMMMMM... Mas o que é isso? Nossa! No início ele não tinha nada, e agora isso tudo!* Ele ri. *Não sei se vai escapar inteiro dessa história... Bisturi meu velho!* (Seu pai desejaria que ele passasse pelo bisturi.) Novamente o sinal sonoro da 5ª, e depois ruídos de coração. *Bom, está tudo bem!* Cala-se... então: *A senhora sabe, vimos na televisão uma operação a coração aberto.* Enquanto isso, colocou à guisa de moldura um espaguete rodeado por uma espécie de linguiça. *Isso são os intestinos, a senhora vê.* (Muito bem imitados.) *É necessário erguê-los um pouco para trabalhar... Seu coração é um pouco grande*.*

Eu: *Isso também se diz das pessoas que estão tristes com alguma coisa.* (Parece não ter ouvido. Mas talvez se trate do útero, pois as mulheres grávidas, nas palavras da mãe, carregam sua gravidez no coração.)

Ele: *É preciso extrair um pedaço; aqueles que têm um coração grande demais riem deles... Eles não são iguais aos outros... é uma doença.* (A mãe diz que ele é bom demais, sempre o enganam.) Durante esse tempo todo imita, com sua língua, o som do coração como ruído de fundo e continua a "operar". *Sim, ele tinha o coração muito grande [gros], grande demais. Mas também há muitas outras coisas que não estão bem, ah, se fosse somente o coração!... Mas é necessário operar também o apêndice, pois ele come muito e vai para o apêndice, passava dentro... poderia ter explodido.* (Lembremos o sexo da criança incestuosa, menino ou menina, que explode...) *Veja só, meu senhor! O senhor é alcoólatra! Eu vou me zangar! O que vem a ser isso! Um rapagão crescido como o senhor!...*

Eu: *É alguém que gosta de mamar.*

Dominique estoura de rir e diz: *Mas para aonde vai tudo o que engole... ele não tem nada... precisaria de um estômago... eu esqueci de fazer um estômago! Pronto, está consertado.* (De fato, modelou uma pequena forma de gaita de foles muito realista que pôs no lugar.)

....

* No original: *avoir le coeur gros*; também significa "estar triste". (N. da T.)

Mas olhe aí, ele tem uma parte do estômago perfurada, o álcool acabou com seu estômago, nossa!... Em seguida, muito douto: *Este homem tentou envenenar-se. Oh oh!... Ele vai ficar com um estômago três vezes menor. É assim.* (Ele retira uma parte do estômago.) *Isso está meio comprido demais...* (Extrai mais um pedaço de vísceras.) *Bem, vejamos...* (Observo que hoje sua voz está perfeitamente normal, desde o começo, com uma queda do tom no fim da frase pela primeira vez.) *Ele tem um pulmão maior do que o outro, então, aí, respira mais depressa de um lado, e esse pulmão aí nunca mais será útil. Vai ser preciso retirá-lo, não somente é grande demais, mas está corroído e poderia pifar; ele tem um pulmão inteiramente corroído por um micróbio. É... sim! Vai ser necessário algo realmente moderno, uma nova operação.* (É aquilo que o pai diz que deveria ser encontrado para crianças como ele.) *Esse estômago completamente corroído pelo álcool, esse pulmão corroído pelo micróbio e o micróbio também atacou o estômago por causa do álcool, ele não tinha mais defesas contra os micróbios. É o cancirus*[56]*!* Ri às gargalhadas por bastante tempo. (Desfruta de sua fantasia sádica.) *Para impedir que isso continue, vamos extrair o cancirus; extrair uma boa parte da carne onde se encontra o cancirus...* (Ele opera nas entranhas da modelagem.) *Agora, pronto! Vamos fechar o ventre, retiramos um pulmão, diminuímos um pouco o coração. Isso* (todos os pedaços que pegou das entranhas do homenzinho), *são os restos... para o lixo! Vamos colocar um pulmão plástico, o seu estava corroído pelo cancirus. Pronto, está bem fechado, só tem que cicatrizar.* (Ele cantarola.) *Mas, olhe, se isso fosse tudo, mas não é tudo. Ficou com a perna queimada ao tentar salvar um homem de um incêndio. Pronto, está arrumado, está um verdadeiro homenzinho. Vamos costurar tudo... Vai ser necessário tirar a pele doente, depois a gente coloca a pele da perna boa em sua perna ferida, isso se chama fazer um enxerto. A senhora sabe, isso é muito trabalhoso e difícil...*

Eu: *Seu pai acredita na cirurgia, não na medicina.* (Novamente faz como se não tivesse ouvido.)

---

56. Cancro-vírus; doença de adinamismo, prevalecimento das pulsões de morte.

Ele: *A perna vai ficar muito bem consertada. Pronto, você pode levantar!* (Põe o homenzinho em pé.) *Está pronto.*
Quero encerrar a sessão que já durou sua hora e lhe desejo boas férias.
Ele: *A senhora acha que posso ir para a casa do meu tio?*
Eu: *Você não pode escrever para ele?*
Ele: *Ah sim, é uma boa ideia! Mas o que vão dizer meus pais?*
Eu: *Você vai ver. Está errado escrever para seu tio e se propor a ajudá-lo nos trabalhos da fazenda?*
Ele: Toma a cabeça entre as mãos... *Oh, desgraça! Esqueci meu guarda-chuva em sua barriga, estava pendurado no cabide e infelizmente mal pendurado! Tomara que não o tenha digerido!...*
Eu: *Que belo cocô isso faria!* (Mais uma vez faz cara de não ter ouvido, abre novamente o homenzinho com destreza, encontra todos os órgãos e os move delicadamente, e tira o lápis amarelo que tinha colocado antes no fundo, sem dizer uma palavra.)
Eu: *Esse amarelo, esse amarelo claro como o cocô dos bebês, como o cocô de sua irmãzinha quando mamãe trocava as fraldas.*
Ele: *Sim, e ela regava de xixi...* Continua seu jogo e diz: *Eu pensava que fosse um rebite...* (O clitóris da irmã? Resultado de uma associação da posição da mulher no decurso do coito com a posição do bebê-menina, sua irmã, a respeito da qual acabamos de evocar os cuidados a que assistia quando pequeno.) *Mas, então, era o cabide que estava acima do ventre do doente, e o guarda-chuva caiu em cima, não dentro. Nossa! felizmente eu percebi...* Fecha tudo e diz: *Pronto, morreu, estamos livres dele!* Amassa a modelagem e coloca a massa em sua caixa, dizendo até logo.

Marcamos uma entrevista na volta das férias. Na hora da partida interroga ansioso a mãe na minha frente: *Ainda voltarei depois das férias?* – Certamente, diz a mãe, enquanto for necessário. – *Bem, então até logo, senhora Dolto.*

O que dizer da última sessão do ano letivo senão que adquiriu um estilo espirituoso, que é, ao mesmo tempo, uma mofa dos médicos, do falso poder do saber, uma admiração da cirurgia, mas, também, uma espécie de recapitulação de tudo aquilo que aconteceu consigo sob o manto de um viés cômico, expressão de um sadomasoquismo ainda prenhe, que o lápis amarelo colocado inicialmente no ventre do homenzinho pode estar representando? Nada disse a princípio: só o retirou no final, como se percebesse, com atraso, um ato falho. Ora, era visivelmente por causa desse lápis que o homenzinho estava em pé, após tantas operações sádicas e retificadoras. Após sua extração, o homenzinho nada mais tinha a fazer senão morrer. Seria uma presentificação da imagem do corpo próprio que "engoliu" um guarda-chuva (o irmão afetado, com postura vertical rígida, aqui posto no lugar do pai, e seu Eu ideal homossexual passivo caduco?). Deve-se observar que Dominique já não se mantém na postura falsamente verticalizada de um cachorro que faz bonito (o Bel). O "guarda-chuva" estaria aí para significar a interdição de molhar a cama (o Supereu introjetado de não mostrar o funcionamento uretral?). Tratar-se-ia de avidez oral pelo *pis* da mãe aleitando a irmã – essa oralidade não marcada pelo tabu da antropofagia ("Eu acreditava que as vacas tinham quatro" – pênis) –, ou melhor, pelo tabu do canibalismo do objeto parcial? Seria a figuração do pênis paterno desaparecido dentro da mãe ou do imaginário pênis materno desaparecido no homenzinho (ele ou seu irmão)?

Aquilo que a modelagem expressa seria o trauma devido à sobreativação da libido oral, que a cena de coito entrevista, antes dos 2 anos e meio, no quarto dos pais, tinha provocado, vista através de sua interpretação oral? Seria a participação nesse coito como imaginariamente cooptado ao corpo da mãe? Penso, antes, que é a participação perversa no desaparecimento (alucinado nele mesmo) do pênis paterno no corpo da mãe, numa época em que Dominique não se concebia como distinguível da mãe, nem ela dele. Não era o guarda-chuva pendurado no cabide* (os casacos caros ao pai e ao irmão), mas o pênis excrementício uretral que, quando em ereção, não pode molhar a cama (guarda-chuva), modifica sua forma e entra no ventre, associado ao "cabide", à "patera"**. A mãe-pai, o pai-mãe?

Visivelmente, o Dominique da décima primeira sessão continua a ser a personalidade original que sempre será; tem suas ideias próprias – como ele mesmo dizia de seu robô –, mas ganhou um dinamismo do qual tirarão proveito seu (prefeito) (mãe) e seu (pai) (par)***. Ouçamos aquele que nele pensa e aquele que age. Reencontrou o caminho do outro social nos intercâmbios e no sentido da realidade, sem perder sua vida imaginária. A extraordinária habilidade de suas mãos nesta última sessão me impressionou, assim como a exatidão de sua observação e execução de peças anatomicamente proporcionais e inseridas corretamente na modelagem. Isto é prenúncio, quaisquer que sejam as aquisições escolares, de uma excepcional adaptação prática manual. Deve também ser observado o riso livre, as mímicas naturais e a voz não anasalada, com timbre e modulação normais.

É certo que agora vai entrar em jogo a vontade do pai de cessar o tratamento, ao qual nega todo valor, ou melhor, que acha financeiramente oneroso (somente onze sessões!).

É a primeira vez que Dominique falou em dinheiro, mas, ao mesmo tempo, falou da fortuna do tio Bobbi e da irmã do pai, essa irmã tão favorecida. O pai não pôde fazer os estudos que desejava, pois teriam sido caros demais, disse ele à sua mulher. Ele desejaria ver seu primogênito sustentar seu narcisismo pelo êxito nos estudos secundário e superior: ora, Paul-Marie teve de parar os estudos antes de obter seu certificado de final do pri-

....

* No original: *portemanteau*, literalmente, porta-casaco. (N. da R.T.)

** Em francês, *patère* é também uma espécie de cabide. Aqui Françoise Dolto faz uma associação sonora intraduzível entre *patère* e *père-mère*. (N. da R.T.)

*** Outra homofonia intraduzível entre *maire* e *mère* e *père* e *paire*. (N. da R.T.)

meiro ciclo. O pai fez o luto de Dominique para se renarcisar. Ainda esperam que tenha esperança de quê? A medicina teria sido suficiente para manter seu irmãozinho vivo, deglutidor de peças soltas, a cirurgia matou-o; porém, para crianças excepcionais, entre as quais está Dominique, ele só acredita na cirurgia e não quer mudar de opinião.

Creio que essa vontade do pai, se ela se opuser à continuação da psicoterapia, pode ser tomada por Dominique como um "desmame" em relação a mim, uma separação sem trauma intenso demais: pois Dominique é muito positivo em relação a tudo o que vem do pai. Para o bem de sua estrutura, isso atualmente é algo a ser preservado. Creio também que, mais cedo ou mais tarde, esse rapaz retomará uma psicoterapia se ele sentir inibições ou sintomas. É certo que dificilmente pode evoluir, fora da neurose, num meio familiar que se acomodou tão bem à sua psicose: sua cura e sua retomada do curso normal da vida deve provocar sérios problemas libidinais no irmão e no pai, que não poderão ajudá-lo, nem um nem outro.

Quanto à mãe, na última entrevista, em pé e antes de partir, falou em retomar uma atividade de ensino, em tempo parcial; sua filha não precisará tanto dela. Deseja dedicar-se ao ensino especializado, identificando-se com as pessoas do centro que vê trabalhando e com a professora da classe especial. "É uma bela profissão, ocupar-se com os deserdados", diz. Isso tudo me faz pensar que não é tão mau que o pai se mostre um pouco contrário a um tratamento que pode modificar depressa demais a completa dependência de sua mulher em relação à família e à casa, e recolocá-la também no circuito das relações sociais.

DÉCIMA SEGUNDA SESSÃO: FINAL DE OUTUBRO

Na volta das férias, Dominique não se apresentou na entrevista marcada. Atendendo à consulta da assistente social (as entrevistas seguintes continuavam reservadas?), a mãe escreveu no dia 10 de outubro anunciando uma visita para a semana seguinte, que, segundo o desejo de seu marido, seria a última. Já tendo ultrapassado o que se poderia esperar de uma psicoterapia, o resultado obtido lhe parecia mais que suficiente. Cito excertos dessa carta:

"Neste verão, ficamos dois meses em Saint-Raphaël. Portanto, ele não pôde ir à fazenda do tio. Dominique estava totalmente feliz e adaptado. Enquanto nos anos passados procurava a companhia dos muito pequenos, de 3 a 5 anos no máximo, neste verão brincou com crianças de 12 a 13 anos, saídos da 6ª e 7ª séries, e se saiu muito bem. Os pais das crianças, longe de rejeitá-lo com o desprezo mostrado nos outros anos para com ele e todas as outras crianças atrasadas (assimiladas a monstros contagiosos), me felicitaram porque esse rapagão de 15 anos era tão gentil e paciente e tinha uma extraordinária imaginação para inventar brincadeiras para os menores. Eles nem notaram seu atraso! É a primeira vez que isso acontece. Notamos somente um comportamento anormal: os pais de seus amigos o levaram ao cinema, e dei uma nota de 5 francos a Dominique para pagar seu ingresso. Bruscamente, no meio do filme, lembrou-se do dinheiro e disse à senhora: 'Eu não paguei meu lugar', e ela respondeu: 'Não faz mal; veremos na saída.' Ele não compreendeu que os pais pagaram em seu lugar e sentiu-se culpado de ocupar um lugar não pago. Na saída, percebendo que ninguém iria pagar seu ingresso, esgueirou-se até o caixa, onde não havia ninguém, jogou o dinheiro no balcão e fugiu, vermelho de vergonha, mas aliviado, porque, afinal, tinha pago. A nota certamente se perdeu, mas estava aliviado, com a consciência tranquila. De certa forma, estou satisfeita por sua honestidade, rara em rapazes de 15 anos, mas isso prova que ainda não adquiriu o senso do dinheiro. Ele recebe 30 francos (3000 francos antigos) por mês de mesada, mas não quer guardar o dinheiro, teme perdê-lo e me pede para guardá-lo. Não pensa nem mesmo em gastá-lo. Na escola, está refazendo a classe especial como combinado, a mesma classe com sua excelente professora. Está bastante feliz com isso. Os progressos em francês são indiscutíveis. A ortografia ganha pontos todo dia. O ponto fraco continua sendo a aritmética. Se não permanecemos a seu lado, é inacreditável como se distrai. Desenha muito, personagens sempre em plena ação (cf. seus desenhos anteriores). Esse rapaz que parece distraído anota nos seus desenhos os menores detalhes que observou com uma exatidão inacreditável. Pessoalmente, tenho esperanças, assim como o diretor e a professora, de que, no fim do ano, estará em condições de se apresentar para o exame do certificado de estudos (o que não quer dizer que passará); mas isso permitirá que entre numa escola de agricultura ou de criação, que exigem esse nível de formação [...].

"No que diz respeito aos encontros com a senhora, como já disse, meu marido acha que tudo o que é medicina da alma é somente 'conversa mole'. É um homem de negócios, que vive somente com números e máquinas o ano todo e que, ademais, só está em casa dois dias por semana. Só tem tempo de pensar em seu trabalho. Se um de seus filhos tivesse sido engenheiro, talvez o olhasse com algum interesse; mas o primogênito é um artista (completo desprezo) e, para ele, Dominique não passa de uma fonte de preocupações. Quanto a Sylvie, não passa de uma menina, e isso não interessa muito a um homem como ele. Além do mais, acusa-me de tê-la pervertido fazendo dela alguém interessado em letras;

e as interessadas em letras como eu servem apenas para produzir pequenos funcionários diligentes. No entanto, meu marido em seu trabalho é um homem extremamente inteligente e excelente homem de negócios, mas nem as notícias, nem as letras, nem as artes o interessam. Só lê romances policiais e olhe lá. Ele tem seu universo, nós temos o nosso. Meu marido julga que não há utilidade alguma em Dominique ir ver a senhora, uma vez que o suposto ciúme, que hipoteticamente estragou sua infância, era infundado, pois, seguindo os conselhos ministrados no passado, nada pudemos modificar. Portanto, visto, arquivado, acabado, não se fala mais nisso. Se é para gastar dinheiro com ele, mais vale pagar aulas de aritmética. Quanto a mim, sou muito grata à senhora por tudo o que fez por ele, pois a senhora o tornou sociável como os outros. Penso frequentemente que, em vez de trazer o filho, é o pai que deveria ter vindo para a senhora fazer dele um pai de família normal!"

Dia da consulta

Entrevejo a mãe na sala de espera, onde está a sós com Dominique. Agradeço a carta, cujo conteúdo resumo brevemente para Dominique, que declara à mãe já desconfiar daquilo que escreveu.

Entra comigo em meu consultório, diz que tinha esperanças de hoje retomar suas visitas regulares, pois sua mãe não lhe tinha dito nada, mas que isso não o surpreende; já no ano passado, seu pai não queria que ele viesse. Anoto o que diz (fala com voz normal).

Ele: *O fato de eu ter vindo?... resultado: mais um ano ou dois às custas dele. Parece que já no ano passado, sem esse tratamento que me permitiu ficar na escola, eu poderia ter encontrado uma colocação definitiva e não lhe custar mais nada. Ele diz que, para o que poderei fazer, de todo modo, meu atraso já não é recuperável e que teria sido melhor nem tentar. Diz assim, que é necessário admitir que essa doença é incurável. Olhe, não digo que ele não tenha razão, é meu pai, sei bem que também não está errado, não se deve dizer isso do pai e, além do mais, gosto dele. Mas estou contentíssimo de ter sido tratado pela senhora... mas eu o entendo... como nunca serei*[57] *um engenheiro, não vale a pena gastar o dinheiro dele. Ganharei o suficiente (eu sei, não sei como sei, mas sei), e então não será ele quem pagará se eu vier ver a senhora. Mas não é para já! Paciência!...* Durante todo esse monólogo, o tom é absolutamente normal e sua voz normalmente colocada, nenhuma agressividade no tom.

Silêncio. Um tempo. A seguir, num tom escolhido, diferente do anterior, mais alto, como se fosse retomar a narração do episódio de uma aventura, mas com a voz normalmente modulada, Dominique prossegue:

Ele: *Hoje vou fazer conserva humana! É muita maldade! Quem se aventurar por ali, sofrerá de um modo terrível!* Modela um homenzinho. *É uma pessoa que está passeando tranquilamente que recebe um sonífero e cai numa armadilha pela qual entra numa fábrica de latas de conserva.* (Isso se parece com uma história que quase aconteceu com Tintin.) *No final da fila de máquinas, há chucrute humano.* (Faz de conta que o come e me oferece um pouco, em seguida, depois faz de conta que encontra um fio de cabelo.) *Um cabelo louro! É uma fábrica onde só fazem conserva de homens louros, os únicos próprios para o consumo e cuja carne rivaliza com a carne de porco! Além dos louros, mandarão para essa fábrica todos os chatos, os per...ceptores e as mer...cedes**. (Ri às gargalhadas.) *E os diretores de escola e os padres!*

Eu: *Você já ouviu a expressão "bouffer du curé"****?*

Ele: *Não, nunca... eu disse isso para explicar que eram vistos pontos negros no chucrute feito com louros. É muito engraçado brincar de comer até se fartar como os canibais. Os canibais comem missionários,*

---

57. É a primeira vez que Dominique emprega a forma negativa *ne pas*; na sequência, ainda não a empregará regularmente.

* Em francês, as primeiras sílabas soam, respectivamente, como *père* (pai) e *mère* (mãe). (N. da R.T.)

** Literalmente, "comer padre", locução corrente para expressar sentimentos anticlericais ou antipatia à Igreja católica. (N. da R.T.)

que são padres, eles acham isso bom. Mas, aqui, um padre caiu por acaso, era para os louros.
    Eu: *Você tem algo contra os padres?*
    Ele: *Não, eu não vou à missa, meu pai também não. Ele tem muito o que fazer para fazer outra coisa senão trabalhar ou fazer bricolagem sozinho, no domingo. Minha mãe e minha irmã nunca perdem a missa de domingo, mas eu acho chato. Fiz a primeira comunhão e a crisma como todo o mundo. Inclusive meu pai, que foi coroinha a juventude toda, como o padre que lavava seus pés uma vez por ano. Isso era engraçado, por isso é nessa missa, à noite, na Páscoa ou no Natal ou nas duas, que gosto de ir. Há coroinhas e lavam seus pés, mas isso eu não vi. Foi meu pai quem me disse. Ah sim, no chucrute, antes tiram os sapatos dos homens, porque seria muito duro de moer.* Modela uma silhueta de padre, fala de televisão e de receitas de cozinha dadas por um cozinheiro num programa: *É uma profissão de mulher que se dá no masculino.* Põe um grande rabo nessa silhueta e diz: *Este é o mestre rabo* e o corta, prossegue: *Era uma vez um homem que outro homem tinha obrigado a ir para a casa dos alemães. É um filme ou como um filme.* Em seguida, vem uma história de mulheres *embarcadas por um alemão, mas os outros com quem estava não queriam mulheres. Eram homens aos quais eles diziam meu amor, então a mulher ficou furiosa e, finalmente, um parafuso do automóvel soltou-se, pode ter sido o homem que fez acontecer o acidente, foi ele que tentou soltar o parafuso, mas, finalmente, foi um rebanho de carneiros que fez todo o mundo parar. Então viram um rapaz que beijava uma garota e todos disseram é um louco, é preciso abatê-lo como a um cachorro porque eles e os alemães achavam que as garotas, as mulheres, não são uma coisa boa.* Silêncio... *Fernandel, num filme, encontrou a irmã de seu amigo, uma garota muito legal, ele cuidava dela com carinho, a consolava porque o outro tinha ido embora, aí um outro foi para cima dela* (faz uma mímica com o dedo apontando à raiz de meu nariz), *meu pai faz assim, olhos assustadores quando a gente faz uma besteira, e eu, a senhora sabe, fazia muitas besteiras. Então vai para cima dela assim e, no dia seguinte, ele ficou lelé.* E se cala...

Eu: *Acho que são histórias importantes em torno de sua maneira de pensar, diferente da maneira de seu pai e de seus avós. Talvez aquele que enviou o outro para os alemães seja você quando nasceu, tudo se mistura com seu pai, pois foi quando seu pai começou esse trabalho e sua mãe pensava o tempo todo nele, que a tinha deixado. E seu interesse pelas garotas, você talvez ache que não esteja certo, pois no seu entender seu pai não se interessa pelas mulheres, ou é o que você acha. No entanto, ele fez filhos na sua mãe...* E me calo, ele também. Parece não ter mais nada para dizer. Olho a hora: o tempo reservado à entrevista terminou. Digo isso a ele.

Ele: *Espere! Antes de partir, vou fazer as duas latas de conserva para a senhora*; o que faz, de fato, rapidamente, com a tampa aberta, enche as latas com restos de massa de modelar e as fecha. *São dois louros em chucrute.*

Digo rindo: *Seu pai e seu irmão.*

Ri às gargalhadas e se levanta. Eu o acompanho até a sala de espera para me despedir deles.

Na saída, a mãe pede licença, quer falar comigo. Concordo e os três voltamos para minha sala. "Então, doutora, a senhora aceita não voltar a vê-lo? – E a senhora? – É absolutamente necessário que eu obedeça a meu marido. – E Dominique?" Volto-me para ele. Dominique diz: "*Se a decisão fosse minha, eu voltaria, estou certo de que isso ainda me ajudaria, mas como meu pai não quer mais pagar!*" A mãe intervém: "Oh não, doutora, não é o dinheiro que faz meu marido dizer isso, para ele isso tudo é conversa mole, como eu dizia na carta. Ele diz que encontrará, se existir, um cirurgião que fará a operação necessária; e para isso pagará qualquer preço! – Que operação? – Bem, uma operação no centro do cálculo! Dizem que isso existe. Ele só acredita nisso, e não nas coisas das palavras."

Enquanto a mãe fala, Dominique modela uma serpente de mais de um metro de comprimento, em azul, cuja cabeça é vermelha, com uma cruz de Lorena amarela. (Lorena como sua mãe? Ou a cruz da liberação, cf. o sinal sonoro da BBC?)

A história clínica 167

Modelagem da décima segunda sessão
16

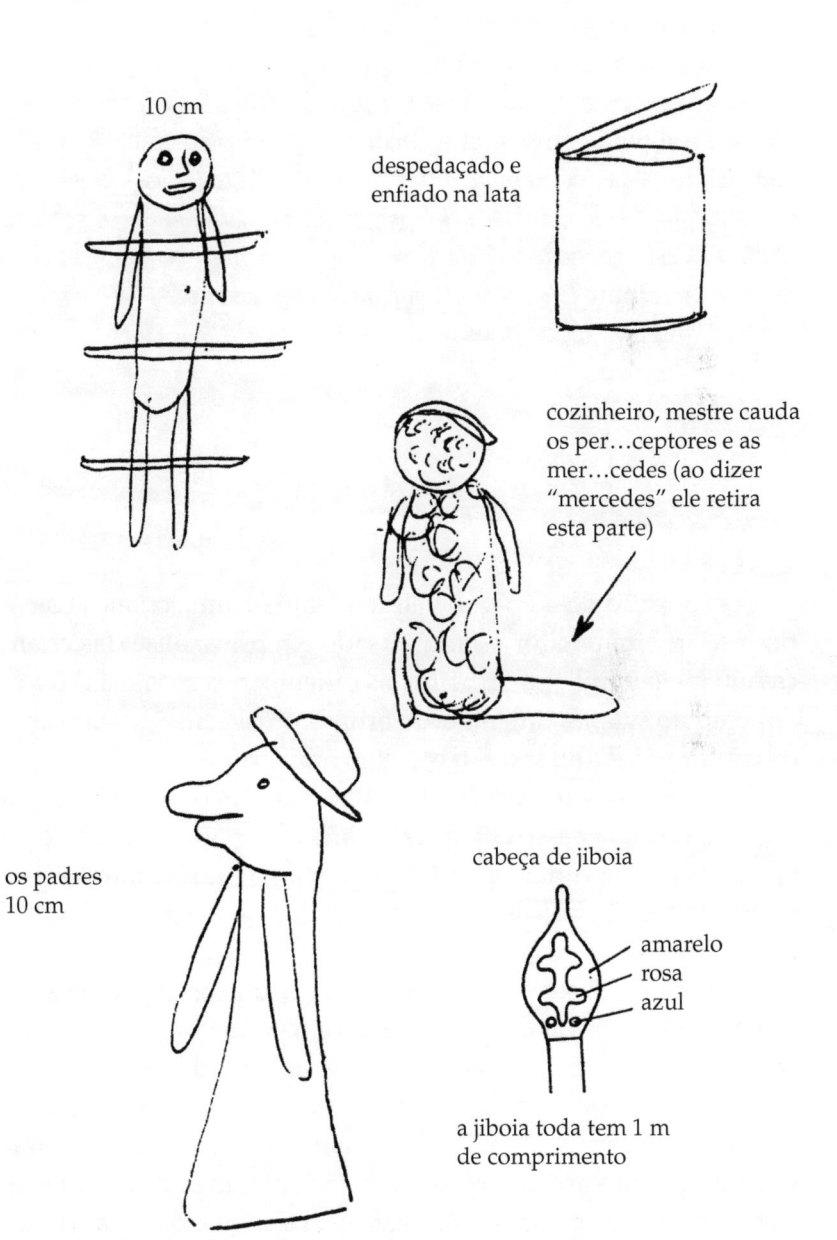

10 cm

despedaçado e enfiado na lata

cozinheiro, mestre cauda os per...ceptores e as mer...cedes (ao dizer "mercedes" ele retira esta parte)

os padres
10 cm

cabeça de jiboia

amarelo
rosa
azul

a jiboia toda tem 1 m de comprimento

Mas você, diz ela a Dominique, você tem de dizer o que quer. Então Dominique responde:
– *Eu já disse que eu poderia vir sozinho.*
– Eu já disse que isso eu não quero.
– *Então, se você não quer, você não pode vir sem desobedecer ao papai.* (A mãe me olha com os olhos brilhantes como se achasse muito engraçado.) *Mas, se eu pudesse vir sozinho, viria todas as sextas-feiras e isso me faria bem. Mas, azar! É papai quem quer, e já que a senhora Dolto não está zangada, esperarei ser um pouco mais velho e ganhar a vida e voltarei para ficar completamente bem, se eu ainda for tímido.*
É aí que nos separamos.

Posfácio

A exposição dessa parte do tratamento de uma criança psicótica esclarecerá o leitor pouco versado em psicanálise das crianças em meio familiar a respeito das dificuldades paralelas ao tratamento do sujeito, dificuldades oriundas das tensões e ameaças de ruptura do equilíbrio estabelecido num grupo familiar em que os pais são afetivamente imaturos ou neuróticos. Os filhos são anulados em sua pessoa para fazer parte da economia fragilmente compensada da dinâmica libidinal inconsciente da família responsável: família cuja lei impõe à criança respeitar a autoridade e a ela se submeter.

Vemos que as sequelas dos traumas psíquicos, embora sejam absolutamente pessoais de um sujeito em particular, só adquirem seu aspecto específico como resultante dialética das intervenções constantemente atualizadas da libido de cada membro do grupo. Pode-se dizer que as modificações narcisistas do sujeito em tratamento psicoterapêutico são também fonte de perguntas feitas ao narcisismo das pessoas em contato com ele. Quando uma criança está em tratamento, a família toda apresenta reações transferenciais, concordantes ou discordantes, em relação ao psicanalista, e que devem ser levadas em conta.

Um caso como este permite entender que a psicanálise de crianças impõe uma formação bem mais longa do que a formação para a psicanálise de adultos, ao contrário do que ainda se costuma dizer. A escuta do psicanalista não difere daquela de um psicanalista de adultos, mas o papel dos pais, terceiros que pagam e são responsáveis pela criança perante a sociedade, é decisivo no decorrer do tratamento. Por isso, seu papel afetivo presentifica para a criança o suporte do Eu ideal: suporte que deve ser respeitado, pois está imbricado com sua realidade atual e faz parte dos poderes castradores necessários.

O papel do psicanalista, por meio da transferência, é liberar o ideal do Eu do sujeito de sua dependência ao Eu ideal neurotizante, mas não substituir os pais. Seu papel é também analisar o Supereu arcaico pré-edípico, mas sem atrapalhar os componentes do Édipo em processo de evolução.

Dominique só está curado de sua regressão psicótica. Está em andamento uma elaboração tardia dos componentes do Édipo. Seu sexo foi reabilitado para seu narcisismo, seu próprio corpo enquanto corpo humano também. Seu senso crítico se expressa. Sua afetividade está em comunicação com os outros. Readquiriu confiança em seu futuro. Assume seu desejo de liberação, pelo qual admite uma temporização – embora agastado – em nome da autoridade paterna, se a própria analista não estiver "zangada" e não se sentir frustrada. A seu estado, que para ele ainda não é satisfatório, e à sua angústia, ele dá o nome de "ainda tímido".

A liquidação do Édipo, no caso de Dominique (e de todos os sujeitos psicóticos que saem de uma regressão semelhante e precoce), exige que as etapas prévias e a angústia de castração imposta pelo pai sejam efetivamente vividas. Ora, isso só pode advir com uma estrutura libidinal oral reconquistada, com a dimensão do espaço-tempo real, distinta da dimensão imaginária. É necessário que a libido anal e uretral se oriente para a primazia da genitalidade; mas também é preciso, para que isso seja real, que a libido anal e uretral do sujeito seja, com a autonomia adquirida em sociedade, utilizável em "sublimações" culturais.

Com uma mãe como a de Dominique, a outorga, pela maioridade legal, do direito efetivo de dispor de autonomia é a única coisa que pode realmente conduzir a essa autonomia.

Mediante a conquista pessoal de meios pecuniários de subsistência – eles também resultantes de suas sublimações culturais –, Dominique poderá escapar das proibições de desenvolvimento, impostas por sua própria dependência pecuniária em relação ao pai; pai este que não foi reconhecido válido pelo próprio pai, com quem, único filho vivo restante de três, não pôde se entender, e pai este traumatizado de infância e de juventude: pai desnarcisado e esposo maternante de uma esposa infantil.

Segunda parte

*A relação dos dois irmãos
e o possível papel
pervertedor do Eu ideal*

Parece-me que um estudo de tipo fenomenológico pode esclarecer a gênese de semelhantes estados pré-psicóticos da infância: estados que, em muitos casos, como o de Dominique, não se "resolvem" com a puberdade, como se espera com muita frequência, mas que, ao contrário, sem psicoterapia se agravam irreversivelmente.

Nosso trabalho de psicanalistas pode assim lançar luz sobre a questão da profilaxia das neuroses e psicoses por meio de intervenções destinadas não a aconselhar os pais ou guiar as crianças, mas a reconhecer o significado dos sintomas apresentados por certas crianças submetidas, ao mesmo tempo, a pulsões sexuais sadias e à ausência de uma castração estruturadora vinda dos pais, em resposta a seu apelo, que permaneceu incompreendido.

O estudo das relações dinâmicas inconscientes que existem entre as crianças de uma família, quando uma delas apresenta sintomas, é frequentemente mais esclarecedor, em psiquiatria infantil, do que se ater apenas ao estudo da criança que preocupa aqueles à sua volta. Por vezes, esta está dinamicamente mais bem centrada na defesa de sua estrutura libidinal sadia que seus irmãos mais velhos aparentemente adaptados. O papel dos filhos criados aos pares devido à sua proximidade de idade, e o das crianças com seis a sete e doze a quinze anos de intervalo entre si, é sempre muito esclarecedor: o jogo das evitações da castração estruturante mostra-se aí particularmente traumatizante quando não é desmistificado. Com efeito, a situação edipiana própria de cada criança é a única que desempenha o papel determinante e humanizante. Ora, em família, as relações entre irmãos e irmãs permitem deslocamentos sobre estes últimos das relações com os genitores, compensações emocionais fantasiadas de incesto, ou até mesmo reais às vezes, ligadas a relações fraternas que trazem falsa segurança e que, na verdade, são traumatizantes; ao abrigo de tais compensações, aquilo que realmente é evitado são as relações saudavelmente angustiantes com os pais, que deveriam levar ao enfrentamento das pulsões de vida e de morte e à castração edipiana, à cena primitiva: núcleo da função simbólica humanizante centrada na ética do desejo, cujas linhas de força inconscientes são a coesão do narcisismo fundamental.

Até a chegada da irmã menor, Paul-Marie, o primogênito, e Dominique, o caçula, rivalizavam em sua fala e em sua conduta em relação à mãe. Vão cessar com todas as suas relações de intercâmbios interpessoais, até mesmo com as relações especulares de um com outro, a partir do nascimento de Sylvie. A contenda dos dois não é mais um espetáculo para ninguém. O desejo de ambos de eclipsar o outro, para ser o único vencedor e contemplado no campo visual da mãe já não tem objeto. Esse desejo fica forcluído, pois nunca tinha sido reconhecido por eles nem reconhecido como válido por ela. Tratava-se de um "embate" verbal em que o duelo, aparentemente pacífico, acontecia entre dois "falantes" que se expressavam o mais perfeitamente possível, fazendo eco à mãe[1]. A forclusão em ambos do desejo de eclipsar um ao outro veio do fato de a mãe nunca ter valorizado o sentido de amor que essa ambição significava. Esse desejo havia feito ambos se desen-

---

1. Deve ser notado que, no vasto vocabulário desta família, não há palavras para designar o sexo, a nádega nem a bacia: sexo e traseiro são portadores de um único nome tanto para os adultos (que se mostram nus) como para as crianças: é o *popo*, não tendo sequer os qualificativos diferenciais correntes entre pequeno e grande. A própria mãe nunca tinha pensado que houvesse outra palavra senão sexo, que ela não ousa dizer mas se mostra nua e olha seus filhos nus sem pensar em nenhum erotismo; para ela, essa palavra é neutra, geográfica, por assim dizer, sexo para ela significa o lugar instrumental das relações necessárias à reprodução. A respeito de suas gestações, nunca falou de ventre, mas de coração contendo o bebê que vai nascer. Ela amamentou os filhos, mas não pronunciou a palavra seio, ela dizia alimentar, aleitar, dar leite para beber. Inconscientemente *voyeuse*, desqualificava o pudor tachando-o de pudicícia.

volverem, na relação oral ativa e anal passiva com a mãe, que, para os dois, era o outro desejado, sendo cada um dos irmãos o rival do outro.

Para o mais velho, Paul-Marie, era preciso cativar e interessar a mãe mais do que o fazia Dominique; ao fazer isso, colocava-se em pé de igualdade com ela própria (e com seu pai quando presente, considerado como o irmão mais velho gêmeo de uma irmã mais velha fálica). Não se deve esquecer que Paul-Marie desfrutou da presença cotidiana do pai e da mãe até o nascimento de Dominique, quando tinha 3 anos e meio; e que, se Dominique substituiu Paul-Marie no berço e na exclusividade dos cuidados maternos, Paul-Marie foi promovido a ser, em lugar do pai, o companheiro da mãe. O pai, ao assumir um trabalho que o obrigava a muitas viagens, tinha deixado a Paul-Marie um lugar dito "de grande" e até mesmo lhe "confiou" sua mãe e seu irmão. Dessa forma, quando Dominique despertava no irmão uma atitude protetora, ele podia adotá-lo enquanto irmão mais velho, pseudopai ou pseudomãe. E o comportamento de Paul-Marie irmão mais velho agradava muito a essa mamãe obcecada, para quem todo e qualquer companheiro significava intercâmbio verbal durante o dia e aquecedor à noite, papel que Paul-Marie desempenhava perfeitamente bem nessa época. As raras relações sexuais dos pais não atendiam ao desejo da mãe enquanto mulher e só eram consumados pelo pai em vista da fecundação.

Paul-Marie e Dominique, me dirá a mãe, nunca brigaram quando eram pequenos ou mesmo depois, nunca se encaravam como ela via frequentemente outros irmãos fazerem. Ela se felicitava, sem compreender que isso vinha da ausência de um pai senhor genital, possuidor da mãe, pois, quando presente, o pai não era nem um modelo mais atraente que a mãe nem um rival com prerrogativas genitais irremovíveis e ainda menos o pai proibidor do corpo a corpo com a mãe. Para Paul-Marie, esse pai era um Eu ideal menos fálico do que a mãe: o falo da mãe era Dominique, réplica do avô materno no dizer de todos.

Entre os dois irmãos, havia aquele que dava mais prazer à mãe imitando-a o melhor possível, dando-lhe a réplica verbal e brincando de papai e mamãe com ela: era Paul-Marie. E havia aquele que dava mais prazer à mãe sendo o representante de seu pênis imaginário, a ela submetido, lisonjeador e lisonjeado, fisicamente acariciado, mas esteticamente desvalorizado: Dominique.

Quanto à mãe, era o representante fálico adulto para os dois meninos, em sua dupla função maternante e paternante. Ela era os dois simultaneamente, legislando e superprotegendo; mas também dependente deles, indissociável de cada um deles. Trio narcisista de três seres mutilados, três inválidos apoiando-se uns nos outros.

Ora, com o nascimento e crescimento de Sylvie a situação muda. Os dois meninos não podem mais brincar de eclipsar um ao outro para a mãe. Dominique já não pode eclipsar ninguém. O sol de sua irmã no zênite queima tudo. Nessa solidão insólita, ele próprio está em uma situação de desamparo e de abandono. Por seu lado, Paul-Marie experimenta um desejo de morte em relação a esse irmãozinho cujas manifestações de desamparo são muito embaraçosas socialmente e fazem a mãe ser julgada desfavoravelmente na sua própria família. Então Paul-Marie vai substituir a mãe e o pai, educadores deficientes em seu entender, em relação aos irmãos, fazendo suas as palavras da avó materna, única pessoa à sua volta que conserva a mesma atitude emocional em relação a ele de antes do nascimento de Sylvie.

Paul-Marie, quando do nascimento de Dominique, assim como do de Sylvie, viu o pai substituir sua mãe em casa na companhia de sua sogra. Viu um pai atento e maternal. Ele tem um modelo. E o pai, quando do nascimento de Sylvie, cede-lhe um lugar ainda mais belo do que por ocasião do nascimento de Dominique; pois uma menininha é algo gratificante para um irmão mais velho de 6 anos, que pode se tomar pelo pai fixando-se em posições libidinais anais. Ao passo que Dominique, abandonado por todos, malvisto por todos, perde todas as suas aquisições culturais, anais e orais, sofre por meio de comportamentos histéricos de fragmentação dos quais colhe tão somente o fruto esperado, isto é, a percepção fóbica do mundo. Paul-Marie sabe muito bem o desgosto que causaria à sua avó se fizesse mal ao irmãozinho (as brincadeiras de seu pai acarretaram outrora a morte de um irmãozinho). Por outro lado, compreendemos facilmente que as fantasias assassinas de Paul-Marie relativas a Dominique, abordadas de forma consciente demais, o identificariam a um pai pré-histórico, a um pai do tempo em que era criança, isto é, um pai que nega a própria existência de Paul-Marie[2]. Pai anterior à cena primitiva (a uma representação mental das relações sexuais dos genitores) e que provocou uma ameaça de desestruturação em Paul-Marie, cujas (ao menos antes da puberdade) posições libidinais uretrais eréteis não tinham sido conquistadas nem valorizadas em acordo com o genitor. A Dominique só resta uma única segurança, respeitar muito o irmão mais velho, ao mesmo tempo que evita os contatos com ele. Respeita-o como uma sombra neutra anatomicamente dotada de um excedente de carne no *popo*, como ele, o que o distingue de Sylvie, porém castrado em valor, quase tão enfraquecido quanto ele. Os louros do valor são ganhos pela irmãzinha, com seu *popo* sem pênis. É a avó com seus rituais mágicos; é o tio desaparecido, fantasma idealizado.

Ao mesmo tempo, Paul-Marie é para Dominique um representante da boa vida de outrora. Ele conheceu a pré-catástrofe, a era que precedeu a era Sylvie. Ademais, Paul-Marie foi designado pela mãe para cuidar de Dominique em seu nome, ela o ordena. O jogo de Dominique será esquivar-se dessa tutela e, ao mesmo tempo, explorar essa situação para paralisar, ridicularizar e desvalorizar o irmão mais velho aos olhos da mãe e do meio social. Podemos pensar que a situação poderia ter sido salva se o irmão

---

2. É a razão pela qual as crianças nunca gostam de ver fotografias de seus pais quando crianças antes de atingirem a idade da pré-adolescência, enquanto a família se compraz em confrontar as fotografias dos filhos com aquelas de seus ascendentes na mesma idade.

tivesse reagido agressivamente a esses eclipses físicos, aos desvarios físicos, psíquicos e verbais, que são, em grande medida, astúcias de guerra de Dominique[3]. Porém, os dois irmãos que nunca tinham brigado, diz a mãe orgulhosamente, também não brigaram por causa das proezas psicológicas de Dominique.

A mãe indulgente demais (150% mãe, diz o pai) impõe os sintomas regressivos como realidade respeitável: "O maior sabe muito bem que seu irmãozinho é irresponsável e que me agrada cuidar dele, como deve fazer um bom irmão mais velho." Ela age como uma mãe umbilical, gestante, parasita e tutelar; é assim que Paul-Marie deve comportar-se para agradá-la. Torna-se para Dominique um Eu ideal perversor, robô de sua mãe, que representa junto a ele. Em toda a sua vida escolar, Paul-Marie levou e trouxe o irmão da escola, chegando a fazer um desvio de uma hora, antes da entrada e saída de sua própria escola, para acompanhá-lo, isto é, para segui-lo a dez passos de distância. Paul-Marie, o primogênito, persegue o menor e se desforra pelo estilo sádico e superprotetor de sua tutela. Mas Dominique dá o troco. Dominique, esse precioso falo da mamãe, que custa caro ao papai; Dominique, esse singular fetiche burlesco da família, submete Paul-Marie a seus caprichos, desdenha-o como um cão de caça mal treinado que se esquiva do dono. Esse comportamento traduz um Isso ligado a um Eu paranoide, Eu comprometido entre seus desejos narcisistas e seus desejos edipianos forcluídos, a partir do momento em que foi suplantado por uma rival sem pênis. Paul--Marie também desvaloriza a posse de um pênis; mas continuou sendo ele mesmo, em sua identidade conhecida, graças à ilusão compartilhada por todos de que serve de substituto do marido para sua mãe e de mãe castradora ou de pai maternante para os dois mais novos. Este primogênito só pode ser um policial sem

....

[3]. Daí o perigo, em família, de censurar as reações agressivas ou de falta de interesse dos mais velhos pelos mais novos; perigo ainda maior para o mais novo do que para o mais velho, apesar de os mais velhos serem, assim, incitados a recalcar suas pulsões sexuais ou invertê-las.

poder: porque permaneceu não castrado pelo pai e vive lutando contra o incesto provocante, recalcando toda e qualquer genitalidade. Companheiro principal, confidente e apoio da mãe, grotesco e insignificante quando o pai aparece, estabelece-se socialmente evitando qualquer confronto competitivo. Infelizmente, esse comportamento é justificado em nome da "fraternidade" em família e da "caridade cristã" em sociedade.

Dominique, por sua vez, foge do irmão maior, apesar de temê-lo e ter de suportá-lo. Já não o imita na linguagem falada. Depois de passar por uma fase de mutismo integral, bastante notada pela família, só retomou a palavra para "desfalar". Ele emaranha o rasto verbal e o rasto físico, perdendo-se. Já não se faz ouvir nem ver, esconde-se; mas realmente envenena seu irmão mais velho, a distância, "enche seu saco", mija nele, por assim dizer sutilmente, com um radar *voyeur*, envenenamento cujo efeito é perseguir invisivelmente e inibir esse irmão mais velho.

Esse é, com efeito, o quadro clínico apresentado por Paul-Marie a partir da puberdade: ganha em posições libidinais sem saídas criativas. Mais próximo do Édipo que o caçula, porque o casal de pais vivia unido até o nascimento de Dominique, Paul-Marie dobrou o cabo da questão da dúvida sobre a própria identidade. É um ser humano, infelizmente estabelecido num corpo sexuado macho; mas é obrigado a aceitar esse homúnculo parasita (Dominique), ainda tão precioso para os pais. Aceitou logicamente a impotência anal de fazer filhos excrementos e o fato real de que o homem sem a mediação da mulher não pode gerar filhos de carne. É preciso passar por esse ato repugnante para participar da fecundação, apanágio glorificador das mulheres. Escolhe identificar-se como companheiro da mãe. Ele se faz irmão gêmeo da mãe, papel que sua avó materna, ao considerá-lo como esse próprio filho que não teve, também lhe concede. É o gêmeo e servidor da mãe. Não participa de nenhuma brincadeira de sua idade. Não se arriscando a parecer valoroso aos olhos e ouvidos do pai, pode agradar à mãe enquanto substituto deste, evitar também a competição com aqueles de mesma idade e sexo, tanto em relação às aquisições culturais como em relação aos sucessos esportivos e sucessos femininos. As relações do pai com seu próprio pai provam que ele não sofreu a castração; foi desvalorizado apenas pecuniariamente e emocionalmente em relação à irmã. Nem valorizado socialmente, nem valorizado genitalmente, assim é Paul-Marie, como também é o pai. Pelo fato das constantes ausências e da estranha incógnita em que vive o pai, esse grande menininho só pode brincar de ser um senhor. Nesse sentido, vemos que a relação "fraterna" de Dominique com Paul-Marie foi, por causa da ausência de estrutura edipiana no mais velho (ela própria condicionada pela história dos pais), um elemento muito importante da evolução psicótica de Dominique.

Os dois irmãos reproduzem entre eles, no plano homossexual, a conduta dos pais. "Quando meu marido e eu temos uma divergência", dizia-me a senhora Bel, "nunca o demonstramos. Damos sempre a impressão de sermos da mesma opinião". E acrescentava: "Eu faço o papel do pai e da mãe há doze anos, talvez catorze; 12 anos é a idade da filha, 14 anos, a idade de Dominique. "Como nos entendemos perfeitamente bem, as crianças não veem a diferença, estando o pai em casa ou não." Ela não diz também que na cama, desde que tenha o calor de um corpo, dá no mesmo deitar com um dos filhos ou com o marido? Seu horror à solidão, já sabemos, foi a motivação de seu casamento e não o desejo assumido de vida sexual ou maternidade. Porém agora, "felizmente tem os filhos". Na vida corrente, desde que tenha dinheiro, acha que é "sortuda". Para ela, a palavra da secretária de seu marido informando uma partida imprevista deste equivale à palavra dele com quem, obediente e submissa, não ousa sequer desejar uma conversa telefônica, na falta de uma presença. O marido tem "muito o que fazer" para telefonar para sua mulher, e ele descreve a mulher de seu patrão como "odiosa" porque ela exige falar com o marido ao telefone, recusando os recados da secretária, "sinal característico de esnobismo". Além dessas marcas de esposa totalmente passiva, a senhora Bel forneceu elementos para a compreensão de outro aspecto de sua personalidade de mãe.

Já experimentou aquilo que poderia ser a perda de um filho, diz, ao compartilhar a provação de sua sogra, no sétimo mês da gravidez de Dominique: época do desaparecimento do irmão menor de seu marido. Comenta assim o fato, comentário digno da tribo antiga: "Terrível não é o fato de perder um filho, mas ignorar onde morreu e como desapareceu, porque nenhum ritual público de luto pode ser realizado de modo válido, sem saber a data e o lugar de seu desaparecimento." Esse cunhado desaparecido, fantasma inquietante, reivindicador invisível, privando os seus de tranquilidade, parece ser esse o Ideal do eu dominador e perverso de um Dominique destituído de triunfos concretos; de um Dominique que (tendo seu desejo edipiano encontrado uma conjuntura regressiva) se encontrou num impasse quanto à sua vocação de vir-a-ser homem, fecundo enquanto macho encarnado: alienado, por muitas causas sobredeterminadas.

As razões? Seguem algumas delas:

– nascido "feio", "horroroso", "simiesco" (embora portador do sobrenome Bel) e nascido no momento do desaparecimento do jovem primo, Bernard Bel, senhor de todos os pensamentos, de todas as fantasias familiares;

– nascido em segundo lugar entre os irmãos, quando o segundo entre os irmãos de seu pai morreu com a mediação de seu irmão mais velho, o próprio pai de Dominique;

– nascido menino, quando todos o desejavam de sexo feminino;

– moreno e peludo, quando, para ser um Bel, é preciso ser louro.

Toda sua segurança até os 20 meses estava construída sobre a participação no corpo da mãe e sobre sua precocidade verbal para fazer parte do trio, mãe-irmão-ele, e servir de fetiche palavrante, sem domínio motor, sem domínio esfincteriano. Seu tubo digestivo disciplinado e continente, em aparência, tanto em suas funções como em suas apetências, estava subjugado pelas injunções maternantes, enxertado nessa presença atenta e forcluída de sua livre escolha, de seu livre gosto, de seu ritmo autônomo.

Mas tudo ainda iria bem se a irmãzinha não tivesse introduzido a noção de outro sexo, a questão do não pênis e a da relação simbólica ao falo, do qual esse bebê, nascido menina loura cacheada, encantadora, possuía o falismo valioso reconhecido por todos; foi ela, Sylvie, que ao nascer o presentificou para as duas famílias. Sua chegada despossuía Dominique de si próprio, levando-o à identificação fantasmática com a irmã e à regressão a comportamentos já caducos, aquém do tabu de canibalismo que já adquirira, o que significava a perda de sua identidade, a perda de seu valor social e de sua utilidade. A regressão aquém das sublimações orais e anais traz a impossibilidade de sustentar o orgulho de seu sexo masculino, de seu nome, do qual sua própria aparência era a negação, não havendo nenhum suporte vivo do Eu ideal masculino para sustentar um ideal do Eu sadio e vivível. *O instinto de morte reaparece dominante quando a libido não tem suporte imaginário edipiano, simultaneamente atraente e castrador, reunido num Eu ideal, imagem paterna. Em todos os níveis da hierarquia das imagens do corpo[4] há regressão. Regressão da imagem funcional com a perda da hierarquia das zonas erógenas, regressão da imagem do corpo de base com a perda das noções de tempo e de lugar. Quanto à imagem dinâmica, que é sem representação, ela se inverte, contaminando com essa inversão a ética masculina de seu sexo, para Dominique que ainda defende seu desejo viril por meio de fantasias fálicas emprestadas de alucinoses de falismo oral e anal e por meio da ignorância das condições espaçotemporais dos corpos em contato.* Dominique não pede mais nada, não chama mais, *ele entra no autismo, passivamente paranoico,*

---

4. Descrevi a estrutura da imagem do corpo como trinitária em cada momento, composta da concordância narcísica de uma imagem de base, de uma imagem funcional polarizada nas zonas erógenas e de uma imagem dinâmica, sempre atual, passiva e/ou ativa. Essas três imagens constituem, em sua contínua articulação inconsciente, o narcisismo do sujeito, símbolo de sua atualização. O esquema corporal sem imagem do corpo não pode contribuir para os intercâmbios linguageiros, de sujeito a sujeito.

porque tudo *aquilo que teria tendência de estimulá-lo, dinamizá-lo,* põe em movimento a roda do perigo. *Tudo: o rastrear olfativo, a vigília da incorporação, desejo do outro,* porque são apenas relações de corpo a corpo que ele pode lhe emprestar *pela projeção de seu desejo residual,* mas também porque a mãe, na realidade, recusa a cesura libertadora, impõe colarem em sua nudez mamífera que deve ser aquecida. É uma fóbica da solidão. Comporta-se inconscientemente como faria uma perversa homossexual passiva, masoquista e pederasta de seus próprios filhos, ao mesmo tempo que verbigera virtuosamente, como uma espécie de Branca de Neve, inocente em meio aos seus anões dependentes e destinados ao celibato.

Quanto ao pai, podemos afirmar com certeza que é um traumatizado de infância que encontrou o meio de se proteger da invasão familiar mediante um trabalho enfeitiçante e, nos raros momentos de sua presença em casa, por um isolamento bem defendido. Seu comportamento parental, quando existe, é unicamente maternante, todo devoção, doçura, e até agora nunca castrador para seus filhos. Se quiséssemos encontrar um equivalente alegórico, pensaríamos em um ascarídeo macho, que pouco incomoda, necessário, camuflado e protegido por sua fêmea gigante, macho unicamente por sua função geradora.

Aquilo que ainda há de sadio no ideal do Eu de Dominique só tem como suporte, nos representantes masculinos, seu tio Bobbi, o criador de gado, marido de sua tia paterna; e o jovem filho dele. Quanto ao patronímico, é na pessoa do tio desaparecido que ele é valorizado por toda a família; esse tio cuja morte, que o tornou idealizado, é contemporânea dos últimos meses da vida fetal de Dominique, esse tio desaparecido por ter ido procurar uma arma viril que tinha escapado de seu colega, o noivo de sua irmã.

Entende-se como a estrutura paranoica passiva e delirante instalou-se em Dominique e como, no momento de sua primeira palavra verdadeira em minha intenção: "Eu creio que me aconteceu algo de verdadeiro", minha resposta absolutamente espontânea:

"que o tornou não verdadeiro" tenha podido falar direto com seu coração. Tinha vivenciado fatos que, inerentes à sua idade e ao seu corpo em desenvolvimento, na falta de palavras, não ouvidas, não receberam valor nem sentido humanizantes. Essa ausência do dizer deixou-o no mistério das sensações insensatas, no desconhecido das forças instintivas não reconhecidas como tais pelas pessoas à sua volta numa não limitação dos desejos. O incesto enlouquecedor oferecia-se sem mais obstáculos do que aqueles que todo homem leva nele e que, justamente, faziam dele um psicopata, um solitário, na prática, um impotente social mais que um delinquente.

Terceira parte

*O encontro, a comunicação
inter-humana e a transferência
na psicanálise dos psicóticos*

O encontro inter-humano – quando se define a partir da periferia sensorial de um ser humano que percebe outro – pertence ao domínio do físico: visão, audição, olfato, tato e paladar. Porém, todo encontro entre seres vivos, vegetais, animais, *a fortiori* o encontro inter-humano, define-se, além disso, pela expressão em cada um de modificações que lhe são específicas, seja de qualquer encontro, seja de "determinado" encontro. No ser humano, todo efeito modificador no nível da percepção dos participantes, embora ainda dependa de fatos de ordem física, se dá em correlação com fatos psíquicos. Esse efeito, seja físico, seja psíquico, pode não ser detectável por uma testemunha, quando o "efeito encontro" não dá lugar a nenhuma modificação aparente do *habitus* anterior. Mas *toda* percepção dá lugar a uma impressão registrada em algum lugar no esquema corporal. São as percepções de variações, em quantidade e qualidade, em tensão e na natureza da sinalização sensorial, que se tornam detectáveis, prazer ou dor cenestésicos para quem as percebe e que assumem para ele valor simbólico agradável ou desagradável, em referência ao encontro. Quando essas percepções provocam modificações no *habitus* e quando essa modificação expressiva é, por sua vez, percebida por outro ser vivo, que reage com uma resposta manifestada, variável e modulada, concorde com a primeira, organiza-se um sentido simbólico que é a comunicação: é a origem arcaica da linguagem.

A organização da linguagem no ser humano sempre tem sua origem na relação inicial e predominante mãe-filho por causa do longo período de incapacidade da criança de sobreviver sozinho. Esta mãe e este filho induzem-se mutuamente, por meio de modulações emocionais relacionadas às variações de tensão, de bem-estar e mal-estar, que suas covivências e a especificidade de suas separações e reencontros organizaram em articulações de signos: primeira linguagem. Conhecimento, desconhecimento, reconhecimento mútuo ligam-se a significantes-referência, substanciais e sutis. Substanciais são os intercâmbios e os contatos corpo a corpo, relacionados às necessidades da criança: alimentação, higiene, deambulação, sono. Sutis são as mímicas faciais, gestuais, vocais, todas elas percepções que o filho tem da mãe e vice-versa, a distância um do outro. Todo encontro que produz um efeito de variação sensível num organismo vivo, portanto, modificação no *habitus* preexistente, torna-se significante de sua existência para esse ser vivo, e da existência de um objeto outro que não é ele, com o qual houve comunicação antes de ocorrer a ruptura dessa comunicação. Toda modificação no *habitus* pode também, com razão ou não, ser sentida como efeito do encontro. Encontro não quer dizer sempre encontro inter-humano.

Pode haver para um ser vivo encontro com qualquer coisa: elementos cósmicos, objetos inertes, minerais, vegetais, animais e humanos. A modificação de impressão que daí resulta traduz a especificidade dos participantes. Tomemos um exemplo vegetal: o caule da videira cresce em espiral; mas ela também se enrosca em torno de qualquer suporte que encontre; o enroscamento é a sua manifestação específica de vida. Analogamente, a folha da sensitiva retrai-se diante de toda e qualquer percepção insólita, à súbita ventania, como ao toque de um curioso. Na verdade, as percepções são contínuas num organismo vivo, são suas variações moduladas ou bruscas que se tornam um sinal para o organismo.

Falemos agora dos seres humanos. Se o sinal produz o mesmo efeito, manifestado como prazer ou dor nos dois participantes, suas reações homólogas podem estabelecer entre eles um laço de conaturalidade. Se o sinal emitido por um deles, expressando uma tensão que pede apaziguamento, gera em resposta no outro um sinal que satisfaz esse pedido (de apaziguamento da tensão), a reação, por pouco que se repita ao longo dos dias, estabelece entre eles um laço de compreensão mútua, um laço de comunicação reconhecida.

Entre o bebê e sua mãe, esse jogo de sinais provoca um vínculo de dependência vital, significante de conaturalidade no prazer (apaziguamento da tensão) ou de conaturalidade na dor (tensão superativada). Quando um ser humano não encontra resposta às variações de suas sensações internas ou às variações de suas percepções, nem resposta a seu apelo de troca complementar, não experimentará no encontro um ser confiável, um semelhante a ele por laços de conaturalidade. Sente esse nada como soledade em seu *habitus* de ser humano, então sem outro humano encontrado. Fica submetido somente a suas tensões internas de desejos e necessidades, sem outra ajuda. Se esse fenômeno de ausência de um encontro auxiliar ou complementar é concomitante com sua vida no meio de outros seres humanos, esse nada que o enlaça chama-se: ninguém. A expressão conhecida "havia muita gente, não encontrei ninguém" traduz essa ausência de encontro emocional complementar, de comunicação específica numa troca de linguagem verdadeira, em meio a seres que, no entanto, são indubitavelmente humanos.

Tudo o que precede e que estou expondo de modo inábil parece-me necessário para compreender o que há de estranho e de particular a cada vez – de fato, o que há de encontro de um modo inter-humano arcaico em que falta a linguagem, integralmente ou em parte – no encontro com esses sujeitos que chamamos "psicóticos", qualquer que seja sua idade civil. Suas variações de tensões internas estão menos submetidas às percepções oriundas do meio externo e mais àquelas oriundas de estados fisiológicos ou emocionais sem sinalização, ou melhor, sem uma linguagem própria para expressá-los. Impressões estranhas, fantasias do passado, que acreditam ser sinais atuais de presença, vêm interferir em seus contatos com seu meio. Assim é que suas expressões, que parecem imotivadas, são sempre motivadas, mas motivadas por suas fantasias, isto é, por uma vida imaginária que absorve todas as suas energias e impede que apreendam a realidade ao seu redor. Sua imobilidade às vezes total, seu mutismo às vezes absoluto, seus sorrisos, seus mecanismos de defesa inadaptados à situação presente, seus gritos, seus gestos, suas palavras delirantes, estereotipadas, conjuratórias, são, para eles, a manifestação de uma linguagem: isto é, uma expressão simbólica de suas tensões internas; mas essa linguagem já não parece visar à comunicação de suas comoções a esse outro atual presente diante deles que somos nós. Esse modo de expressão incompreensível para os outros torna-se, ao contrário daquilo que era a linguagem em sua origem, um meio de isolamento protetor, um *habitus* de soledade, que a presença do outro não pode modificar. A comunicação parece definitivamente rompida e substituída por uma impenetrável cortina. Somente parece, pois essas conclusões são falsas.

Todos os seres humanos, seja qual for sua aparência e seu comportamento, percebem a presença do outro; para alguns deles, porém, ela é sinal de um perigo mortal. A presença do outro que somos desperta nos psicóticos a comoção do perigo, que é mais intensa quando, diante deles, parecemos desejar estabelecer um contato do qual fogem ou quando parecemos fugir do modo de contato que desejam e que nos parece desagradável, inconveniente ou perigoso. *Se conseguirmos expressar para eles, numa linguagem que signifique para nós o mais adequadamente possível, aquilo que percebemos deles, quando isso é claro para nós mesmos, estruturamos de imediato um campo de comunicação.* A reação estereotipada, ou a não reação aparente de um ser humano em presença de outro, não é em absoluto significante de uma não recepção perceptiva, é antes significante de sua anulação ativa. É assim que o psicótico expressa o efeito experimentado por ele de seu encontro conosco; a dominante passiva ou a fuga ativa provêm da desestabilização de seu *habitus* pelo despertar das pulsões de morte que provocamos nele[1].

Aquele que chamamos psicótico comporta-se de modo prudencial diante de uma presença humana – a do psicanalista – insólita e repetitivamente atenta a ele. Mais cedo ou mais tarde, depois de vários encontros, o psicótico apresenta alguma modificação de seu *habitus* que é significante para o psicanalista. Essa modificação perceptível é o início da linguagem dirigida à nossa pessoa, que foi integrada no campo da percepção: prelúdio de uma possível comunicação. O psicótico reconhece nossa pessoa na medida em que reconhece a si próprio diante de nós, que permanecemos semelhantes de sessão em sessão. Nossa presença já não é completamente insólita nem estranha para ele: tornou-se particular. *A transferência se esboça sobre um fundo de narcisismo alertado, em que desejo e pulsões de morte enfrentam-se dramaticamente.* A atenção[2] do analista, significada por suas palavras ou por seu silêncio acolhedor das mímicas, dos gestos e das palavras do psicótico, valoriza como humano aquele que está diante dele.

Há no analista uma transferência específica, pois este tem fé no ser humano, seu interlocutor, ser único em seu gênero, sujeito da função simbólica, sujeito inconsciente da sua própria história, sujeito que deseja se significar, sujeito que apela por resposta à sua pergunta. Essa pergunta muda pode não ter sido consciente, como é o caso nos muito pequenos, ou tornar-se inconsciente por

....

1. As pulsões de morte, referidas às comoções arcaicas orais, provocam a fobia do contato e a angústia de fragmentação. As pulsões de morte que se referem às comoções arcaicas anais e uretrais provocam compulsões obsessivas: ideativas e verbais de rejeição ignominiosa, ou motoras, de conteúdo verificador, escatológicas, conjuratórias e blasfematórias. As pulsões de morte que se referem às comoções genitais provocam angústias de doenças incuráveis, de mutilação sexual, de rapto, de estupro, de homicídio. A angústia da iminência da realização das fantasias acima em face do objeto transferencial e vice-versa é uma das manifestações da situação analítica.

2. Diz-se do analista que possui uma atenção "flutuante"; devemos compreender a palavra. Não é uma atenção distraída, como alguns creem. Trata-se de uma escuta disponível a todos os traços significantes, de uma presença ao outro tão desprovida de barreiras quanto possível. A formação do psicanalista o prepara para tanto.

ter sido recalcada após um período de consciência. Nesse caso, fica um rastro do processo de recalque, uma lembrança encobridora, um elemento onírico repetitivo, um sintoma fóbico ou obsessivo. Esse rastro também pode ser um *habitus*, uma somatização, até mesmo uma alergia. São perturbações da linguagem do corpo, que se substitui à linguagem imaginária, mímica ou verbal.

A testemunha atenta, perseverante e receptiva que o psicanalista é supõe que há um sentido na linguagem incompreensível, delirante ou no mutismo, sempre interpretados por ele como casos particulares de linguagem que ele procurará decodificar. Supõe que há um sentido nos gestos ou na imobilidade, sentido que significa o sujeito aí presente, escondido atrás do aspecto psicótico. O psicanalista é um mediador da função simbólica, na medida em que presentifica para aquele que se cala, que desfala, que ignora passivamente ou que nega ativamente sua presença ou a presença do outro, a experiência de um encontro efetivo. Para o psicanalista, cada outro é simultaneamente, qualquer que seja seu comportamento, um representante integral da espécie humana, e o "psicótico" é para ele o sujeito de uma história inconsciente que ele atualiza em vez de simbolizá-la, como aqueles que chamamos "normais" ou "neuróticos", em narrativas estruturadas. O psicanalista não conhece essa história. Às vezes fica sabendo de alguns de seus elementos fenomenológicos por meio das pessoas que o cercam, e esses elementos são um ponto de partida suficiente para que se interesse por esse outro, seu interlocutor atópico.

A linguagem desse observador sensível, o psicanalista, mesmo quando é sem palavras, sua escuta e sua presença atenta para com um outro no qual reconhece um semelhante, enquanto este nega a si mesmo essa qualidade, constituem um reconhecimento da existência simbólica deste, ou desta, que ainda é incapaz tanto de assumir como de comunicar seu desejo. Desejo que, como todo desejo humano, é constituído de pulsões de vida ou de morte, mas que, no psicótico, é mais ou um menos dominado pelas pulsões de morte. O psicanalista, em sua transferência, tem a obrigação de receber tudo aquilo que o psicótico exprime, na mais total receptividade possível, ao mesmo tempo que deve tentar assumir o desejo de morte, decifrar suas fantasias remanentes de angústia, de encontros perigosos já experimentados e que sua própria presença, a do psicanalista, desperta. Angústia à qual o psicótico tenta fugir ou superar, sem ter ainda conseguido inteiramente. Angústia à qual frequentemente se apega, pois se tornou a única erotização que sustenta seu narcisismo liminar.

Por meio de sua lucidez sobre o que experimenta, o psicanalista faz a mediação do reconhecimento para cada um dos dois participantes do encontro: de si próprio tanto em relação a si mesmo como em relação ao outro. Também faz a mediação da liberdade, de cada um em relação ao outro e a si mesmo, de estar ou não presente ali. No encontro inter-humano, existem dois "si mesmos", dois corpos separados, cada um com uma imagem de corpo e um efeito emitido e recebido, diferentes, mas interferentes para além de sua separação e da diferença das sensações experimentadas. O encontro os torna mesmamente, isto é, também no mesmo momento, livremente reconhecíveis como separados, e, no que tange ao psicanalista, o mais totalmente possível presente no desejo de se comunicar pela linguagem, e sem corpo a corpo, com o outro. Esse mesmamente quer dizer, aqui, que, num tempo e num espaço comum aos dois, o tempo e o espaço reservados a seus encontros reiterados, suas experiências diferentes mas concomitantes readquirem sentido pela comunicação que delas se pode fazer. Esse sentido é modificado por aquele que ouve, recebe e repercute o testemunho daquilo que percebeu: que é senso da presença modificadora produzida nele por aquele ao qual está atentamente presente. A partir de então, senso de presença modificadora para aquele que constata que está sendo ouvido, esperado em sua verdade e pode fazer-se ouvir.

A linguagem dessas modificações devidas ao encontro entre um psicótico e um psicanalista pode permanecer inconsciente para os dois participantes, ou somente para um deles; sua expressão pode ser infraverbal para um ou para o outro, ou para os dois. Existe efeito de linguagem sempre que a variância é reconhecida por cada um como especificadora de seu encontro nunca totalmente semelhante a nenhum outro. Comunicação disso pode ser feita, em parte, *hic et nunc*, e isso, de acordo com o nível de domínio da expressão, qualquer que seja ela, existente num dos dois, como também segundo a aptidão para perceber o outro no instante presente do encontro. A comunicação também pode ser depositada em rastros no papel, na massa de modelar, em gestos feitos no espaço – linguagem autista, pré-verbal –, pode expressar-se em fonemas, em palavras, interpretáveis ou não interpretáveis imediatamente pelo outro ou pelos dois. O que se trata de "ouvir" são essas partes diferidas e difratadas em efeitos paralelos à linguagem verbal, ou que a substituem.

A psicanálise visa ao estudo e à decifração dessa linguagem inconsciente, subjacente à linguagem comunicada conscientemente *hic et nunc*, durante o espaço de tempo reservado a uma sessão; tempo também vivido num lugar de presença comum a dois seres humanos, em que um deles, o psicanalista, deseja ajudar o outro com sua presença, outro este que voluntariamente aceita essa formação de trabalho.

Qual é então o trabalho que o psicanalista deseja sustentar? É o acesso à verdade dinâmica atual daquele ou daquela que está presente na sua frente. O modo para chegar a isso é essa presença do psicanalista que reatualiza as pulsões inconscientes recalcadas do psicanalisando que ele ouve.

No encontro psicanalítico, quando se trata de psicanálise de adultos, neuróticos ou não, a atenção do psicanalista volta-se principalmente, embora talvez não exclusivamente, para a verdade escondida que o fio das associações da linguagem falada transmite. O psicanalista empresta seu ouvido ao discurso do analisando; não evita ouvir os discursos mais construídos, mas está especialmente à escuta do sentido inconsciente, fundamento verídico desse "sujeito" do qual o discurso consciente do paciente é portador e que, na maioria das vezes, é mais o testemunho do personagem social de cada um do que de sua irredutível autenticidade de sujeito, de sua identidade através de sua história. As fantasias concomitantes, caladas pelo analisando, transparecem nos silêncios, nas mudanças de temas, nos lapsos, em suma, nas falhas do discurso consciente. São essas fantasias que põem em evidência a dinâmica atual, inconsciente, do desejo.

Quando se trata de crianças muito pequenas que ainda não saberiam manter-se separadas fisicamente do adulto tutelar sem perecer, o psicanalista, ante reações funcionais, somáticas, ouve a mãe, de preferência com o bebê presente às entrevistas. Tenta compreender as reações produzidas em casa, entre os irmãos, pelo nascimento da criança, as fantasias inconscientes implícitas na vivência da mãe em relação ao seu mundo emocional consecutivo à concepção, à gravidez e à existência desse filho. Tenta compreender como é o atual equilíbrio narcisista da mãe, suas relações com o genitor do filho, ou a relação que esse filho tem com ela com fantasias edipianas remanescentes; ou ainda a relação desse narcisismo da mãe com uma angústia atual devida à realidade das coisas. Em suma, o psicanalista, em sua entrevista com a mãe, procura suscitar seu dizer sobre tudo aquilo que possa provocar na criança, oriundo de sua relação com o mundo através da mãe, uma intensificação induzida de suas pulsões de morte, em vez de atitudes *a priori* ou respostas que tenham sido estímulos para a manutenção de suas pulsões de vida.

No entanto, o psicanalista está atento à própria criança, em seu desejo existente de sujeito todo receptivo, mas destinado à autonomia. Ele tenta, por meio de seu saber teórico e clínico sobre os estágios extremamente precoces da libido, esclarecer por meio de palavras diretamente dirigidas a esse sujeito ainda sem palavra, e que a mãe[3] pode e deve ouvir ao mesmo tempo que o filho,

---

3. O pai também, se estiver presente; se não estiver, o psicanalista sempre deve torná-lo presente por meio de palavras, referindo-se a ele, apesar de sua ausência à entrevista.

aquilo que ele expressa por meio dos sintomas que provocaram a angústia dos pais e o recurso a um terceiro, o psicanalista. O psicanalista reconhece assim nesse bebê o sujeito de um desejo dependente das interferências energéticas libidinais, familiares e dos pais. Ele o reconhece como aquele que se tornou, por causa de sua dependência ao mesmo tempo somática e emocional, perceptiva e receptora, o detector de uma comunicação perturbadora.

Existem psicanalistas para quem o recém-nascido e a criancinha são significantes somente do desejo dos pais, ao menos se os entendi bem. De minha parte, embora ache que o desejo dos pais induz o filho por efeito de linguagem, acho também que todo ser humano é, desde sua origem, no momento da concepção, ele próprio fonte autônoma de desejo. Penso que seu surgimento vivente no mundo (com o nascimento) é simbólico em si mesmo do desejo autônomo de se assumir como terceiro sujeito da cena primitiva e sujeito único da efetivação do desejo genital conjugado dos pais, do qual é o único significante. O apelo à sua pessoa individualizada, nomeada pelos fonemas que os pais lhe deram no registro civil, nome que sempre percebeu, desde o começo da vida, nas palavras trocadas a seu respeito, mesmo que depois os pais o chamem somente por meio de um apelido pueril, pode ser um apelo que ele perceba. Esse apelo, por meio da voz do psicanalista, desperta nele o desejo de se separar da indução de angústia que recebe inconscientemente dos pais ou somente da mãe: um desejo – o da mãe – ao qual, sem esse apelo, só pode reagir submetendo-se totalmente: aspiração da mãe de que seja apenas aquilo que parece ser, seu objeto parcial, isto é, a negação de sua cesura natal. Esse apelo à criança por meio de seu nome, que ouve por uma nova voz, desperta-o para ser o representante desses fonemas em vez de ser somente representante da palavra materna, que só pode se expressar pela linguagem dos sintomas do filho; ou também da palavra informulável do pai. Um pai que desconhece em sua paternidade a realização de um desejo que renega, pode denegar numa criança sensível o estatuto de gerado, sujeito de um desejo próprio, o de viver. Lembro de um bebê de 15 dias, anoréxico, nos braços da mãe ansiosa, enviado ao psicanalista por um pediatra não menos ansioso: tive com a mãe o tipo de entrevista de que falei há pouco, enquanto ela segurava nos braços o bebê aninhado em seu regaço. A cada frase significante da mãe, eu me dirigia à pessoa do bebê, que parecia sem percepções. A mãe me diz: "A senhora realmente crê que ele a ouve e a compreende?" Chamando então o bebê por seu nome, como já havia feito antes, sublinhando em sua intenção as palavras da mãe, eu disse: "Sua mãe acredita que você não me compreende. Se você compreende o que estou falando, vire a cabeça para mim para que também a sua mãe compreenda que você me ouve." Nesse instante, sob o olhar atônito da mãe, o bebê virou a cabeça para mim, movendo-se assim da posição aninhada em seus braços que mantinha desde o início da sessão.

Aqueles que compreenderam, pela psicanálise, que o ser humano é a encarnação simbólica de três desejos, o desejo do pai, o da mãe e o seu próprio, todos três seres de linguagem, não ficarão espantados. Não se pode ser psicanalista de crianças sem essa fé num sujeito, sujeito de seu próprio desejo, do qual esse corpo presente respirando é testemunha, mesmo que isso desagrade aqueles que projetam num bebê sua fé exclusiva num tubo digestivo, vegetativo, que já não possuísse sua plena significação simbólica humana, ou seja, aqueles que não creem que o viver de um bebê ainda *infans* para outrem seja a expressão de sua palavra, significante de seu verbo "desejar", inconscientemente tornado carne no instante da concepção; que não creem que o desenvolvimento e a morte, a que essa carne está prometida, são símbolos de uma energia incognoscível em si mesma, à procura de sua realização pela mediação de encontros com sentido, criadores de sentido em cadeia, sentido que nem a vida do homem nem sua morte bastam para significar. Essa energia que mana de nós e nos envolve, a inteligência de nossa carne, a de nossos comportamentos, de nossos gestos e de nossas palavras, é apenas o espessamento perceptível desse sentido, substancial ou sutil, espessamento do verbo "ser" que manifestamos, mas que não nos pertence. Nós o significamos por meio de nossos apelos e nossas respostas, nossos encontros efêmeros entre semelhantes que se reconhecem numa impotência que, somente ela, é semelhante, embora distintamente manifesta, em todos da espécie humana. As comoções do amor, harmônicos sutis do desejo, nos refundam no ser; mas, infelizmente, o ser que percebemos é sempre de carne mortal, embora também seja de palavras que o ultrapassam, que preexistem e que sobrevivem a ele, no tempo e no espaço. Toda e qualquer palavra só pode ganhar sentido para nós repassando por nossas lembranças de percepções, por meio do desfile inconsciente de nossa imagem de corpo. Esta última é símbolo desse corpo de carne que a experiência do viver mutilou, desgastou, perdeu; porém, a dor ou prazer sentidos no decorrer dessa história foram acompanhados por palavras ouvidas e trocadas ao longo dos encontros com nossos semelhantes; e, se implicaram para eles as mesmas emoções que para nós, adquiriram o sentido de puros significantes que têm então o poder, independentemente da presença da carne, de fazer com que estejamos presentes para o outro e de tornar o outro presente para nós em sua ausência. Compraz-nos, então, conjugar essas palavras com nossa vivência de sujeito individual; o sentido delas evoca a imagem inconsciente acoplada à vivência desaparecida. Essas palavras são suporte do narcisismo. O ser humano assim estruturado na sequência de seus afetos no contato com o outro, graças à linguagem, humaniza suas pulsões que se tornam exprimíveis segundo o código dos afetos tecidos na linguagem. Graças a essas palavras significantes de um psiquismo humano concorde com o outro, suportamos a solidão da dor e da alegria, a provação da separação dos outros no espaço e no tempo, a separação da morte; a morte que, só ela, pela certeza e expectativa que dela temos, nos assegure a realidade de nossa existência, nós que, sem linguagem, só teríamos a noção do Ser por meio de sua aparência caduca de carne efêmera.

Quando o psicanalista encontra crianças muito pequenas vivendo mal e se empenha com elas na procura de suas verdades, não é nem pedagogo, nem educador e, muito menos, reeducador ou médico. Seu papel é o mesmo que o de seu trabalho de psicanalista com adultos. A idade fisiológica do psicanalisando é a única diferença. Essas crianças mal viventes falam por seu corpo interditado ou não organizado em seus funcionamentos motores. Falam também por meio de um corpo cujo funcionamento vegetativo está desritmado ou apresenta um funcionamento cibernético não organizado ou até desorganizado, expressão simbólica de sua angústia de viver ou de seu desamparo. Expressam-se por meio de uma linguagem que se recusa à palavra verídica, ou na qual a palavra é sinônimo de ausência de linguagem, isto é, ausência de comunicação; espécie de fita magnética gravada com palavras destituídas de sentido, para quem as pronuncia, enquanto são pronunciadas. O psicanalista que vai ao encontro dessas crianças deve estar à escuta da linguagem do corpo e da linguagem mímica. É porque antes da instauração da palavra expressiva existe (e ainda perdura após o aprendizado imitativo, passivo, da linguagem verbal e gestual) a língua das imagens do corpo, inscrita nas fantasias relacionadas ao narcisismo fundamental, ao desejo e às necessidades (enquanto suportes de desejos a eles adjacentes).

É essa *linguagem das imagens do corpo*[4] que o psicanalista de crianças e o psicanalista de psicóticos deve compreender e analisar. Linguagem que todos os seres humanos possuem enquanto estão vivos. A criança possui apenas essa antes de ser iniciada em seu esquema corporal por meio da deambulação autônoma e do encontro com sua imagem escópica no espelho: encontro que induzirá sua identificação formal aos semelhantes à sua volta e que, a partir da descoberta do que dá a ver, induzirá sua linguagem gestual e sua linguagem falada, primeiro fonemática e depois gra-

---

4. Cf. a seguir.

matical, calcada por imitação, na dos adultos. A linguagem das imagens do corpo que é, para um sujeito, o significante primeiro de todos os seus encontros, é acompanhada de "kinemas", movimentos do esquema corporal e, a partir do momento em que a criança sabe falar, de fonemas da linguagem vocal, em cada encontro com animais e humanos. É a linguagem (narcisista) das imagens do corpo que entra em ressonância, de modo inconsciente, com todo significante e, especialmente, com as palavras além dos corpos, sempre separados; essa linguagem também pode se expressar de forma muda, por meio do gestual, no esquema corporal, de modo inconsciente.

A atenção e a escuta total, não somente auditiva e intelectual, que as crianças têm dos adultos suplantam as dos adultos. Em geral, o campo de atenção dos adultos está reduzido, desde a infância, à expressividade consciente de si e à sensibilidade por contaminação ante a expressividade de outrem. A impressividade e a expressividade das crianças ainda não transvasadas para o molde da linguagem formal, quero dizer, para o código convencional de seu entorno, escapam, em grande parte, à escuta e à atenção dos adultos. Por exemplo, as crianças percebem e reproduzem os ruídos de tudo aquilo que ouvem; algo de que os adultos já não são capazes.

O saber afasta do ser imediato. A impotência física e o inacabamento neurológico da criança fazem o adulto crer que a criança não tem entendimento em ato, o que é falso. O sujeito, no ser humano em estado de criança (*infans* quer dizer que não fala), tem a mesma sutileza de entendimento que terá em estado adulto; mas ainda não pode demonstrá-lo. No adulto, as próprias mímicas conscientes e inconscientes são quase todas específicas do meio social ou da região geográfica onde foi educado; o que significa que, em suas mímicas e seus gestos, os adultos ditos adaptados receberam, em todos os níveis de expressão de sua libido, a castração simbólica. Em outros termos, foram marcados pela não recepção, com efeito inibidor, dos vários meios de sinalização expressiva que contêm as mobilizações parciais do esquema corporal humano. Esses efeitos inibidores selam o pertencimento valoroso do ser humano em processo de crescimento a um código de expressividade que faz dele um elemento coesivo do grupo familiar, do qual sua sobrevivência ainda depende por muito tempo. A família na qual cresce o informa sobre si próprio e sobre o mundo. É necessário que se torne um elemento linguageiro, passivo ou ativo, dos desejos e das necessidades dos sujeitos que lhe são mais próximos e cuja ética é a resultante inconsciente dos complexos pulsionais de cada um, remanejados pelas interações e influências daqueles que de fato desempenham o papel de detentores do poder.

Os adultos são e continuam sendo sempre mais ou menos submetidos, mais ou menos condicionados, é preciso dizer: sempre mais ou menos alienados à sua verdade impressiva e expressiva fundamental. Quantas vezes não ouvimos um adulto dizer de uma criança "ele só diz ou só faz bobagens" (isto é, coisas desprovidas de sentido para mim, adulto), ao passo que a criança, pelo contrário, por todos os seus comportamentos e dizeres, escolhe a palavra certa e age com autenticidade, animada que está por seu desejo (inconsciente), ainda não completamente engajado (antes do Édipo) na identificação com um elemento social responsável. Isso só ocorrerá pela integração da lei que o passado--chama da angústia de castração edipiana (a incandescência do desejo genital filial aí se consome impotente) ligará, em sua libido genital, à proibição do incesto. Sabemos, por exemplo, que os adultos já não têm a capacidade de pronunciar todos os fonemas que a garganta humana é capaz na infância; a imagem inconsciente de sua laringe juntamente com a de seu ouvido tornou-se incapaz de emitir, e muitas vezes de ouvir, sons que não foram validados no intercâmbio linguageiro com o grupo, grupo que é primeiramente significativo por meio da mãe, em seguida pela família, por meio dos fonemas da língua materna. Analogamente para o incesto. O adulto consciente é incapaz de realizar um desejo genital filial.

Portanto, todos os seres humanos são, inconscientemente, devido à sua adaptação linguageira no sentido lato do termo, traidores em relação ao que experimentaram e que recalcaram mais ou menos precocemente pelo hábito adquirido de nunca expressá-lo veridicamente. O experimentado pode então ficar encravado, sem meio de se comunicar. A música é um meio de expressar tensões físicas e emocionais num registro auditivo diferente da linguagem; a música é uma "sublimação" das pulsões e afetos referidos à oralidade. Ela utiliza, organizando-as expressivamente, as frequências, ritmos e modulações que a linguagem falada reprimiu. A dança permite a expressão, por meio de movimentos e de atitudes expressivas, comportamentais e linguageiras, daquilo que o decoro obrigou a recalcar na expressividade gestual normal. A dança é uma sublimação referida à analidade. Tanto as pulsões como os afetos podem ser "sublimados".

Todo artista é mediador de expressões proibidas ou recalcadas, seja qual for o setor de linguagem no qual sua arte se exerce, onde quer que sua imaginação criadora libere esse recalcado que não pôde se expressar em seu tempo. Também permite que sua atual vivência, e não apenas a vivência arcaica, se expresse de outro modo e não somente com a linguagem habitual interpessoal. Sua arte é específica de sua estrutura libidinal original: é isso que faz com que frequentemente julguem que os artistas são crianças grandes. Injustamente, pois as pulsões libidinais do adulto, que brotam de um substrato biológico associado a um esquema corporal genital consumado, são fundamentalmente diferentes daquelas da criança que ele foi. É a angústia de castração edipiana que, superada pela integração da proibição do incesto, confere poder criador e social à opção artística pela qual um sujeito se expressa em sua autenticidade e originalidade irredutíveis.

Os adultos que a provação da castração edipiana genital não humanizou completamente na concordância vivenciada de suas palavras com as palavras de seus pais em reação ao experimentado por eles e a seus atos, ou aqueles cujo desejo foi mutilado na infância por traumas sedutores, efetivamente produzidos pelos adultos, tornando-os parcialmente inválidos no decorrer da sexualidade pré-genital, conservam uma impotência estrutural que transparece em sua linguagem mímica, sua linguagem falada e até mesmo sua linguagem somática, o que faz deles inadaptados momentâneos ou inadaptáveis definitivos.

Os psicossomáticos, os psicóticos e os neuróticos podem, seguramente, ser todos psicanalisados e recuperar – graças à transferência em que, na relação com o psicanalista, se revivem as provas marcantes de sua história – a libido até então indisponível para a comunicação e a criatividade. Ao longo do trabalho, ressurge a verdade de seu desejo desligado de suas angústias; a mobilização das pulsões, assim reatualizadas na comunicação com o psicanalista, torna o sujeito testemunha disso; sua expressão na linguagem devido ao encontro com a pessoa do psicanalista lhes confere valor humano. Sua expressão na linguagem os confronta com o imaginário do desejo e com a castração da realidade. A transferência analisada permite ao sujeito reconhecer seu desejo e integrar suas pulsões a sua função simbólica, na sua relação com o mundo.

Muitas vezes, ouve-se dizer que o trabalho psicanalítico pode ser perigoso, que separa casais ou esteriliza artistas. Pois bem, se o acesso desses sujeitos à sua verdade conduz à perda de sentido de suas opções anteriores, é porque o engajamento deles era somente um engajamento neurótico e, no tocante aos artistas profissionais, a sua criatividade não era autêntica. No trabalho da psicanálise ficará comprovado que o que eles tinham construído era uma evitação de comunicação, uma evitação de sua responsabilidade em sociedade e não aquilo que seu meio atribuía a sua obra, ou seja, a prova de que tinham assumido, ao mesmo tempo, seu desejo e sua inscrição na realidade de uma criatividade responsável. Nenhum amor verdadeiro, vivo, é dissolúvel pelo trabalho da psicanálise. Nenhuma comunicação de um autêntico artista é esterilizável por uma psicanálise, pois o artista continua a perceber muito mais do que os outros e, portanto, seu desejo de comunicá-lo aos outros permanece. Aquilo que há de autêntico num ser humano só se intensifica depois de uma psicanálise. Porém, é verdade que seres que não conseguem comunicar nem criar na vida social encontraram meios indiretos para expressar-se numa arte refúgio, que perde para eles seu sentido quando recuperam a autenticidade de sua dinâmica.

Quando, no curso de uma psicanálise, o laço conjugal mostra não ter outro sentido além de imaginário e neurótico, pode ocorrer que o sentimento de responsabilidade, que se desenvolve e se afina no psicanalisando, lhe imponha aceitar a realidade e assumir a ruptura de seu laço conjugal. Mas sua responsabilidade por ter trazido filhos ao mundo, eventualmente nascidos dessa união neurótica, torna-se para ele mais consciente e maior sua contribuição na sua educação. É certo que recuperar sua verdade impõe ao ser humano uma responsabilidade bem maior nos seus atos e na sua relação com os outros. Quando levada a cabo, uma psicanálise é um trabalho de elucidação da verdade e um despertar para o respeito da liberdade do outro. Quanto a mim, conheço muitos casais neuróticos para quem a psicanálise de um dos cônjuges tornou a comunicação possível, casais que, antes da psicanálise, não encontravam mais sentido em sua vida genital ou em seu companheirismo conjugal. Estavam, antes da análise e havia muito tempo, intimamente separados, às vezes inimigos ou estrangeiros, às vezes (por supercompensação) regressivamente dependentes um do outro no tédio ou na vitimização, dois efeitos muito mais nocivos para a estrutura e o desenvolvimento em direção à autonomia dos filhos educados no contato desses pais malcasados do que uma separação oficialmente assumida, se não sem decepção, pelo menos sem conflitos.

Mas voltemos ao nosso tema que é o trabalho psicanalítico com psicóticos. A psicanálise com psicóticos deve aplicar-se ao estudo de fragmentos de fantasias, às vezes a seus rastros nas falhas inconscientes da linguagem falada, nas contradições entre os atos e a expressão mímica da face ou gestual do corpo. A atenção do psicanalista deve descobrir, por meio de uma observação perspicaz, uma erotização arcaica ou deslocada, oral, anal ou genital, em fragmentos do soma: zonas erógenas, órgãos ou sistema de órgãos, que dizem ou gritam seu desejo irreconhecível no conjunto não coerente da pessoa; rastrear o sentido perturbado, bloqueado, distorcido que esse erotismo adotou em relação ao conjunto. Uma percepção dessa natureza recorre, no curso do encontro psicanalítico, a traços diferidos e difratados em desenhos e modelagens executados para o analista, concomitantemente ou não com um discurso associativo, nos momentos em que o psicanalisando se exprime para a pessoa do psicanalista: expressão que nem sempre tem lugar nos encontros efetivos, mas consiste, às vezes, em mensagens entre as sessões, silenciosas ou verbalizadas.

A própria psicanálise do psicanalista o preparou para isso, o que torna possível estar atento ao outro por si mesmo e exclusivamente por meio de sua história. Para o psicanalista, esses fragmentos esparsos, esses traços de fantasias presentificam, do lado do psicanalisando, mas também do psicanalista, o fenômeno do encontro, seja o encontro com qualquer pessoa, seja o encontro com a pessoa desse outro eleito com o qual o psicanalisando novamente experimenta as comoções de seu passado, e temos então o fenômeno da transferência. Porém, só há realmente "encontro", no sentido de um reconhecimento de linguagem humana entre psicanalisando e psicanalista, quando o psicanalista decifra o sentido inconsciente, exutório ou criativo, da experiência emocional do analisando: aquilo que, até mesmo para o sujeito que o forneceu, está integralmente ou em parte velado. Quanto aos dizeres do psicanalista, são às vezes necessários, às vezes auxiliares, e seu agir sempre tem valor de linguagem; serve-se dele para melhor presentificar ao analisando seus dizeres significantes.

Observamos, nesse trabalho de decifração, que a maioria dos fragmentos trazidos pelo analisando, Dominique, no caso da atual observação, puderam ser reconhecidos como efeitos de linguagem diferida de um desejo subjacente, ou como efeitos de uma linguagem difratada em fantasias que visam exprimir, congelando-o, um desejo do sujeito indo-advindo autônomo e masculino; desejo cujo reconhecimento não tinha, até a psicanálise, sido humana nem eticamente sentido. Diferido, aliás, pode ser compreendido em dois sentidos: trata-se de um desejo imaginado em outro tempo que não aquele no qual Dominique o vivencia e em que poderia satisfazê-lo, ou em outro lugar, alhures, graças à mediação da fantasia de outro corpo que não o seu: corpo que ele fantasia numa sensação alienada, imaginada alhures ou imaginada outra que não na atual realidade desse corpo de rapaz adolescente. Assim, as fantasias são os únicos meios de expressão, durante toda uma parte do tratamento: são comoções congeladas desde a pequena infância, que devem encontrar meios de expressão e que respondem a uma imagem de corpo de criança que, na época, não era simbolizável e que, desde então, desapareceu. O corpo atual de Dominique já não lhe fornece as mesmas referências que outrora. É o local de percepções eróticas humanamente inclassificáveis, pela falta de intercâmbio simbólico com genitores e irmãos no curso de seu desenvolvimento, em encontros inter-humanos falados e com sentido devido às próprias castrações edipianas deles. Foi somente no final de seus encontros comigo que Dominique passou a falar como fala uma pessoa sadia ou neurótica, isto é, com a minha pessoa e em resposta a meus dizeres ou a minhas perguntas. Durante boa parte do tratamento nunca, ou quase nunca, suas perguntas ou seus dizeres tinham a ver com minha presença ou com ele mesmo atual. Ele agia misteriosamente, desfalava ou falava desde outro lugar a respeito de outros locais, de outros encontros, de outros tempos, de "personagens" que dizia serem "não pré-históricos" e nos quais uma parte de sua libido se projetava, alienada, emprestada a corpos que inventava, estranhos às características das espécies vivas conhecidas, estranhos à espécie humana ou de sexo invertido: isto é, em situação erótica inarticulável com um pedido procedente de seu corpo atual dirigido a outro corpo atual.

O desejo aterrorizante confusamente perverso, referido a todos os estados libidinais arcaicos, não claramente assumido no início do encontro com minha pessoa, é da mesma espécie que aquele que Dominique experimentava repetidamente a partir de sua entrada na psicose em relação a todas as outras pessoas encontradas. A prova disso são os dizeres, as modelagens estereotipadas e os desenhos estereotipados, falas em que domina o delírio com os quais Dominique se exprimia de modo semelhante, em todos os lugares e já havia muitos anos e que relatei no testemunho das duas primeiras sessões. Nesse discurso delirante, lembrem-se, ouvia-se que os automóveis (autonomia do desejo) se refugiavam e se camuflavam na folhagem das árvores (imagem do corpo referida ao corpo vegetativo, no inefável visceral da angústia).

Já na segunda sessão, esboça-se uma modificação. O "personagem" é modelado com dois eixos, enquadrando o tórax, em vez de um único, como ele tinha havia anos[5]. Nesse contato recusado, que caracterizava Dominique no início do tratamento, era-me absolutamente impossível compreendê-lo, mas não ouvi-lo ou conceder-lhe minha escuta tentando articular para ele um ouvir; vide a diferença das orelhas entre o novo personagem e o personagem estereotipado.

É no momento do final do tratamento da psicose – quando deveria chegar, se possível, o tratamento da neurose – que compreendemos aquilo que Dominique temia de todo ser humano. Era, de acordo com a experiência adquirida no contato com pessoas que tinha encontrado anteriormente, o não reconhecimento de suas angústias devidas a um desejo canibal e incestuoso, desejo constantemente estimulado e sobre-excitado pela imposição ao seu corpo, e ao seu sexo, do corpo da mãe, e pelo perigo experimentado então de uma tentação, em todos os níveis, de consumação carnal, por e

....

5. Ver pp. 45 e 16.

no seu corpo: corpo que já não sabia, e saberia cada vez menos, se era o de um macho ou de uma fêmea, de alguma espécie histórica, pré-histórica, alucinada, para ou a-histórica.

Porém, no início do tratamento, o que devíamos rastrear não era aquilo que Dominique temia, e sim como se sentia em seu pânico; para sabê-lo, eu precisava tentar compreender, na transferência, como sentia minha presença e, portanto, enfrentava a fantasia que eu, como todos, aliás lhe causava. As representações modeladas e desenhadas, por suas variações, serviram como ilustrações, como imagens tanto das fantasias do corpo mediador como de barreira ao encontro comigo.

Algumas declarações minhas, em resposta à linguagem pouco comum de Dominique, causaram-lhe o efeito de encontro. Lembremos a hora em que disse, como se não se dirigisse a ninguém em particular, com voz estridente: "Às vezes, ao despertar, digo a mim mesmo que passei por alguma coisa de verdadeiro." A que respondi: "E que o tornou não verdadeiro?" Imediatamente: "Mas sim, é isso, mas como a senhora sabe?" As primeiras palavras de uma criança ou de um psicótico são como o primeiro sonho do adulto neurótico. Saber registrá-las e ouvi-las como prenhes do sentido de tudo o que virá a seguir é muito importante, e foi por ter lhe dito que eu não sabia por mim mesma, mas que tinha sido ele quem acabava de fazer eu compreender, que era, pois, sua própria expressão recebida por mim que tinha me levado a responder com palavras que ele sentia como verdadeiras, prova de que eu o tinha ouvido e que eu o compreendia, foi isso que lhe causou efeito de uma escuta nova, efeito do encontro, o efeito de que o silêncio de minha escuta era cheio de sentido, esse sentido sobre o qual diz: "Barulho, barulho, e de repente o silêncio tão completo que poderíamos ouvir uma mosca voando, gosto disso." Efeito de silêncio entre várias pessoas, após o barulho das palavras, certamente associado à lembrança do coito dos pais no quarto que Dominique também ocupava quando pequeno, isto é, o silêncio do encontro criativo na angústia das moscas, tirando o sossego das vacas leiteiras (sua mãe ou eu); significando também, talvez, o ciúme persecutório da testemunha que eu era e na qual as lembranças de criança de Dominique se projetavam. Eu, testemunha auditiva e visual de seu comportamento consigo próprio, por meio do qual Dominique presentificava uma espécie de constante corpo a corpo, revivido como uma fantasia muda, de modo autista e estéril.

Mas esse encontro continuava a situar-me entre as pessoas muito perigosas; por ser reconhecida como válida por seu meio, eu devia ser igual aos outros e com eles conivente. Eu também devia estar contaminada por essa incompreensão e essa reprovação que aqueles à sua volta demonstravam a respeito de sua angústia, quero dizer, desse *habitus* sintomático que fazia dele um segregado. Consequentemente, a transferência foi muito ambivalente na confiança e desconfiança até a quarta sessão.

Foi pouco a pouco, pelos efeitos de encontro de sentido que, graças à minha escuta na transferência, cheguei à sua periferia, coesiva, próxima, porém exterior a ele, que, por sua vez, tornava-se coesivo, não fragmentado por mim em quem, sem corpo a corpo, ele se mirava, em quem media o espaço expressivo no qual de agora em diante podia situar-se, referir-se, e comunicar (comigo) sem o perigo de ser cooptado ou destruído por um desejo (o meu) que projetava à semelhança do dele, mutilador e canibal.

Dessa forma é que, na transferência, o psicanalista torna-se o símbolo da coesão da pessoa em processo de elaboração, da pessoa do psicótico. Ao mesmo tempo, torna-se o representante da memória atestada de uma vivência repetitivamente experimentada e que ganha sentido de reconciliação libidinal narcisista. Esse processo advém do fato de que o exprimido do psicanalisando é sempre reconhecido como válido pelo psicanalista, mesmo que não o compreenda conscientemente. Esse fenômeno é, em si mesmo, simbólico de um encontro autêntico com um espécime humano[6], cuja aparência desperta o resto dos traços do passado,

---

6. Cf., a respeito do Eu [*Moi*] e de suas relações com o sujeito do inconsciente [*je*], abaixo, p. 221.

sem acarretar o efeito "descoesivo" de uma desestruturação sensorial-cenestésica. A variância atual daquilo que é percebido pelo sujeito no contato com o psicanalista evoca vivências semelhantes, de intensidade diversa, em outras circunstâncias, em encontros que se produziram alhures, em outros momentos e em outros lugares, com outras pessoas, outros viventes, outras coisas; mas esse encontro aqui e agora é a garantia da dinâmica do corpo aqui presente e não de um corpo carregado para sua realidade com o imaginário recuperado. Isso tudo só é possível no fenômeno da transferência, pela mediação daquilo que o analisando exprime e daquilo que o analista prova que recebe. O próprio analista não é afetado nem sentimental nem sensorialmente pelas fantasias: o psicanalisando o reencontra em estado semelhante. Sua realidade permanece semelhante ao longo das sessões, qualquer que seja a angústia ou a violência das pulsões expressas pelo psicanalisando. O analista pode então calmamente ser considerado em seu lugar e papel imaginários, que o outro cliva do campo simbólico: em vez de ser confundido num corpo a corpo atuado, o que poderia acontecer se ocorresse um corpo a corpo lúdico ou maternante, se não houvesse o colóquio a distância dos corpos entre o analisando e o analista.

Para estudar a linguagem difratada e diferida no comportamento, nos desenhos, nas modelagens e no discurso do analisando, o psicanalista topa com fantasias (até mesmo fantasias de fantasias[7]), máscaras em camadas de cebola, que poderíamos chamar de "resistências" e que ele deve respeitar totalmente, se pretende socorrer o sujeito em sua relação consigo mesmo, reconhecidamente mascarado, mas também livre para conservar a máscara.

Quando o sujeito encontrou uma expressão, ou uma compreensão de sua expressão, no psicanalista, quais são os meios de que dispõe este último para provocar o reconhecimento do efeito consciente do encontro? Ele dispõe, na minha opinião, de uma

---

7. Cf. no caso Dominique a vaca que sonha que é um boi, acima, p. 63 (quarta sessão).

verbalização que declara os acontecimentos efetivamente vividos pelo sujeito, imediatamente, atualmente, na sessão, interpretando-os como provavelmente associados a um acontecimento histórico vivenciado anteriormente, ou aproximando-os de um acontecimento do qual ele, o psicanalista, tomou conhecimento seja por um dizer anterior do analisando, seja por uma informação proveniente do entorno responsável, os pais. Aliás, o psicanalista deve revelar as fontes de sua informação, quando esta não foi dada na presença do analisando. Refiro-me aqui a um sujeito forcluído, alienado, bem como a um sujeito ainda muito criança para que possa ter fixado as coordenadas dos acontecimentos em que se viu emocionalmente envolvido, que o marcaram, e cujas associações a respeito – bem como as fantasias que acompanham seus desenhos e modelagens durante a sessão – revelam, ao mesmo tempo que disfarçam, o estilo libidinal da época em que os vivenciou sem integrá-los. São então interpretáveis traços que remetem à totalidade do fato histórico vivenciado, por serem novamente evocados na transferência. E é essa referência ao fato vivenciado que é a análise da transferência.

Além disso, o psicanalista dispõe de sua própria compreensão, vinda da experiência de sua própria psicanálise, da experiência de numerosas observações de crianças sadias, no decorrer de suas épocas pré-genitais; época em que reagem espontaneamente, por mecanismos de defesa, reações de simulação ou reações criadoras, simbólicas, mitômanas, aberrantes, ou ainda por reações chamadas sintomas, a provações de impotência ou de castração; são todas reações que, no caso de crianças ditas normais, sustentam seu narcisismo pelo tempo necessário e contribuem para estruturar sua personalidade ante as provas reais e os traumas que todos os humanos encontram em intensidades diferentes.

Parece-me impossível ocupar-se de psicóticos sem ter conhecimento e compreensão das crianças com menos de 3 anos de idade. Muitos distúrbios somáticos dos adultos provêm da forclusão dos meios de expressão característicos das comoções pré-

-genitais recorrentes de que os sujeitos são o palco, naquelas suas reações emocionais, eletivas ou não, quero dizer, sentidas ou não por eles como eróticas, mas que o são. Refiro-me às reações psicossomáticas devidas a certos encontros no trabalho, encontro com o patrão, com colegas, que provocam tensões; ou nas regulagens de tensões às vezes críticas nas famílias em que vivem juntas crianças de idades muito diferentes, cada participante estando em processo de desenvolvimento num nível libidinal diferente. Ocorrem então, para algumas dessas crianças, experiências relacionadas à vida em comum que, às vezes, as afetam a ponto de ficarem abaladas ou destruídas em sua estrutura psíquica por causa do comportamento dos outros representantes da fratria: não por causa desses comportamentos em si, mas a partir do que, no imaginário, estes representam para elas, em relação às instâncias inconscientes de sua psique, sempre referidas como são, de perto ou de longe, a um dos pais; à criança parece que um dos pais fica suplantado em seu papel, em relação a ele ou em relação ao outro pai, por esse irmão ou essa irmã que, nessa ocasião, torna-se o interlocutor válido do segundo genitor, no lugar do cônjuge. A triangulação edipiana, base da estrutura de todo ser humano até o final do complexo de Édipo, fica desse modo fragilizada ou rompida.

Se as crianças estiverem em especial estado de disponibilidade ou de esgotamento, são ainda mais vulneráveis a essas perturbações. Então, as dimensões-chave do equilíbrio de cada uma de suas etapas libidinais já superadas podem voltar a estar em causa por contaminação. Por exemplo, entre os 10 e os 20 meses, o tabu do canibalismo, quando veem um menor mamar; ou então o tabu do homicídio, principalmente entre os 2 e os 3 anos, quando ouvem falar elogiosamente, por um representante momentâneo do Eu ideal, na morte causada intencionalmente ou sofrida no curso de um combate; ou então ocorre a desestruturação das bases narcisistas por presenciar fatos humilhantes para os pais ou ouvir palavras, verdadeiras ou falsas, que os desvalorizam, se estas vêm de pessoas respeitadas pela criança, enquanto seus pais ainda são os representantes de seu Eu ideal: é o caso de uma criança que não passou pela experiência do complexo de Édipo ou está às voltas com sua angústia específica. O que foi adquirido no contato com os pais, que serviu de ponto de partida e em seguida de trampolim ou de sustentação para as atitudes culturais, portanto para a função simbólica estruturante de sua pessoa, pode, dessa forma, ser fragilizado ou até mesmo destruído[8].

Há, no decorrer do desenvolvimento do ser humano, mutações eróticas devidas tanto ao desenvolvimento fisiológico do corpo como às experiências imaginárias e, sobretudo, às percepções sensoriais não verbalizadas que a criança teve de assumir. A simbolização destas, necessária para que essas experiências possam ser superadas, depende em parte das palavras e das reações emocionais dos adultos, da confirmação ou da infirmação, nessa mesma época, do valor ético das expressões libidinais que a criança dá ao que pensa, ao que vê, ao que faz ou ao que vê ser feito. As pessoas dos pais com as quais inevitavelmente busca se identificar, enquanto representantes, em corpos de adultos, dela própria indo-advindo adulta, são particularmente importantes. Desse modo, por meio do fenômeno do encontro, tal como se produz entre um psicanalisando e seu psicanalista, na relação transferencial o que o sujeito encontra é ele mesmo, na qualidade de sujeito situado em outro lugar que não seu corpo e informando-o: graças à relação transferencial e pelo prisma de uma historicidade compartilhada com os seres vivos do mesmo grupo humano, familiar e social, libidinalmente investido em relação ao falo, isto é, ao valor indiscutido.

....

8. Os sintomas consecutivos dessas feridas são muito variados, desde o "capricho" (micro-histeria), sempre sinal de angústia, até as várias disfunções, na linguagem, na escrita, na escolaridade, a indiferença ao brincar, passando por estados de desvitalização orgânica que acarretam a angústia de seu círculo, a visita médica e as inúteis ou nocivas terapêuticas sintomáticas de estilo veterinário. Às vezes, os sintomas afetivos inconscientes enfraquecem o terreno orgânico e ocasionam, devido à menor resistência aos germes patogênicos, graves doenças orgânicas. A pequena infância e a grande infância são as épocas do psicossomático dominando tanto a saúde como a doença. (Ver *Psicanálise e pediatria*.)

É por isso que, em cada caso, todas as pessoas que contribuíram para a definição da estrutura do sujeito parecem para ele estar, pelos seus desejos, imbricadas ao dele como causa de suas dificuldades. Os sentimentos de mal-estar ou de culpa procuram os responsáveis, senão os culpados. No público não informado de psicanálise, ou não suficientemente informado, ainda se ouvem frases do gênero: é por causa disso que se tornou aquilo. Com pais como esses... etc. Ora, nem sempre são os acontecimentos da realidade, nem o comportamento educacional dos pais, excepcionais ou banais, que são a verdadeira causa dos transtornos psicóticos ou neuróticos. Trata-se de uma dialética. Não importa ou importa pouco que as personalidades do meio parental ou educacional tenham sido ou ainda sejam infirmadas em comparação com uma pseudonormalidade que não existe na educação, ou inadaptadas à sociedade em comparação com critérios sempre imprecisos, ou que tenham desaparecido, desde que isso possa ser dito: principalmente a partir do momento em que a criança está em psicanálise.

Tampouco é o acontecimento real – que volta como lembrança ou fica fixado na memória – que importa em si mesmo, mas a comoção contaminada de despersonalização ou de distorção do valor humano que o sujeito experimentou, à qual sobreviveu e à qual é necessário aceitar renunciar. De fato, tendo essa comoção sido narcisante a seu modo pelo próprio fato de o sujeito, em seu corpo, ter a ela sobrevivido, é muito difícil para o sujeito renunciar a ela, quer a lembrança faça parte de sua mitologia pessoal, quer dela haja testemunhas. Para isso, é preciso passar pela transferência, graças à qual tudo se reatualiza, e, a seguir, fazer o luto do psicanalista – seu companheiro de trabalho – e, ao mesmo tempo, de seu passado.

Tudo aquilo que, nos dizeres, nos acontecimentos registrados ou nos comportamentos parentais, autoriza compreender que o incesto, o homicídio e o canibalismo são desejos permitidos, desejos que apenas a impotência decorrente da condição infantil e da precocidade protela a satisfação, tudo isso são, de fato, experiências traumáticas. A educação protegida na qual o filho é deixado na ignorância das provas reais pelas quais seus pais passaram, mantido por eles numa condição de ignorante sexual e político, é também uma educação traumatizante, por não delimitar, por meio da palavra, o imaginário da realidade. Porém, essas experiências traumáticas ocorridas no decorrer do desenvolvimento são concomitantes à construção do narcisismo do sujeito e, por isso, intimamente ligadas a seu estar no mundo. É por isso que um esclarecimento intelectual, aquilo que chamamos de "uma tomada de consciência", não é suficiente para liberar a dinâmica do inconsciente. É necessário estabelecer previamente a relação do narcisismo do sujeito com seu psicanalista. Em seguida, mediante o trabalho da análise, o desenrolar das associações livres e o estudo dos sonhos, o psicanalisando tem de reviver em relação ao seu analista estados emocionais arcaicos, confrontar, assim, seu mundo imaginário com a realidade, confrontação penosa e muitas vezes perturbadora, provação esta que a relação com o analista permite suportar e da qual depende a redescoberta da ordem simbólica perdida. Todo encontro de um sujeito precocemente traumatizado dessa forma ao longo de uma educação protegida desperta, mais cedo ou mais tarde, expressos na relação transferencial, desejos inscritos como eticamente válidos em seu projeto de realização, mas que, por causa da desumanização e da descriatividade que sua realização atual na realidade implicaria, aboliriam as imagens humanas de si, se aparecessem fora da relação analítica. Ora, a imagem humana de si é socialmente o suporte habitual e necessário do narcisismo sadio. Além do mais, para o próprio sujeito, a abolição integral ou parcial da imagem de corpo é o afloramento das pulsões de morte. Por isso, para evitar esse afloramento, o sujeito prefere inscrever seu narcisismo nas fantasias de um si-mesmo distinto daquele referido a seu próprio corpo, ou distinto daquele referido a esse corpo sexuado genitalmente que é o seu em sua realidade, ou mesmo distinto do humano, o que pode levá-lo a delirar. Ele também prefere imputar suas pulsões de morte a outro ser humano, ao analista que parece, por obra da transferência, representar, reatualizado no tempo e no espaço, seja o próprio sujeito, seja um personagem real para ele, atualmente ou em sua infância, ou ainda um personagem simbólico ou fantasmático, até mesmo mágico.

É por isso que o encontro com um sujeito sob a tensão de pulsões de morte, que é o caso do psicótico, é a realidade que o analista deve assumir sem fantasia, ou seja, sem valor narcisista para si próprio, a fim de que estes sujeitos traumatizados e psicóticos possam prosseguir em sua perigosa opção, a perigosa aposta de perdurar humanos nesses encontros invadidos por todas as ressonâncias inconscientes pulsionais de vida ou de morte que seriam não controláveis se não fossem simbolizadas numa transferência.

As pulsões de vida provocam no psicótico o aparecimento da angústia de morte que cinge seu corpo próprio, paralisa os mecanismos de defesa e pode até mesmo abolir qualquer dinamismo; aparecem, então, desimbricadas das pulsões de vida, as pulsões de morte graças às quais a angústia desaparece; porém, não tendo as pulsões de morte simbolização possível, sua prevalência enfraquece a ética.

No neurótico, só existe angústia de castração de uma zona erógena em relação a um desejo que o Supereu proíbe; essa angústia é sempre atestadora de vida para seu próprio corpo, cuja imagem é conservada graças à angústia de castração que, no adulto, nunca é dissociável do desejo genital ao qual dá seu valor. O narcisismo é então eticamente sobrevalorizado pela angústia. Esta, por sua vez, atesta ao sujeito sua face humana que, indissociável de seu corpo, o especifica enquanto ser racional, responsável por sua palavra e seus atos. É a angústia, com efeito, a prova pela qual ele ou ela, no momento do Édipo e, mais uma vez, na puberdade, se submete à lei cujos dizeres, mediante a autoridade respeitada (pai ou substituto), integra-o à sociedade dos humanos.

Esta é a experiência psicanalítica que a terapêutica dos psicóticos me permitiu adquirir, no que concerne ao encontro inter-humano específico que a transferência mediatiza, quando a forclusão das pulsões libidinais foi simbolizada pela desrazão e pela aberrância encarnadas. De fato, os sintomas são efeitos simbólicos da informação, num momento libidinal nodal durante a estruturação ou a evolução do sujeito de seu Ideal do eu por parte de um Eu ideal, que se fez presente por uma instância educativa provida de linguagem mistificadora, pervertida, ou de linguagem ausente. O Ideal do eu não mantido nem confirmado por uma ética genitalmente orientada no sentido masculino ou feminino do esquema corporal, conforme ao espaço-tempo atual, em cada momento do esquema corporal vivenciado pelo sujeito, descentra-o da palavra e o entrega, como por um passe de mágica, às pulsões de morte e à desarticulação da imagem de um corpo que "perdeu a face": sendo a face o lugar do laço simbólico do corpo de um ser humano com sua palavra.

Para concluir, direi que está claro que não fiz todas essas reflexões no tempo do trabalho e dos encontros com Dominique. Todas as reflexões que anotei ao longo deste caso e aquelas que registrei posteriormente são devidas às releituras das sessões, por mim anotadas palavra por palavra ou quase, cujas modelagens eram esboçadas por mim durante sua feitura, em seus estados sucessivos, que eu assim registrava. Refleti mais tarde sobre essas sessões ao relatá-las. Refleti no sentido daquilo que Dominique manifestava, tanto nos seus dizeres como em suas expressões gráficas e plásticas e na corrente modulada de sua comunicação transferencial. Eu, toda olhos e toda ouvidos, totalmente presente em relação a ele, sentia que era o ressonador de sua verdade, que se comunicava com ele através de mim, sua psicanalista. Que eu tenha compreendido o sentido na hora mesmo não é verdade. Eu ouvia, registrava, "isso" reagia em mim espontaneamente. Quando acreditava compreender, falava segundo aquilo que compreendia. Que eu tenha compreendido melhor depois, sim, de certo modo. De qualquer maneira, como se vê, estávamos engajados num trabalho a dois, e, pelo testemunho que dou disso, espero que esse trabalho se torne um trabalho para vários, até mesmo para muitos.

Dominique e eu somos representantes de dois mundos que conseguiram se comunicar. Os dois dotados de linguagem, estando eu mais adaptada à linguagem da maioria, ele menos; eu menos desconfiada em relação a ele do que ele em relação a mim; eu pensando, com ou sem razão, que seu *habitus* denominado psicótico impediria sua vocação criadora humana, tentava por meio de minha compreensão fazer com que chegasse a isso. O leitor encontra aqui registrado o testemunho dessa relação simbólica; esta também marca um momento passageiro da pesquisa psicanalítica de nosso tempo, para a qual é meu desejo contribuir.

APÊNDICE

Esclarecimento sobre a teoria freudiana das instâncias da psique ao longo da evolução da sexualidade, em relação ao Édipo. Neurose e psicose.

Uma criança, quando ganha acesso à linguagem, fala de si na terceira pessoa; ela é a terceira pessoa do trio pai, mãe, filho. Quando a criança diz "eu", ela significa sempre "eu (minha mãe)", ou "eu (meu pai)".

A noção da própria existência está, para cada um, simultaneamente associada a si mesmo situado em seu corpo, e relacionada com um outro, que tem relação com outros.

Em psicanálise freudiana, fala-se de Eu – de Eu ideal – de Supereu e de Ideal do Eu como instâncias da psique, instâncias dinâmicas, que emanam da libido, isto é, do Isso: libido que o desejo focaliza. Entre essas instâncias estabelece-se uma economia energética inconsciente.

Tentarei esclarecer o sentido prático a ser dado a essas instâncias: sentido que adquire seu valor pela compreensão do papel dinâmico no decorrer do desenvolvimento da criança e que nos permite acompanhar a elaboração da estrutura simbólica do ser humano, assim como compreender sua desestruturação patológica.

O Eu*

O sujeito do desejo chega, aos poucos, à noção de sua existência autônoma e consciente. E só chega conscientemente a ela

....

* Neste capítulo, a autora explora a distinção entre *Moi* e *je*, só presente no francês, para diferenciar o sujeito do inconsciente (*je*) do sujeito enquanto função imaginária (*moi*). (N. da R.T.)

com o pronome pessoal "eu", que aparece tardiamente na linguagem, bem depois do "tu" e do "ele" ou "ela", e que significa sempre que o sujeito brota no Isso através do prisma do Eu, como do corpo que o representa.

Um "eu inconsciente", entretanto, parece preexistir à linguagem e deve ser considerado a instância organizadora do feto em colóquio com o eu inconsciente de seus pais. Presente no sono sem sonho, esse "eu inconsciente" é o sujeito do desejo de viver, de crescer, de se realizar por meio de seus atos pela criatividade e de morrer após o esgotamento das pulsões de vida, protetoras e defensoras do próprio Eu, do Eu corpo, espécime da espécie humana e mortal. Esse Eu que, contudo, manifesta o eu que se tornou coexistencial ao nome ao mesmo tempo que continua submetido às pulsões que emanam do Isso.

Quanto ao patrônimo adicionado ao nome, ele é coexistencial da genitura do sujeito e indissociável da estrutura do Eu edipiano. Por meio de seus fonemas, ele apresenta ao sujeito a lei que proíbe, a seu respeito, o desejo incestuoso de seus genitores, ancestrais, colaterais e descendentes. Esse nome, ao associar o sujeito, por seu corpo, a uma linhagem, legitima também a seu respeito, enquanto filho ou filha, a responsabilidade tutelar de seus genitores em sua juventude, e a sua na velhice deles. O sujeito, ao nascer, torna-se de direito um prolongamento narcisista de seu(s) Eu(s), unido(s) ou não pela lei, ela própria significada por esse patrônimo. Este último articula, pois, de modo linguageiro e inconsciente (antes de tornar-se consciente), a existência do sujeito ao Édipo de seus pais, aos quais sua progenitura os confronta; pelo patrônimo que eles lhe conferem, enunciam-lhe a lei do amor casto inscrita na linguagem, antes mesmo que seu desejo com ela se defronte.

Enquanto o nome é simbólico do sujeito para além de sua morte, o sobrenome, por sua vez, é simbólico da castração do desejo dos genitores engendrados uns pelos outros. A proibição do desejo incestuoso significa a filiação que, de um sujeito inseparável de seu corpo, faz o objeto representativo de uma linhagem que todo indivíduo é também para si e para outrem.

O Eu ideal

O Eu ideal é outra instância inconsciente da psique. Ele é *sempre representado por um ser vivo, objeto com o qual o sujeito aspira assemelhar-se*: como se esse ser vivo presentificasse a realização de uma etapa antecipada do sujeito à qual, em seu desejo, ele espera chegar. O Eu ideal é sempre procurado na realidade apreensível. O Eu ideal é sedutor para o sujeito e suporte da organização das pulsões. O ser humano que o representa tem valor fálico simbólico, isto é, um valor absoluto para a libido do sujeito. O corpo daquele que presentifica o Eu ideal é, para o sujeito antes da descoberta da diferença sexual, por definição, um semelhante e do mesmo sexo que ele. Razão pela qual, na primeira infância, o Eu ideal pode ser para a criança de ambos os sexos, tanto a mãe quanto o pai, ou qualquer outro representante humano que lhe pareça valoroso devido ao valor que seu círculo lhe confere e que a criança, por contaminação, lhe outorga. O Eu ideal representa para o sujeito um estado de perfeição, de desembaraço, de poder, em um corpo semelhante ao seu em sua conaturalidade, porém mais valoroso do que ele é atualmente.

O Eu ideal é, em suma, uma imagem, uma *imagem narcisante* do sujeito que, em um corpo a princípio totalmente impotente, totalmente dependente, desenvolve-se segundo um *pattern** conforme a sua espécie, *pattern* de que, tudo indica, ele tem a intuição. Uma imagem de si mesmo desenvolvida, acabada, convoca-o, tanto no plano biológico quanto no plano emocional; primeiro, ele a representa sob a forma dos adultos tutelares e, a seguir, de qualquer um que seus pais ou seu círculo social tornou

---

* Em inglês no original. (N. da T.)

valoroso. O Eu ideal é, pois, exemplar. Ele confronta o imaginário da criança a uma realidade. A dependência imaginária da criança em relação a essa realidade narcisa-a, estimula as pulsões da criança a se moldar às realizações que ela vê seu Eu ideal fazer. Aquilo que "Eu", o sujeito localizado em seu corpo e que assim se nomeia, deseja é *"ser como"*, "ter como", "fazer como", "tornar-se como" esse modelo vivo. Existe aí um "pré-eu" que, na realidade, é uma organização-em-curso do "Isso" por meio da imagem do corpo que o desejo organiza. As imagens do corpo desse "pré-eu" evoluem no decorrer do desenvolvimento do lactante até a idade de andar. Não desenvolveremos aqui a estrutura das imagens do corpo. Digamos somente que não são escópicas, que o rosto e o pescoço não fazem parte dela e ainda tardarão bastante a integrá-la, após a percepção de si no espelho. Digamos somente que as imagens do corpo desse "pré-eu" são constantemente triplas: de base, de funcionamento e erógena. Esta última está focalizada pelo desejo precisamente para o Eu ideal, mediatizada pelas rupturas e recuperações das satisfações eróticas no decorrer da evolução neurológica. O desejo, que se pode sucessivamente classificar de oral, anal-uretral para ambos os sexos, em seguida, peniano-uretral para o menino e oro-vaginal para a menina, é uma metáfora, na sutil comunicação com o Eu ideal, de comunicações substanciais fundadas nas necessidades. A cada fase organiza-se uma imagem do corpo narcisista, da qual emana uma ética inconsciente, mutante de fase em fase, no caso, habitual, de que a pessoa, suporte do Eu ideal desse "pré-eu" arcaico, não satisfaça seu próprio desejo apenas na relação com a criança. No caso contrário, a ética da criança fica bloqueada narcisicamente em uma fase arcaica. No caso de um desenvolvimento não bloqueado, a evolução neurofisiológica e psíquica da criança é sustentada pela superação das castrações de cada fase:

– cesura do cordão umbilical (e instalação da respiração-olfação, audição, nutrição);

– desmame;

– fim da mamadeira e da alimentação exclusivamente líquida;
– liberação da dependência física funcional;
– andar autônomo;
– continência;
– total autonomia.

A superação de cada castração é adquirida como uma mutação da ética narcisista, mutação que estrutura os tabus do vampirismo (fase fetal), do canibalismo (fase oral) e da colagem à mãe (fase anal, uretral, vaginal arcaica). A aquisição metafórica que nasce desses tabus é a saúde vegetativa respiratória, vegetativa e fonemática, depois a oralização das saídas perceptivas, depois as mãos preensoras, seguida da analização emissora e repulsora dessas mesmas regiões: receber, guardar e emitir fonemas, pegar, guardar e jogar com as mãos, isso tudo se organizando em linguagem com a mãe, depois a articulação de todos esses aprendizados em linguagem falada e gestual que precedem a autonomização progressiva que eclode com a revolução que é o andar e a deambulação autônoma, inaugurando a idade do mexe em tudo e da habilidade inteligente lúdica.

No bebê e na criança em sua primeira idade, a mãe é sempre percebida como o ser a imitar; mas a criança ainda não sabe dizer "eu"; diremos que, até os 2 anos e meio, 3 anos, trata-se de um "pré-eu". O objeto preferido da mãe, o outro da mãe, é valorizado como um representante-referencial do desejo da mãe, ele também é investido de valor por contaminação das comoções do desejo materno, ele é um representante do falo simbólico. Todos os seres humanos mais desenvolvidos que a criança podem ser momentaneamente suportes acessórios desse Eu ideal; mas estão subordinados à apreciação da mãe, que é, para a criança, o objeto predominante coexistencial. Todo objeto, preferencial para ela, ganha para a criança valor fálico pregnante, isto é, valor de poder indiscutido e indiscutível. A fratria desempenha seu papel. O pai, estreitamente associado pela criança à mãe, mediante a qual o filho o sente distinto dos outros membros de seu entorno devido a seu desejo preferencial, herda, mais que qualquer outro, o papel de Eu ideal, juntamente com a mãe[1].

A CASTRAÇÃO PRIMÁRIA

Por volta de 2 anos e meio, 3 anos, ou seja, na época da descoberta da diferença sexual, as pulsões devem fazer frente à problemática do imaginário e da *realidade*. Isso é efeito da *mutilação peniana* imaginada como "ameaçadora", que representa, para o menino, a existência das "meninas" atraentes, mas, em razão de seu sexo, percebidas como estranhas mutiladas; e efeito da mutilação imaginada como "recebida", que representa, para as meninas, a descoberta do sexo masculino, com o significado formal do desejo que, nesse lugar, é sem palavra: o pênis, horror sedutor (se é visto como *pipi*) ou maravilha (se é visto como poder de expressar seu desejo genital), que possuem esses estranhos e fascinantes meninos. A resposta vinda de um representante do Eu ideal à pergunta referente à verdade sobre a ausência ou presença do pênis significando o sexo[2] no feminino e no masculino traz a revelação de um "destino", indissociável da complementaridade dos homens e mulheres na fecundidade; isto é, revelação de uma dinâmica do desejo para o sujeito, menino ou menina, em colóquio com sua irredutível realidade. A criança de 3 anos conquista a autonomia para além dessa revelação: pelos dizeres do Eu ideal a respeito de um destino de adulto a ser conquistado. Esse dizer estabelece uma relação condicional entre a realidade e o imaginário, delimita o possível e o im-

---

1. Esse Eu ideal bicéfalo, antes da percepção formal da diferença sexual, seguramente desempenha um papel na iniciação ao desejo de comunicação, quando o bebê, confundido com o adulto que o carrega, assim se cocomunica, coanimado por ele, com o outro adulto, experimentando a empatia. Essa triangulação é matricial da linguagem para a criança, ela é necessária para a eficiência da função simbólica, sejam os polos parentais representados ou não pelos genitores.

2. E não somente a particularidade do aparelho urinário.

possível, pela primeira vez, fixa o sempre e o nunca naquilo que é a realidade do tempo, mediante esse seu corpo no espaço, cuja constituição natural passa a ser, para o sujeito, o representante de seu Eu. Eu cuja sílaba o sujeito associa ao eu gramatical, nos atos e pensamentos que sua linguagem assume.

A castração primária superada provoca o seguinte na criança: o Eu ideal predominante torna-se um ser humano em um corpo, certamente mais desenvolvido que o da criança, porém igualmente submetido às mesmas leis da realidade e efetivamente do mesmo sexo que ela. É a busca da identificação do Eu ao Eu ideal que leva a criança às conquistas culturais cuja origem é a libido oral e anal, já envolvida na aprendizagem com todo o seu ser voltado para o intuito de identificar-se totalmente ao genitor adulto ou, na ausência deste, a um substituto escolhido do mesmo sexo que ela. Ela o toma como modelo e se esforça para imitá-lo em tudo, chegando até a disputar seu papel específico ante o genitor complementar nos comportamentos que, a seus olhos, o traduzem. Por esse exemplo, a criança se inicia, em seu grupo étnico, na linguagem-valor da libido no masculino e no feminino. Ela é assim levada a expressar seu desejo de conceber, um dia, um filho com seu genitor de sexo complementar. Esse desejo de identificação com o adulto valoroso do triângulo inicial pai-mãe-ela induz, pois, toda criança à fantasia da concepção incestuosa, prometida a seu desejo indo-advindo genital adulto.

O autoerotismo normal existe na criança e está centrado na zona genital a partir da idade da castração primária até a resolução edipiana. Se ela não for repreendida, exceto quando o faz em público e porque se aborrece, a masturbação normal da criança ocorre nas horas de dormir e acordar.

Existe, às vezes, uma fase exibicionista transitória nas crianças ainda não informadas e que, por meio dessa mímica, colocam silenciosamente a questão de confiança sobre o sentido do prazer que descobriram. Não esqueçamos que aos 3 anos a criança pergunta a propósito de tudo "o que é", "serve para quê", "como se chama".

Com efeito, para o menino, a eretilidade de seu pênis, acompanhada de prazer, mas incompatível com a micção depois dos 21 ou 25 meses nos casos comuns, gera nele perguntas. O mesmo ocorre com a sensibilidade especial de seus sacos, e ele imagina espontaneamente que suas bolas, seus testículos, podem ser reservatórios excrementícios. A irritação da glande, especialmente sensível, também pode inquietá-lo, sobretudo se o prepúcio for estreito. Todas essas informações lhe são necessárias. Ele precisa saber que tudo nele está em ordem para poder tornar-se, ao crescer, um homem como seu pai.

As palavras depreciativas a respeito de seu sexo, agora que já descobriu sua especificidade formal em relação ao das meninas, os adjetivos "sujo, feio" no que concerne ao sexo e que parecem confiná-lo, pelo vocabulário empregado, no desprezo das funções de necessidades excrementícias, são palavras traumatizantes, sobretudo para os meninos, cujo sexo está mais exposto que o das meninas. O sexo é, por isso, mais vulnerável tanto no sentido próprio quanto no figurado, pelo fato de as inevitáveis ereções serem frequentes e imprevisíveis, e de elas centrarem o narcisismo do menino. A menininha também deve ser esclarecida com palavras verídicas a respeito das regiões sensíveis e eréteis de sua anatomia genital; embora sejam para ela menos visíveis, tem delas um conhecimento táctil e um conhecimento subjetivo erógeno. Ela deve receber a informação dos verdadeiros nomes de vulva e de lábios; e de clitóris para aquilo que ela chama de botão*, que é também como ela denomina os mamilos, igualmente eréteis, aos quais normalmente o associa. Ela deve também conhecer a palavra vagina, que qualifica seu sexo feminino oco que, na falta do nome verdadeiro, ela chama de buraco, e que ela sente orbicularmente erétil por ocasião de certas comoções que os meninos lhe provocam. Se as verdadeiras palavras do vocabulário devem ser ditas à criança no que concerne à sua anatomia genital, é porque as

---

* No original: *bouton*. (N. da T.)

palavras pronunciadas por sua mãe, iniciadora à linguagem e que, até então, lhe forneceu as palavras referentes ao corpo, palavras de adulto, dão, ao mesmo tempo, sentido e valor humanizados à região fundadora de sua feminilidade, às sensações subjetivas precisas, mas cujo funcionamento ainda é desconhecido. A partir dos 3 anos, as crianças inteligentes têm curiosidade por seu sexo, tão particularmente comovente e ainda tão próximo ainda para eles do funcionamento excrementício, em seu valor ético atual. As crianças confiantes sempre fazem perguntas a respeito dessa região misteriosa que sentem intuitivamente virá a ter, no futuro, um papel muito importante, ainda mais importante a partir da descoberta evidente da diferença sexual (a princípio apreendida como descoberta de funcionamento urinário diferente, em pé para os meninos e, para as meninas, em posição sentada ou de cócoras). Por quê? Serve para quê? Pedem para conhecer o futuro destino desse corpo, desse sexo, e para saber se os meninos são semelhantes a seu pai quando criança, e se todos os meninos se tornarão homens ao crescer. É bonito? Então um sexo é bom? E as meninas se tornarão mulheres quando crescerem, terão seios como veem em sua mãe e nas outras mulheres?

Todas essas palavras de informação, que respondem às perguntas da criança, habilitam o interesse delas pela região genital, considerada até então por elas uma região anatômica destinada ao alívio expulsivo das necessidades.

É disso que seu sobrenome e sua aparência indumentária (quando é o caso) são o sinal: não é que Papai e Mamãe quisessem ou não um menino ou uma menina, é que elas mesmas, por sua constituição, significaram-no ao nascer, e é uma verdade o que seu corpo exprime, apesar do que possam dizer os adultos cegos, que podem ser induzidos ao erro por seu rosto ou indumentária.

A partir dessas informações verbais sobre sua anatomia, o sentido do prazer aí localizado se esclarece; os meninos e as meninas, agora conscientes de seu futuro destino, podem verbalizar, desenhar, representar suas fantasias, que ilustram seu desejo em competição com os adultos de seu sexo, aureolados de um poder de sedução que sustenta, ao mesmo tempo, a identidade e as identificações promotoras.

É de fato a angústia primária de castração superada que, ao iniciar o sujeito na realidade de seu corpo masculino ou feminino, o introduz na problemática de seu sexo e, ao mesmo tempo, no desejo de alcançar a plena estatura de adulto, com a esperança de desalojar o genitor de mesmo sexo do seu lugar e de seu papel junto ao outro. É impulsionado por essa esperança desde os 3 anos, idade na qual se organizam os componentes energéticos libidinais do desejo heterossexual, direcionados para o complexo de Édipo por fantasias masturbatórias.

A perspectiva desse sucesso estimula a criança a tomar o genitor de mesmo sexo como modelo, para, assim como ele, agradar e seduzir o genitor de sexo complementar. No entanto, é necessário tratar com cuidado o genitor do mesmo sexo; por um lado, porque ainda presentifica, associado ao outro genitor, o Eu ideal; por outro, porque é a garantia da continuidade existencial e de suas necessárias satisfações regressivas. Para assegurar seu narcisismo, a criança necessita poder retornar à imagem do corpo de base asseguradora ante as novas experiências adversas que a vida ocasiona e que a fazem procurar a proteção de seus dois genitores, representantes associados de sua estrutura arcaica.

A CASTRAÇÃO EDIPIANA

É ao cabo de alguns anos dessa problemática – no transcorrer dos quais a criança desenvolve seu narcisismo de pessoinha que se afirma diante do círculo familiar e extrafamiliar pelo domínio da linguagem, pela habilidade física e manual criativa, pela descoberta de sensações autoeróticas genitais cada vez mais precisas, acompanhadas de fantasias edipianas – que também aparece, de maneira cada vez mais pregnante, *a angústia da impotência de se-*

dução em relação a um adulto parental, sempre mais atraído pelo outro adulto. A rivalidade competitiva da criança nunca alcança seu objetivo. Não consegue ocupar "de verdade" o lugar do outro, embora possa brincar de pequeno amante ou pequena amante. Sua impotência sexual real é manifesta. Cada vez que aparece seu desejo visando à conquista do objeto incestuoso, a decepção da realidade lhe é imposta. Aparece, então, a angústia de castração edipiana, o sentimento de que sua pessoa está ameaçada de destruição, ou de mutilação de seu sexo, fantasias devidas à projeção sobre o adulto de suas próprias comoções rivais. Ser punida com a morte ou agredida na zona de seu desejo, esse é o dilema narcisista que a criança deve encarar e que pode afetá-la até o completo desamparo de si e a ameaça por suas pulsões de morte, devido à perda de referências éticas no momento de ápice do complexo de Édipo, aproximadamente no momento da queda da primeira dentição.

Essa angústia de castração imaginariamente mutilante, dos testículos para o menino, eviscerante para a menina, é tão mais intensa quanto mais forte for o desejo sexual na criança e mais tolerantes forem seus pais em satisfazer seus pedidos exacerbados, quanto mais eles forem propensos ao contato corpo a corpo com a criança, sejam ternas carícias ou castigos corporais repressivos: ambos modos de educação pervertedores e sempre interpretados pela criança como amor sedutor ou rivalidade ciumenta em relação a ela, deste ou daquele genitor. Uma atenção afetuosa discreta, aliada a uma educação cujas exigências respeitem a dignidade humana, é a atitude que menos perturba a criança edipiana.

Da mesma forma que, no decorrer da evolução de suas pulsões genitais, dos 3 aos 7 anos, a ausência (ou a frustração emocional ou sexual) de um dos pais dificulta sua evolução em direção ao primado de um desejo genital não defendido pelo rival adulto; da mesma forma, no momento da crise de angústia de castração ante o desejo edipiano, aos 7 anos, a atitude do casal parental pode travar a evolução da criança sobrecarregando-a de angústia.

É o que ocorre quando a criança percebe entre os pais um desacordo por meio de seus respectivos comportamentos educativos. Pode, então, inconscientemente, empenhar-se, perigosamente para ela, em manipular a terna fraqueza de um e a força repressiva, superagressiva, do outro: o que a mantém, de modo perverso, no desejo de ser o polo abusivo do triângulo edipiano, o objeto predominante da casa, o centro de interesse. Permanece, assim, numa angústia de castração edipiana, simultaneamente culpada e gozosa, que será causa de estagnação infantil psicossomática ou afetiva. Quando a angústia da criança perturba a harmonia do casal, quando as preocupações e reações educativas ganham mais importância de que os interesses do companheirismo e da vida criativa ou social dos pais, é impossível para a criança superar o drama do desejo edipiano e a angústia de castração que ele suscita na economia inconsciente de sua libido.

O valor da pessoa e o valor do sexo estão completamente comprometidos nesse desejo incestuoso, que, felizmente, por volta dos 7 anos, é geralmente submetido a um abrandamento fisiológico das pulsões genitais até a puberdade. A criança ingressa então naquilo que chamamos período de latência fisiológica. Se *a lei da proibição do incesto* não estiver claramente significada para a criança como *lei imposta a seus pais e a seus irmãos assim como a ela própria*, a criança pode permanecer num estado de estrutura edipiana conflituosa latente, que não será superada até a puberdade. O impulso fisiológico dessa idade fará eclodir, de modo mais intenso, o conflito entre o desejo incestuoso e a angústia a ele associada, até sua resolução com a renúncia ao desejo genital como tal (e não apenas incestuoso) que pode, então, permanecer totalmente recalcado, durante toda a adolescência: fato que seguramente produz uma neurose.

Pelo contrário, quando por volta dos 7 anos se instala a clara noção da proibição do incesto, iniciando a criança à lei comum a que estão submetidos seus pais, seus irmãos e ela própria, tal qual todos os seres humanos, ocorre um remanejamento estrutural da libido antes do ingresso em fase de latência. A dissociação entre desejo genital e amor casto pelos pais e pelos irmãos permite ao narcisismo da pessoa, do Eu, renunciar aos projetos infantis imaginários. Ocorre o abandono da completa dependência das pulsões agressivas e sexuais em relação aos dois primeiros representantes do Eu ideal e, ao mesmo tempo, surge um Eu autônomo, submetido ao Supereu genital, guardião da proibição do incesto e convocado por um Ideal do Eu, que já não se confunde com os objetos do triângulo edipiano. O Ideal do Eu passa a ser um polo de atração para uma ética do desejo genitalmente preponderante, ética que será a consciência moral autônoma, o senso da responsabilidade por seus atos e suas palavras.

Antes do período edipiano, embora a criança ainda esteja movida por pulsões femininas ou masculinas, sua moral é flutuante, dominada, no dia a dia, pelos imperativos de sedução cujo objetivo é o domínio amoroso do objeto parental que almeja conquistar e que quer como cúmplice, e pelo temor do objeto parental rival, visto como um terceiro incômodo, até mesmo perigoso, com o qual deve se conciliar ou cuja agressividade deve neutralizar. Somente após a resolução do complexo de Édipo é que a criança, menino ou menina, pode, sobre os escombros de suas esperanças definitivamente arruinadas de sedução parental com fins incestuosos ou de sedução sororal ou fraternal já caducas e ridiculamente pueris a seus olhos, voltar-se para a busca, fora da família, de amizades a dois, do mesmo sexo ou não, mais ou menos amorosas, onde se extinguem, deslocadas, as últimas chamas de desejo incestuoso, agressivo, possessivo e ciumento em relação a um terceiro que desejasse juntar-se a seu duo. A criança procura, sobretudo, companheiros de provas: *"eus auxiliares"*, que são os amigos de mesmo sexo, também marcados pela proibição do incesto e com os quais são organizadas conquistas culturais no ambiente social.

Ela encontra esses "eus auxiliares" em colegas de sua faixa etária que ele procura fora da família.

A partir dos 8-9 anos, com exceção dos vizinhos ou dos primos, prefere relacionar-se com crianças cujos pais não conhecem seus pais. A amizade não tem graça quando os pais participam. (O horror à pergunta "o que fazem os pais deles?", como se isso tivesse alguma importância!) A sociologia das crianças de modo algum corresponde aos critérios da sociologia de seus pais. A partir da resolução edipiana, é até um dos aspectos fenomenológicos da resolução edipiana o fato de que muitos pais, ao se oporem a ela, retardam as sublimações da fase de latência quando se opõem, por meio de um controle angustiado, ao desenvolvimento das atividades emocionais e lúdicas de seus filhos fora do ambiente familiar. É escondido dos adultos que a gente quer se amar, se gostar, se detestar, brigar, reconciliar-se, por razões que os pais não podem compreender. Com os colegas e amigos, há acordos e desacordos a respeito dos professores, dos mais velhos observados na escola, dos heróis da história da literatura, do cinema, do rádio e da televisão. Os "modelos" positivos ou negativos que respondem a uma escolha narcisista são procurados entre as celebridades esportivas, culturais, artísticas, na "moda" em voga no grupo de eleição, aparentemente o mais distante possível dos modelos edipianos e que mudam com as estações. Cada um desses entusiasmos sustenta fantasias de identificação transitória que auxiliam na descoberta de si mesmo na vida social, imitando aqueles que se admira.

O Supereu

Concomitantemente ao Eu autônomo, castrado do desejo incestuoso que até então era o organizador da psique, inaugura-se no inconsciente o Supereu, herdeiro da revelação de uma ética do desejo que a lei articula à filiação e que proíbe a realização do desejo genital entre parentes próximos. O Supereu edipiano é a testemunha-garantia de uma sobrevivência ao preço da renúncia ao desejo genital incestuoso: instância repressiva, prudencial, destinada a proteger o sujeito do retorno da angústia de castração. Essa instância torna-se inconsciente pela introjeção da lei, ligada à cena primitiva inaugural da existência da criança e origem de sua filiação.

O Supereu é, pois, o herdeiro póstumo do Eu ideal pré-edipiano. Desempenha o papel de sustentar a proibição do incesto por meio da angústia de castração, que se atiça por ocasião das fantasias masturbatórias com perspectivas incestuosas. O Supereu reprime as pulsões genitais que, no caso mais frequente, organizam na forma de tabu inconsciente as fantasias de corpo a corpo incestuosos e o desejo de fecundidade incestuosa. O Supereu tem, portanto, o efeito de despertar a angústia de castração no caso de o Eu se ver tentado a manipular ou burlar a lei, mesmo em fantasias. O Supereu genital não proíbe as pulsões genitais voltadas para objetos genitais heterossexuais extrafamiliares; muito pelo contrário, ajuda o narcisismo a afirmar-se na natureza de seu sexo, tanto no sentido de conquistas amorosas extrafamiliares quanto no de sucessos competitivos profissionais e culturais em sociedade.

O Ideal do Eu

As pulsões genitais, ao depararem com a proibição do desejo incestuoso de efeito castrador, dissociam-se da vinculação aos objetos parentais. Elas refluem, pelo recalque, sobre o narcisismo ligado ao próprio corpo da criança, que se torna precioso para ela mesma, na expectativa do futuro em que sabe que, pelo crescimento, adquirirá os caracteres secundários da nubilidade. E se prepara para isso respondendo às exigências culturais. Esse futuro prometido é o polo de atração das fantasias da fase de latência. Fantasias que são elaboradas em projetos de longo prazo e focalizadas por uma nova instância, simultânea à resolução edipiana: o Ideal do Eu.

O Ideal do Eu, que surgiu dos escombros do desejo incestuoso, atrai e estimula o Eu para realizações culturais valorosas na sociedade extrafamiliar, objetivando outro prazer que não o de seduzir o pai ou a mãe "agradando-os". O Ideal do Eu é mais reforçado ou, eu diria, mais coesivo para um sujeito quanto mais este último encontra, em crianças de sua idade e nos mais velhos do mesmo sexo, os mesmos valores de desenvolvimento que o atraem para a realização, por definição impossível de atingir, desse Ideal do Eu. Impossível por definição pois o Ideal do Eu não é presentificado por um ser humano, é uma ética que tem como efeito focalizar as pulsões, no dia a dia, em iniciativas criadoras e socialmente válidas, reconhecidas pelos outros: as Sublimações. Quanto ao Supereu, seu efeito é inibir pulsões que desviariam o sujeito de um vetor de suas pulsões que o levam a pleitear, por meio das sublimações, um triunfo em conformidade com seu Ideal do Eu.

De fato, o não dito da lei por um representante valoroso do mesmo sexo da criança, responsável e garantidor de sua verdade, deixa a criança num estado de confusão quanto ao seu ser sexuado e ao seu valor, enquanto desejo no masculino ou no feminino em sociedade.

Compreendemos a partir disso que, se as crianças não forem genitalmente estruturadas no momento fisiológico do Édipo, ainda estarão submetidas, durante o período de latência, à angústia de castração edipiana, e serão muito influenciáveis pelos exemplos e palavras daqueles que admiram ou que temem, os jovens da mesma idade e os mais velhos. Esses "eus auxiliares", quando eles próprios não estão na lei, podem então deformar o Ideal do Eu dessas crianças continuando a representar para elas um Eu ideal sedutor de estilo edipiano que deveria ter sido ultrapassado.

Na realidade, há um eixo contínuo que vai das possibilidades genéticas incluídas no capital libidinal do Isso até o Ideal do Eu. As capacidades genéticas do Isso podem, eventualmente, ter sido deformadas, até o momento do complexo de Édipo, pelas pessoas que serviam de Eu ideal para a criança. Porém, a partir de sua clara renúncia a identificar seu desejo ao desejo delas – e principalmente se os genitores, por seu lado, já não se projetam no filho –, o Eu da criança fica, de fato, desprovido de modelo genital parental para seu desejo. A criança sabe que já não tem esperança de realizar seu desejo genital em relação aos objetos da família próxima. O Eu da criança pode finalmente abandonar a preocupação com a conquista incestuosa e desenvolver-se segundo suas possibilidades, sem ter de ficar tentada, se for um menino, a agradar a mãe ou estar constantemente de acordo com o cônjuge desta, quer ele seja ou não seu genitor; ou, se for uma menina, tentar seduzir o pai e os irmãos mais velhos, ao mesmo tempo em que evita ter desacordos com a cônjuge de seu pai, seja ou não sua genitora.

Para as crianças dos dois sexos, a estrutura perversa ou delinquente pode se desenvolver a partir de um complexo de Édipo mal vivido, de uma castração edipiana mal assumida por um pai ainda fixado em sua própria mãe, ou por uma mãe ainda fixada em seu pai, ou que brinca de "boneca" com seus filhos. As dificuldades provêm do fato de que, com a fase de latência, a criança pode regredir para posições anteriores, homossexuais e narcisistas, se o pai e a mãe, que representam em casa os adultos que atingiram o nível aparente da comunicação genital e criadora, forem na realidade imaturos, fóbicos, obsessivos ou histéricos. A presença em casa do filho edipiano pode despertar neles uma libido recalcada homossexual e narcisista: uma libido cotidianamente recalcada de suas posições genitais para posições pré-genitais. Os filhos de tais pais entram em fase de latência fisiológica, por volta dos 9 anos, não orgulhosos de seu sexo, mas como seres neutros, pouco sexuados; será na puberdade que aparecerão os problemas graves, redundando em uma neurose tanto mais inibidora da genitalidade quanto mais o rendimento escolar se mantiver bom[3],

....

3. Trata-se de um rendimento por fixação obsessiva somente aos resultados competitivos sem verdadeira abertura para a cultura. A fixação homossexual ou heterossexual aos professores impõe à criança não se degradar diante deles; a criança se torna indiferente a todos os outros interesses de sua idade, demasiadamente preocupada com sua escolaridade, angustiado com seus fracassos, que seu narcisismo ferido experimenta como não satisfação do desejo do professor ao qual seu desejo se identifica. A enorme tensão que a habita pode acarretar um estado depressivo crônico.

dando satisfação aos pais, monopolizando a libido de uma criança indisponível para frequentar outros jovens, dos quais foge e que teme, absorvendo-se na masturbação e na angústia de castração edipiana a ela associada, pelo fato de as fantasias que a acompanham visarem à conquista de objetos imaginários ou inacessíveis, substitutos camuflados dos pais.

Trata-se de casos em que o Ideal do Eu é deformado pela perenidade do Eu ideal edipiano, representado, seja por um dos pais, seja pelo estilo de vida proposto como modelo pelos pais ou, ainda, pelas palavras moralizadoras dos pais que substituem totalmente uma elaboração pessoal de juízos éticos. O sentimento de culpa oprime o narcisismo.

Esse Ideal do Eu deformado não pode focalizar as pulsões das fases erógenas arcaicas, nem as pulsões da fase genital atual. Todas as pulsões agressivas, ativas e passivas, que deveriam estar em acordo com as pulsões genitais para a busca do objeto do desejo e de uma obra (trabalho criativo e fecundidade), todas essas pulsões são, sem discriminação, recalcadas pelo falso Supereu que permaneceu pré-edipiano. *Esse Supereu retrógrado obriga o desejo*, sob pena de angústia de castração, frequentemente somatizada (cansaço, insônia, perturbações viscerais), *a estar em acordo não com um Ideal do Eu, como deveria ser, mas com um Eu ideal*: isto é, com alguém. Já não é totalmente o pai, sem dúvida, mas é um guia intelectual, uma instância "segura" exógena ao sujeito, que lhe dita sua conduta, uma instância religiosa, médica, sindical, nos casos em que não é simplesmente uma fixação homossexual a uma pessoa mais velha de seu sexo.

Devido a isso, ocorre a dependência do Eu e, forçosamente, a falta da dinâmica total das pulsões genitais. O sujeito não encontra em seu Eu, que permaneceu parcialmente infantil (frequentemente heroico em sua indiscutida submissão), maneira de organizar suas pulsões. Seus projetos que, quando existe um Ideal do Eu, servem ao desejo genital guiado pelo apelo franco do prazer, misturam-se com uma névoa de fantasias que impedem a clara visão da realidade. Seus projetos fracassam, quer em sua realização, quer na obtenção do prazer. A competição genital sexuada não tem força e é culpabilizada; não pode ser afrontada por meio de comportamentos responsáveis a serviço do desejo. O temor do fracasso acumula tanta energia para evitá-lo que o fracasso realmente ocorre, satisfazendo a culpa e deixando o sujeito desanimado. Se não é o temor que o domina, é a protelação ou então a preocupação de não estar completamente de acordo com o Eu Ideal, isto é, com esta ou aquela opinião de alguém que o Supereu obriga a respeitar. Ao contrário, *no caso do completo desprendimento edipiano*, no indivíduo a serviço de suas pulsões genitais, pelas quais se sente plenamente responsável, *ocorre a livre circulação da libido, segundo um eixo que vai do Isso ao Ideal do Eu, passando pelo Eu guardado pelo Supereu da lei introjetada*. O desejo se focaliza sem desperdício de força, acompanhado por um sentimento de liberdade, na direção do sucesso, sua realização no prazer de atingir seu objetivo. Se o sucesso não for atingido, isso não acarreta nem sentimento de culpa nem ferida narcísica: com esse fracasso, o sujeito adquire uma experiência da realidade em benefício do Eu e mantém a meta do seu Ideal do Eu. As próximas pulsões genitais estarão ainda mais adaptadas à consecução do objetivo do sujeito: o objeto de seu desejo para a obtenção do prazer. Assim está organizada a "saúde" libidinal da idade adulta na maturidade. Até a idade fisiológica da menopausa para as mulheres, da andropausa para os homens, nova castração (natural), que leva a uma nova simbolização do desejo, sem angústia nem sintomas de regressão.

Neurose e psicose

Do precedente, decorre que a NEUROSE aparece num ser humano cuja desordem libidinal aconteceu somente após a superação da castração primária, isto é, num ser humano orgulhoso de suas características sexuais, que viveu o complexo de Édipo sem chegar a resolvê-lo completamente, donde sua angústia latente de castração genital, completamente inconsciente na maioria das vezes, que se expressa em sintomas dos quais sofre conscientemente, tanto pelo incômodo que causam quanto pelo sentimento de culpa de não poder dominá-los. Porém, o que é característico da neurose é que o sujeito, mesmo em seus sonhos, nunca pode regressar a um Eu que não seja de seu próprio sexo, ou que também não seja da espécie humana.

A PSICOSE, pelo contrário, ocorre num ser humano que, na idade do pré-eu, antes dos 3 anos, não tinha como suporte de seu Eu ideal uma mãe orgulhosa de sua feminilidade e um pai orgulhoso de sua virilidade, felizes por o terem concebido e felizes por ele ter nascido com o sexo que tem: o que acontece quando o pai e a mãe não resolveram eles próprios seu complexo de Édipo e formam um casal neurótico, fechado sobre si mesmo e dedicado apenas à manutenção material de sua prole. São adultos que recalcam seu desejo genital. Eles "trabalham" e são "educadores". Seus filhos são o fruto de desejos que têm vergonha de ter manifestado, criam os filhos na puerilidade e na angústia de uma sexualidade sentida como perigosamente culpada. Tais pais são necessariamente receosos da sociedade com os outros adultos, que pouco frequentam. E por pouco que os avós, origem dessa neurose, ainda desempenhem um papel preponderante, seja na casa de seus filhos que se tornaram pais, seja na educação de seus netos, estes últimos sofrem graves traumas que entravam sua estrutura libidinal.

Portanto, são necessárias três gerações para que uma psicose ocorra: duas gerações de avós e pais neuróticos na genética do sujeito para que este se torne um psicótico. É preciso que um dos genitores do sujeito possua uma lacuna estrutural pré-edipiana ou edipiana da libido numa das fases de sua evolução e que tenha encontrado, na estrutura inconsciente de seu cônjuge, uma falta análoga, proveniente também neste de, pelo menos, um de seus pais. Quando se analisa um psicótico, descobre-se que, já na primeira infância, ele não teve um Eu ideal representado por um adulto parental genitalmente emparelhado, nem na realidade, nem de modo simbólico. Sua situação relacional de objeto parcial erotizado no triângulo pai-mãe-filho gerou uma insegurança angustiante de seu sexo devido à fragilidade dos objetos parentais que serviram como Eu ideal e à inconsistência na realidade do rival edipiano. No momento da resolução edipiana, a libido genital dos pais, não polarizada numa vida sexual genital adulta satisfatória atual, deixa-os, pela angústia de castração devida a um pseudossupereu que permaneceu infantil, fixados em sua prole, em quem vão culpabilizar qualquer expressão de autonomia, por não estarem eles próprios desprendidos eroticamente em suas emoções de sua própria infância culpada. Seu comportamento educativo é de estilo controle policial ou de exacerbado amor angustiado. Negam a seus filhos o direito a um desenvolvimento libidinal lúdico extrafamiliar e até mesmo qualquer iniciativa criadora autônoma[4].

O que ainda não é suficientemente conhecido fora do meio psicanalítico é que, nos adultos, existem estruturas psicóticas e perversas que passam completamente despercebidas em termos fenomenológicos. Elas são camufladas como comportamentos de pessoas com um caráter difícil, mais ou menos aceitos por uma sociedade que pode ignorá-los; são as crianças que se desenvolvem no contato com esses adultos inconscientemente perversos ou psicóticos latentes que põem em destaque, pela ausência de estrutura em uma ou outra fase de sua evolução, as pulsões de morte às quais foram entregues em seu inconsciente; justamente por causa desses pais, cujos comportamentos aparentes e pala-

---

4. Na primeira infância, o papel das amas de leite e babás, que são também para as crianças representantes do pré-eu ideal, agrava ou corrige a carência da estrutura libidinal dos pais. O mesmo ocorre na fase de latência e na puberdade com os educadores, quando a criança é colocada num pensionato sem possuir o orgulho de seu sexo ou sem ter resolvido o complexo de Édipo, por falta de uma informação clara a respeito da proibição do incesto.

vras que os acompanham não correspondem à verdade dos desejos perversos conscientes ou recalcados que os animam na intimidade em relação aos filhos. Aliás, é a existência de filhos inadaptáveis à sociedade que permite a esses adultos ignorar tanto a neurose dos outros filhos, em seu entender, "adaptados", mas que são apenas adaptados escolares, quanto a sua própria neurose ou psicose latente, adaptados como estão ao seu trabalho. Por isso, o tratamento de crianças psicóticas implica um trabalho psicanalítico com os irmãos da criança e com seus pais: isto é, com aqueles que não puderam, ao servirem de fato como representantes do Eu ideal para o psicótico, sustentar seu narcisismo na comunicação simbólica de suas comoções a eles dirigidas: comunicação que exige do pai a não erotização do laço com essa criança, isto é, que ele próprio tenha sofrido a castração humanizadora em cada fase.

É de fato a criança mais dotada de libido de uma família que manifesta as perturbações mais graves; pois é ela que, pela força de seu desejo, desperta mais do que as outras, nesses adultos frágeis, uma intolerável angústia: e eles freiam a expressão do desejo dessa criança cuja precocidade natural e riqueza da sensibilidade ameaçam desequilibrar seu instável equilíbrio libidinal inconsciente[5].

....

5. Isso tudo é compreensível. Ao longo do desenvolvimento, o desejo organiza-se sucessivamente em torno das zonas erógenas predominantes, segundo a evolução para a maturidade neurofisiológica. A cada fase, algumas das pulsões libidinais sofrem limitações em sua satisfação, seja pela natureza das coisas, seja pela tolerância de suas manifestações pelo adulto. Porém, o fato importante, que marca uma mutação energética e a passagem para a próxima fase de organização, é a total proibição imposta a certos objetivos das pulsões dessa fase. Esta proibição total de certos objetivos das pulsões separa a imagem de corpo funcional de uma parte que, até então, embora situada no corpo de um outro, era-lhe conatural e necessária às fantasias de seu desejo. Em termos psicanalíticos, chamamos isso castração. O impacto dessa castração é que ela pode ser estruturadora do ponto de vista simbólico para o sujeito, ou então causar ferimentos ou ser mutiladora. Tudo depende das modalidades desse acontecimento quanto ao momento em que aparece, quanto à qualidade do laço emocional do sujeito com quem é ou parece ser o executor. O valor humanizador dessa castração também depende do fato de uma castração semelhante ser efetivamente assumida em relação a ele pelo outro que lhe impõe a proibição e que, por seu lado, respeita ou não respeita a criança enquanto sujeito de desejo. O valor mutuamente reconhecido de sujeito humano, na dignidade de sua pessoa e de seu sexo, é indispensável para que a castração, depois da "privação" que esta impõe a certas pulsões, traga seus frutos; isto é, a sublimação das pulsões proibidas em comportamentos humanizadores, valorizados pelo

Quando é o caso de tratar uma psicose, é surpreendente observar que à medida que o paciente melhora, se não nos ocuparmos dos pais e dos irmãos, um dos irmãos ou irmãs ou um dos pais sofre uma descompensação, seja por meio de uma neurose, seja por um *acting out*[6], seja por um acidente, seja por um distúrbio psicossomático. Frequentemente, os pais suspendem então o tratamento da criança ou, para lutar contra essa descompensação, desinteressam-se completamente da criança que está se adaptando e se curando, embora essa cura seja a princípio seu maior desejo. É muito importante prever e compreender essas reações, pois a cura de um psicótico ao preço da desestruturação dos parentes próximos culpabiliza-o secundariamente e interrompe sua evolução, o que pode até mesmo levá-lo a uma morte acidental ou voluntária. Isso pode ser evitado se nos ocuparmos da família e permitirmos que os pais também evoluam em sua neurose, paralelamente ao tratamento do psicótico.

Enquanto uma neurose é curada pela análise do complexo de Édipo do sujeito e sua superação, a cura de um jovem psicótico não termina quando sua estrutura está restabelecida em relação às fases arcaicas, que pôde reviver e reordenar com seu psicanalista. Com efeito, ele se atrasou consideravelmente na sublimação de suas pulsões orais e anais, desorganizadas como foram ao longo de seu período de inadaptação e de delírio em relação à sua faixa

---

grupo. Um sujeito, submetido à lei de uma proibição imposta a seu desejo, sofre, mas considera aquele que lhe impõe a proibição como imagem valorosa dele próprio no futuro. É o caso de uma criança em relação a um adulto; ela se esforça para dar forma à expressão de seu desejo nos objetivos autorizados ou novos que, graças a seu desenvolvimento neurofisiológico, suas pulsões irão descobrir e ali encontrarão deleite. Os pais ou educadores de crianças inadaptadas a eles antes de o serem ao grupo social são, por razões que desconhecem, adultos que conservaram de sua primeira infância mal castrada uma angústia que sua relação com a criança desperta, por ocasião da expressão do desejo nas fases oral e anal ou genital. E deixam, assim, a criança (por causa de uma relação emocional inconsciente que funciona como vasos comunicantes) em estado de permanente insegurança ante seu desejo; por isso, nenhuma proibição aos objetivos desse desejo dá lugar a uma organização.

6. Impulsividade sem razão.

etária, principalmente se o período de inadaptação se estendeu por grande parte da infância, a da maioria das aquisições escolares básicas, de 5 a 8 anos, e, depois, das aquisições culturais posteriores ao Édipo.

Mesmo sendo uma psicose que apareceu num adolescente ou num adulto, suas pulsões genitais, por causa da parte regressiva que permaneceu silenciosamente aquém do Édipo, revelam-se desorganizadoras do que parecia organizado. É necessário também que o indivíduo, cuja estrutura edipiana se restabeleceu com atraso, viva uma fase artificial tardia de pseudolatência, permeada de *acting out* raramente evitáveis, e alcance uma criatividade válida socialmente em relação a seu capital pulsional, a seu meio familiar e social e a sua faixa etária. Isso não é da competência da psicanálise, mas de um ambiente ao mesmo tempo psicoterapêutico e educativo ou profissional. São importantes, nesse momento, os meios sociais colocados à disposição desses sujeitos curados da psicose, mas ainda pobres de poder competitivo em relação aos de sua idade e, portanto, incapazes de, se assim permanecerem, assumirem suas pulsões genitais na realidade escolar e profissional. A mesma coisa ocorre com a realidade das frequentações sociais e culturais prévias à escolha de um cônjuge, para que não seja apenas uma escolha narcisista compensatória do momento, e ao acesso a uma maturidade que permita assumir a paternidade ou a maternidade.

É por isso que o apoio da família da criança ou do adolescente psicótico é desejável e é por isso também que é importante ocupar-se dessa família para que, quando for capaz, a criança, o adolescente ou o adulto curado de sua psicose encontre um apoio auxiliar na sociedade de seu grupo familiar ou de um grupo social de transição. A sociedade de um país considerado desenvolvido ainda não está bem aparelhada, infelizmente, para esse tipo de pedagogia escolar tardia ou de ingresso sem diplomas no mundo do trabalho, de que seriam capazes crianças e adolescentes que passaram, sem poder aproveitar por causa da psicose, da idade da escolarização ou da formação profissional, ou de adultos que, por causa de uma descompensação, perderam o trabalho. Temos, por enquanto, de nos ater a soluções individuais, custosas e reservadas às camadas privilegiadas da sociedade.

Conclusão: *Podemos ter esperanças numa profilaxia das neuroses e das psicoses infantis?*

Isso tudo advoga a favor do desenvolvimento da psicanálise e do diagnóstico pelos pediatras, bem antes dos 3 anos, de crianças que, sem o conhecimento da família, já estão inadaptadas à vida na sociedade de sua idade e cujo ingresso no jardim de infância só ocasionará o agravamento das dificuldades, se não for precedido e acompanhado por uma psicoterapia psicanalítica pais-filhos.

É igualmente necessário cuidar do diagnóstico antes dos 8 anos de crianças sem problemas aparentes, bem adaptadas intelectualmente à escolaridade, porém atrasadas sexuais e afetivas: o bom nível escolar e intelectual de uma criança ou adolescente, nunca será demais repeti-lo, não é um critério de saúde afetiva, nem mental, nem moral. Um nível escolar e intelectual ruim também não é um critério de neurose, embora, devido aos sentimentos de inferioridade e de fracasso social que a criança desenvolve, às vezes possa favorecer a inadaptação passiva ou a delinquência na adolescência.

O atraso escolar de uma criança afetivamente sadia, manualmente hábil e desenvolta na vida social, é menos perigoso para ela, para a continuação de seu desenvolvimento, do que o sucesso escolar de uma criança ansiosa, fóbica, escrupulosa, incapaz de autonomia e de vida social fora do meio protegido, em família ou no internato.

Não é verdade, como já foi dito, que nasce uma criança inadaptada a cada 20 minutos. Mas é verdade que, com a extensão da vida urbana, a queda da mortalidade infantil, a ausência de uma política para a infância e a falta de auxílio-educação para os pais e as mães (além do mais traumatizados por duas guerras), mais de 45% dos bebês e das criancinhas têm falta de uma vida lúdica vocal, imaginativa e motora, de contato e comunicação com outras crianças de sua idade, o que é indispensável para desenvolver-se de modo sadio até os 3 anos; pois o ser humano é um ser de relação e de comunicação, que tem necessidade de liberdade de expressão e de intercâmbio com seus semelhantes[7].

O imenso desenvolvimento da medicina e da cirurgia, assim como o esforço feito na profilaxia das doenças físicas, deve agora ser acompanhado de um enorme esforço de informação dos médicos e dos funcionários do quadro de saúde a respeito da necessidade de não separar a criança de seu meio familiar e, ao mesmo tempo, apoiar este último por meio de um enorme esforço social para a educação dos muito pequenos desde a idade de andar até a idade do jardim de infância e para a profilaxia de problemas afetivos e sexuais no decurso da vida escolar até 8, 9 anos. É necessário que se desenvolva um enorme esforço de educação das garotas e rapazes para abrir-lhes possibilidades culturais musicais, físicas, lúdicas e esportivas, mas também criativas manuais, dos 8 aos 14 anos, ao longo de toda a vida escolar e muito antes da idade do aprendizado profissional. E, por fim, uma informação sexual e correlativamente jurídica desde antes da puberdade, tendo como resultado que, ao chegar à puberdade, idade do desejo de responsabilidade, seja favorecida uma participação ativa na vida da comunidade ou na vida cívica facilitando a inserção parcial no trabalho ao mesmo tempo que se prossegue a formação intelectual, cultural e profissional.

A preocupação exclusiva com a saúde orgânica do bebê e da jovem criança – no desconhecimento dos processos patogênicos

---

7. Tudo isso demanda a inteligência da educação; pois a criança só se humaniza ao longo de sua evolução ao custo de castrações operacionais, isto é, recebidas a tempo e não a contratempo, quero dizer, quando as pulsões recalcadas pelas proibições são, ao mesmo tempo, capazes de se organizar em parte como tabus inconscientes sólidos, ao passo que as pulsões livres podem chegar ao prazer nas conquistas da fase libidinal seguinte.

de angústia devidos às perturbações da relação simbólica pai-mãe-filho enquanto origem de distúrbios orgânicos da criança, ou do papel patogênico mental da angústia de separação mãe-filho nas maternidades e também antes dos 9 meses, por ocasião de estadias hospitalares, a separação da família por afastamentos, por razões ditas sanitárias, antes dos 5 anos –, todas essas são causas de distúrbios fonatórios e psicomotores, de estados fóbicos e compulsivos, de falsas debilidades que aparecem mais tarde, sinais de uma neurose traumática extremamente precoce.

A insuficiência de informação dos pediatras a respeito do desenvolvimento psicossomático da primeira e segunda idades é que está em causa. É bastante lamentável que os pediatras ainda não recebam informação – uma informação que não é psiquiátrica, o que seria absolutamente inútil para eles – quanto a noções claras de profilaxia mental sobre os incidentes e acidentes correntes da estrutura psíquica e afetiva de 0 a 7 anos na relação pais-filhos. No início dos distúrbios, uma atitude compreensiva, uma ajuda inteligente, palavras justas dirigidas pelo médico da criança à própria criança e a seus pais, conselhos simples para o pai e a mãe, permitiriam à criança sair da atitude reativa regressiva em que muitas vezes cai por falta de ajuda e que, entretanto, ainda seria reversível se pudesse falar de verdade e ser compreendida. Alguns meses ou alguns anos após o episódio traumático causador da regressão, o mesmo resultado necessita de uma longa psicoterapia, porque às inibições do início somaram-se novos sintomas que vão se organizando como modo de adaptação ao mundo e cujo efeito é a inadaptação à criatividade de sua idade, à comunicação. Todos esses são comportamentos que traduzem uma desumanização em andamento.

Ainda é muito comum recebermos pais que chegam após várias tentativas de busca de socorro e de compreensão, sem nada mais haver obtido do que medicamentos e conselhos de tolerância, de paciência – "isso vai se resolver com o tempo", "fiquem com ele até quando não possam mais suportá-lo" –, ou então diagnósticos definitivos de incurabilidade, conselhos de colocar em classes de inadaptados e internatos especializados onde crianças, segregadas como objetos rejeitados tanto por sua faixa etária como pela família, são enquadradas por professores e educadores, igualmente segregados por seus colegas de profissão. O talento pedagógico desses professores, às vezes excepcional, e que seria bem-vindo para todas as crianças ditas adaptadas, embora consiga escolarizar um pouco seus alunos, é impotente no restabelecimento de uma estrutura simbólica sadia em crianças cuja desordem só pode ser tratada por meio de um trabalho psicoterápico psicanalítico; trabalho cuja eficácia depende tanto da implicação dos pais quanto da criança, que deve estar segura de nunca se encontrar, salvo por um pedido pessoal, separada de sua família, esta última sendo auxiliada a assumir a criança, como se fosse uma criança adaptada, até a resolução edipiana.

Certamente nós mesmos, psicanalistas, não fizemos um trabalho de informação suficiente junto aos pediatras. Seguramente não protestamos bastante alto contra a imprudência dessas reeducações *instrumentais* de crianças-coisas; crianças cujos sintomas traduzem uma desordem *estrutural*, que tem sua origem num *desejo forcluído*, que se trata não de "corrigir" mas de analisar, em vez de somente recuperar sua impotência instrumental aparente. O futuro de crianças assim, não reconhecidas em seu valor de sujeitos humanos, crianças "amestradas" para um comportamento escolar e profissional desviado de seu desejo libidinal autônomo, é um futuro sombrio. Chegada a idade adulta, serão cidadãos, conceberão filhos de carne pelos quais não serão responsáveis, mesmo que seu trabalho lhes permita sobreviver. Sua prole, nascida de pais que, desde a infância, foram impedidos de assumir humana e livremente seus desejos e sua inserção na sociedade, estará destinada ao fracasso. Será que os responsáveis pela Previdência supostamente Social e pela Educação dita Nacional, na atual euforia da "ajuda" para a infância inadaptada, pensam nisso? Repetem incansavelmente que nascem, na França,

75 crianças inadaptadas por dia, quando, de fato, se trata de crianças que (com exceção dos enfermos fisiológicos por enfermidade neonatal, e olhe lá!) serão traumatizadas precoces na função simbólica do desejo e cuja inadaptação será o modo de adaptação simbólica a pais inconscientemente carentes, angustiados, traumatizados. Os métodos de cuidados prodigados e de suposta higiene alimentar, materna, pediátrica e escolar impostos acrescentam provações que vão contra a estrutura emocional do pequeno humano em processo de crescimento; ele ou ela, essencialmente ser de linguagem, indissociável, sem perigo vital simbólico, primeiramente de seu nome e de seu sobrenome e, a seguir, de sua mãe, de seu pai e de seus irmãos, quaisquer que sejam eles, até 8 anos ou, à falta destes, do meio de criação primordial, antes do aparecimento da autonomia, até pelo menos os 5 anos, e, se nesse momento uma separação se mostra necessária, a criança teria de permanecer no mesmo meio educacional tutelar dos 5 anos até a puberdade.

Seriam necessárias creches em todos os locais de trabalho das mães, onde poderiam alimentar e ir ver seus filhos durante o dia, até a idade de andar. Seriam necessários pequenos berçários infantis onde os pais, as mães, os irmãos e as irmãs teriam direito de acesso frequente; casas maternais onde as mães cansadas encontrariam uma acolhida hoteleira com os filhos ainda dependentes delas, onde o pai fosse se juntar a eles à noite ou nos dias de descanso. Seriam necessárias numerosas creches para as crianças desde o andar desenvolto até a idade do jardim de infância, creches abertas aos pais, que ali iriam para descobrir seus filhos em contato com outros, descobrir a importância de seus comportamentos educativos que seriam esclarecidos pelo exemplo e por conversas com educadoras dos pequenos, cada uma delas tendo sob sua responsabilidade de quatro a cinco crianças, conscientes de seu próprio papel educacional como auxiliar dos pais; e isso apenas no que concerne ao brincar e à adaptação das crianças umas às outras, num ambiente francamente não escolar; tolerantes às regressões momentâneas e reparadoras necessárias a todas as crianças de menos de 3 anos que atravessam alguma dificuldade afetiva, ao mesmo tempo que iniciadoras da autonomia em tudo aquilo que tange na criança à manutenção de seu corpo, à perfeita linguagem falada, à habilidade física e manual no ritmo e na música. Dessa forma, todas as crianças chegariam, já inseridas em sua faixa etária e nunca desvinculadas da família, à idade da entrada no jardim de infância; idade que pode variar, segundo as crianças, de 3 a 5 anos, e que é antecipada porque as crianças têm necessidade de frequentar outras crianças, porque as mães precisam trabalhar e, infelizmente, porque agora não existe outra solução, mesmo sabendo que é impossível para a professora fazer obra útil, por melhor que seja, quando está com mais de quinze crianças na sala e, ainda, partindo-se do princípio de que estejam aptas a comunicarem entre si e com ela pelo completo domínio da linguagem adquirida anteriormente.

Como se nota, trata-se de uma política destinada a que a criança, sempre estando com sua família, esteja desde a tenra infância, passiva ou ativa, diariamente em companhia de outras de sua faixa etária e nunca segregada da sociedade dos outros em nome de sua inadaptação, momentânea ou talvez duradoura; isso até a idade de 7 ou 9 anos; e, até essa idade, custe o que custar, quaisquer que sejam os acidentes de saúde física. Trata-se de uma política de educação pré-edipiana, na qual a criança nunca estaria isolada nem separada do frequente contato com seus pais e seus irmãos.

Creio estar ouvindo a objeção de alguns: existem meios familiares impossíveis, incapazes; outros, ao contrário, invocarão o direito dos pais de criar seus filhos como bem entendem. A isto respondo que a autoridade do Estado obriga à vigilância e à prevenção médica, às vacinas; que um país civilizado tem orgulho de seu estado sanitário, da queda da mortalidade infantil. Quando, pelo contrário, se trata da morbidade e da mortalidade simbólica, que são as neuroses, as psicoses e a maioria das dificuldades de crescimento mental e afetivo, e quando, até mesmo por conhecermos a origem estrutural precoce (por falta de comunicação inter-humana verdadeira, por falta, é necessário dizer, "de educação" no sentido de resposta ao apelo de se humanizar em cada homenzinho), devemos continuar a corrigir depois, ajudar depois, quando poderíamos prevenir?

Acaso seria uma utopia desejar, em nossa época, uma política da infância e da primeira juventude, uma política que respeitasse a originalidade radical de cada triângulo pai-mãe-filho não separando nunca a criança de seus genitores antes da hora em que seu desejo ocorre, desejo que só pode assumir em sua plenitude se a estrutura pré-edipiana foi muito sólida, se cresceu perto de sua fonte, mas alegremente cercada dos filhos das outras famílias? Não há oposição entre a vida social e a vida no lar, para todas as crianças há complementaridade. Uma sociedade civilizada como a nossa deveria ser não teria a obrigação de:

– proteger e formar para a linguagem e para os intercâmbios criativos cada membro de sua população infantil?

– tornar possível alcançar a consciência de si e a inserção por meio do livre trabalho remunerado, efetivamente útil ao grupo, de todos os membros da população adolescente, favorecendo ao mesmo tempo, graças a equipamentos colocados à sua disposição, sua criatividade na cultura e no lazer e seu desenvolvimento extrafamiliar com estadias em famílias laterais ou grupos de lazer livres e dirigidos? Ali, pela observação e pela pluralidade das situações e de seu papel nesses grupos temporários, onde teria de se integrar por algum tempo, poderia ventilar seus juízos sempre alterados na pequena infância por uma exclusiva dependência do estilo de linguagem e de comportamento que lhe transmite o seu meio familiar.

– apoiar, em cada jovem, desde a escola primária, o desenvolvimento da consciência de sua responsabilidade interpessoal, sexual, política e de sua livre emancipação fora do quadro de sua infância a partir da hora em que seu desejo o incite a se assumir pessoalmente? Seriam necessários numerosos abrigos para crianças grandes e adolescentes, lugares onde encontrariam acolhida e emancipação de uma família dentro da qual sufocam, ao mesmo tempo que seriam protegidos dos perigos da rua e dos perigos de uma exploração por empregadores ou supostos protetores perversos, ao mesmo tempo que poderiam ser encorajados a prosseguir uma formação escolar complementar num contexto flexível e seguro.

– fazer cada adulto adquirir o senso de responsabilidade tanto em sua fecundidade como na educação que dá aos seus filhos pelo exemplo de sua atividade cívica e familiar? Seria preciso organizar grupos de pais que se entreajudassem na compreensão de suas dificuldades.

– manter e estimular, por meio de uma política de habitação urbana e comunitária viável, a inserção social de todo membro da população que envelhece, inserção renovada, valorizada pela experiência da idade, nas inúmeras atividades que têm falta de pessoal responsável? É inadmissível que com o prolongamento da expectativa de vida, a chegada tardia demais da "aposentadoria" depois de uma atividade à qual o adulto estava adaptado, seja para a maioria um trauma de morte simbólica, de rejeição de um homem ou uma mulher, como se a velhice ela própria não fosse mais humana. A saúde dos adultos idosos só poderia melhorar pelo fato de se sentirem úteis, pois não estou falando aqui de assistência aos velhos inativos, com que várias comunas já se preocupam com razão, paralelamente às entidades privadas; estou falando de homens e mulheres válidos de 60 a 70 anos, reduzidos à solidão e que, por falta de emprego, murcham com distúrbios psicossomáticos ou, nas grandes cidades, parasitam o lar de seus filhos, conscientes e amargurados de estar a seu encargo e complicando as relações familiares em habitações exíguas.

Acaso essa cadeia de comunicação entre todos os membros de uma sociedade não seria a vitalidade simbólica de uma cultura que só a linguagem ordena, a linguagem inter-humana e interfamiliar e a comunicação que ela estabelece entre todos os seus membros vivos? A preocupação maior dos legisladores e dos responsáveis não deveria ser, em todos os níveis, em vez do anonimato afetivo burocrático, o respeito à individuação de cada um, a única que dá valor às leis de que uma sociedade se dota visando à sua coesão viva?